AF453640

LA POLITIQUE

D'ARISTOTE,

TRADUITE DU GREC

PAR M. THUROT,

PROFESSEUR AU COLLÉGE ROYAL DE FRANCE.

Première Partie.

A PARIS,

CHEZ FIRMIN DIDOT FRÈRES, LIBRAIRES,

RUE JACOB, N° 24.

1830.

IMPRIMERIE DE A. FIRMIN DIDOT, RUE JACOB, N° 24.

DISCOURS PRÉLIMINAIRE,

ou

INTRODUCTION

A LA POLITIQUE D'ARISTOTE.

Les mèmes causes qui font de l'homme un être *moral*, ou susceptible des sentiments que nous appelons moraux, en font aussi un être éminemment *sociable*. Ces deux termes n'expriment au fond qu'un même ordre de rapports, ils diffèrent l'un de l'autre presque uniquement par l'étendue de leur signification, et non par la nature des idées qu'ils comprennent. C'est donc en vain qu'on chercherait à remonter, par une série de documents historiques, ou par une suite d'inductions logiques, à ce qu'on appelle l'origine ou l'établissement des sociétés humaines : cette origine se trouve immédiatement dans la nature même de l'homme, c'est-à-dire, dans l'ensemble des conditions d'organisation, de sensibilité et d'intelligence, qui le constituent ce qu'il est, et sans lesquelles il ne saurait exister, au moins tel que nous le connaissons.

Tome II.   *a*

Cette vérité généralement admise par les philosophes grecs qui se sont occupés de la science sociale, leur fit éviter l'écueil contre lequel ont échoué plusieurs écrivains modernes, justement célèbres par la sagacité de leurs vues, et par la rare supériorité de leurs talents. Je veux dire l'hypothèse purement gratuite d'un prétendu *état de nature*, qui aurait précédé l'état de société ; et l'existence d'un *contrat social*, exprès ou tacite, d'un ensemble de réglements fondés sur des conventions que tous les membres de la société, ou le plus grand nombre d'entre eux, se seraient engagés à observer. Le désir de donner à leurs doctrines politiques un fondement qui eût, en quelque sorte, la certitude des vérités purement rationnelles, a sans doute fait illusion à ces écrivains; car il est certain que les faits se refusent entièrement à justifier leurs théories.

A quelque degré d'ignorance ou de grossièreté sauvage qu'on ait pu observer l'espèce humaine, on l'a toujours trouvée existant dans un état de société, qui supposait une communication d'idées plus ou moins étendues, et de sentiments plus ou moins développés; on l'a trouvée en possession d'un langage articulé, qui servait de moyen à la manifestation de ces sentiments et de ces idées. En général, la prétention qu'ont eue les philosophes de remonter, soit historiquement, soit par des procédés purement rationnels, à ce qu'ils appellent l'origine ou la formation des langues, des sociétés, des idées, des sentiments, a été la source de beaucoup d'illusions et de faux raisonnements : l'esprit humain est tout-à-fait impuissant à résoudre de pareilles questions, et l'emploi régulier de ses facultés le laisse aussi incapable de comprendre l'origine des choses, quand sa raison le convainc qu'elles en ont une, que de concevoir comment elles pourraient n'en point avoir.

Sans doute il peut nous être très-utile d'observer dans l'histoire les premiers linéaments, s'il le faut ainsi dire, de l'art social, et les divers degrés de perfectionnement dont il est susceptible ; c'est même ce qui peut servir le plus au véritable progrès de la science politique ; mais on ne doit point suppléer au défaut des documents historiques, par des conjectures ou des hypothèses, et l'histoire ne nous montre partout et ne peut nous montrer que des sociétés déja toutes formées.

Chez les Grecs, par exemple, qui nous ont transmis, au moins quant à l'histoire profane, les traditions les plus anciennes et les plus authentiques dont l'espèce humaine ait gardé le souvenir, nous voyons partout des peuplades, qui nécessairement étaient unies par un lien social fort antérieur à l'époque probable que l'on peut assigner aux plus

a.

fabuleuses de ces traditions, fort antérieur à l'époque où des hommes remarquables par un rare assemblage de talents et de vertus, adoucirent leurs mœurs encore féroces, et donnèrent à ces peuplades sauvages et souvent errantes, des demeures fixes, des idées moins imparfaites que celles qu'elles avaient eues jusqu'alors sur la religion, sur la justice, et sur la nature même du lien social qui les unissait. En un mot, dans cet ordre de faits comme dans tous les autres, la nature elle-même commence et fait tout; l'homme ne peut qu'en suivre les inspirations, et toute sa science se borne à constater les faits qui en naissent, et à tirer de leur enchaînement des inductions qui lui révèlent les conditions de son existence, et les lois auxquelles la nature veut qu'il demeure soumis, sous peine d'être d'autant plus malheureux qu'il les aura plus mal connues, ou moins observées.

Ainsi, il en a été de la science sociale comme de toutes les autres : l'art auquel elle sert de base, et dont elle démontre les principes les plus importants et les règles les plus générales, a été pratiqué long-temps avant que l'existence d'une telle science pût même être soupçonnée. Minos donna des lois aux habitants de la Crète; Lycurgue, à l'imitation de ce premier législateur, en donna aux Lacédémoniens; Solon, aux Athéniens; Charondas, Zaleucus, Pythagore et plusieurs de ses disciples immédiats, en donnèrent aux divers peuples de l'Italie méridionale, ou de cette contrée de l'Italie qu'on appela la Grande-Grèce. Mais ces divers législateurs furent plutôt des hommes distingués par la générosité et la fermeté de leur caractère, par la connaissance qu'ils avaient de l'état des mœurs, des usages et des besoins des divers peuples à qui leurs lois étaient destinées, et des circonstances particulières où ils se trouvaient, que par la profondeur de leurs vues générales en politique. On peut dire de ces hommes si renommés qu'ils avaient perfectionné sensiblement l'art social, mais la science proprement dite n'existait pas encore.

Cependant il existait, de leur temps et bien avant eux, de vastes monarchies, des sociétés nombreuses d'hommes soumis à une forme déterminée d'administration, qui subsistait et se perpétuait, depuis des siècles, à travers les révolutions sanglantes et multipliées qui renversaient les unes sur les autres les dynasties des princes et les maisons régnantes. Mais l'histoire daigne à peine faire mention d'autre chose, à leur sujet, que du fracas de leur chute. Tout le reste de leur existence est comme enseveli dans un silence de mort et de servitude. C'est qu'en effet, il n'y eut chez ces nations aucune institution qui donnât aux individus, autres que les rois ou les princes, une valeur propre; c'est que les hommes y vivaient dans un état d'aggrégation, à peu près semblable à celui où vivent certaines espèces d'animaux, plutôt que dans un véritable état de société.

Si Minos est le premier et le plus ancien législateur dont l'histoire fasse mention, elle nous fait connaître, en même temps, la cause de cette honorable distinction : « Ce législateur, dit l'historien « Éphore, cité par Strabon (1), paraît avoir regardé « la liberté comme le plus grand des biens pour « les sociétés civiles : parce que seule elle peut « garantir aux individus la propriété des avantages « dont ils jouissent; tandis que, dans la servitude, « tout appartient aux hommes qui gouvernent, et « rien à ceux qui sont gouvernés. »

Comme c'est principalement sur le sentiment moral que se fonde et s'appuie le sentiment religieux, qui, à son tour, donne aux vérités morales la sanction la plus auguste; comme c'est dans la conscience même des coupables que naissent ces angoisses et ces terreurs inévitables dont ils ne parviennent jamais à s'affranchir complètement, et qui sont, en quelque sorte, le type primordial de ce système constant d'action et de réaction que nous observons de toutes parts dans la nature, soit animée, soit inanimée, et qui se reproduit dans les institutions relatives aux délits et aux peines,

____

(1) T. X, p. 480.

les plus anciens législateurs furent naturellement
conduits à donner à leurs lois l'appui de la religion. Voilà pourquoi les préambules de ces mêmes
lois furent presque toujours des traités de morale,
ou au moins des esquisses rapides des préceptes
les plus sûrs et les plus rigoureux pour la conduite
de la vie, des vérités de la théologie naturelle le
plus universellement reconnues; tandis que leurs
lois elles-mêmes n'étaient presque que l'expression
des vérités morales les plus incontestables. L'alliance constante et inévitable de ces trois ordres
d'idées, religion, morale et sociabilité ou société
civile, se montre donc dans les faits les plus anciens dont nous ayons pu avoir connaissance,
comme dans l'observation immédiate des résultats
de nos facultés intellectuelles.

D'un autre côté, le premier besoin des peuples
encore peu nombreux et peu avancés dans la civilisation, c'est de conquérir par la force leur chétive et misérable subsistance, ou de la défendre
contre d'autres peuples aussi barbares qu'eux.
Ainsi, des sentiments religieux quelquefois très
exaltés, des superstitions absurdes et sanguinaires,
un grand respect, une haute admiration pour
la valeur guerrière, voilà ce qu'on peut s'attendre à trouver dans les plus anciens temps, comme
on l'observe encore de nos jours chez beaucoup de
peuples sauvages. Ce n'est qu'après bien des siè-

cles de barbarie, lorsque les connaissances de divers genres et la raison humaine ont déja fait de sensibles progrès, qu'on commence à apercevoir quelques traces de civilisation et d'ordre public.

Les plus anciens monuments de l'histoire nous offrent donc trois systèmes d'existence sociale, distincts, suivant que l'un de ces divers ordres d'idées a été plus exclusivement prédominant : 1° la pure théocratie, telle qu'elle paraît avoir existé très anciennement chez les Égyptiens; 2° le pur despotisme, tel qu'on l'a observé de temps immémorial dans les grands empires de l'Orient, où le monarque réunit dans sa personne les attributs de chef de la religion à ceux de maître absolu de l'état; 3° enfin, le gouvernement légal, soit des rois, soit d'une classe privilégiée, soit du plus grand nombre des individus, ayant le caractère et les droits de citoyens; gouvernement dans lequel les ministres de la religion n'exercent sur l'ordre social qu'une influence plus ou moins subordonnée, ainsi qu'on peut le remarquer dans l'histoire de la Grèce et de Rome, ou dans celle des peuples modernes de l'Europe, depuis la fin des longues et sanglantes querelles du sacerdoce et de l'empire.

Nous ne nous proposons, dans ce discours, comme nous l'avons fait dans l'introduction à la Morale d'Aristote, que d'indiquer, autant qu'il est possible, la place que ce philosophe occupe entre les écrivains qui ont traité les mêmes sujets immédiatement avant et après lui, et à peu près le degré de mérite ou de supériorité relative qu'on peut légitimement lui attribuer. Par conséquent, entre les trois modes d'existence sociale dont nous venons de parler, nous n'aurons à nous occuper que du dernier, et nous devrons nous borner à le considérer exclusivement chez les Grecs, avant l'époque d'Alexandre.

C'est à Solon, ou aux lois que ce grand homme donna aux Athéniens, lois dont l'ensemble annonce des vues plus profondes et plus étendues que celles de tous les législateurs qui l'avaient précédé, que l'on peut proprement faire remonter les premiers essais d'une véritable science politique, et l'observation d'un perfectionnement déja très sensible dans l'art social. C'est alors, en effet, que les Grecs commencèrent à donner le nom de *sages* à plusieurs de leurs concitoyens, qui se faisaient remarquer par la supériorité de leurs talents dans l'administration des affaires publiques ; c'est alors qu'ils appelèrent *sagesse* l'habileté en ce genre, unie à un sentiment plus développé de la justice et de la morale, appliquées à l'ordre général des sociétés. C'est du moins un fait que nous atteste Plutarque, dans la vie de Thémistocle (1), et qui ressort plus

---

(1) Chap. 2, to. I, p. 206, éd. Coray.

évidemment encore de ce que ce même écrivain nous apprend sur la nature des questions qui occupaient alors ceux qu'on appela sages par excellence, et sur la manière dont chacun d'eux croyait devoir les résoudre.

L'une de ces questions, essentiellement relative au sujet qui nous occupe, consistait à déterminer quelles sont les conditions nécessaires au plus grand bonheur d'une cité ou république. Les réponses qu'y firent ceux à qui elle fut proposée, méritent d'autant plus d'être rapportées, qu'elles sont chacune l'expression d'une vérité importante, et qu'elles annoncent cet art de généraliser les idées, qui est le caractère propre de la science. Ainsi donc (nous dit Plutarque (1)) suivant Solon : La cité la plus heureuse est celle où les hommes qui sont ou qui se croient à l'abri de l'injustice, n'en sont pas moins indignés, ne sont pas moins disposés à s'y opposer, que celui qui en éprouve immédiatement les inconvénients.

C'est, disait Bias, l'état dans lequel tous les citoyens craignent les lois autant qu'ils pourraient craindre un tyran.

Thalès soutenait que la république la mieux affermie était celle où il n'y avait point de citoyens excessivement riches, ni excessivement pauvres.

---

(1) *Convic. septem Sapient.* to. 6, p 586, ed. Reisk.

Suivant Anacharsis, la cité la plus heureuse est celle où, l'égalité étant établie dans tout le reste, il n'y a de privilége ou de distinction honorable qu'en faveur de la vertu, d'infériorité que celle que donne le vice.

Cléobule ne croyait le bonheur possible que pour des citoyens qui craindraient le blâme plus encore que les lois.

Pittacus, pour l'état dans lequel les hommes vertueux peuvent seuls parvenir aux magistratures, tandis que les scélérats en sont exclus.

Enfin, Chilon regardait comme parfaitement heureuse la république où l'on savait entendre le langage des lois, et fermer l'oreille aux séductions et à la flatterie des orateurs.

Ce qu'il y a de fort remarquable, ce me semble, dans ces solutions, en apparence assez diverses, et dans l'énonciation des conditions nécessaires, suivant chacun de ces sages, pour constituer le bonheur d'une société civile, c'est que l'accomplissement de l'une quelconque d'entre elles, comprend implicitement celui de presque toutes les autres; et que, dans toutes, une certaine opinion ou disposition, une certaine manière d'être, de sentir ou de penser, est envisagée comme devant être celle de tous, ou au moins de la très grande majorité des citoyens. Certes, cet accord sur ce qu'il y a de véritablement essentiel dans un sujet, au milieu de la diversité des points de vue, tous justes et importants, sous lesquels ils l'envisageaient, annonce des hommes qui ne l'avaient pas étudié sans succès.

Il est même probable que c'est à ces idées saines sur la société et sur le gouvernement, à ces communications établies entre les hommes les plus éminents par leurs talents, à l'influence, plus ou moins directe, que chacun d'eux exerçait sur ses concitoyens, et aux institutions qui en furent le résultat, que les Grecs durent, en grande partie, la force et les moyens de sortir avec gloire de la crise terrible où ils se virent engagés bientôt après par l'invasion des Perses. On ne saurait douter que l'énergie qu'ils déployèrent dans la défense de leur liberté et la suite de victoires signalées qui affermit leur indépendance, ne fût l'effet d'un ardent amour de la patrie et d'un profond sentiment de leurs droits comme citoyens d'un état libre. En un mot, on ne peut méconnaître dans l'histoire de la Grèce, pendant cette glorieuse période, les effets de cette union intime de la politique et de la morale, dont on aperçoit des traces évidentes dans les institutions des plus anciens législateurs, et qui s'était renforcée et agrandie à l'époque dont nous venons de parler.

Mais la prospérité qui devait suivre nécessairement le développement extraordinaire de forces produit par la guerre médique, la prépondérance que certains peuples, tels que les Athéniens et les Lacédémoniens, obtenaient sur le reste des Grecs, par suite des services éminents qu'ils avaient rendus à la cause commune, amena rapidement une révolution funeste dans les mœurs; et, comme il arrive toujours en pareil cas, les opprimés ne furent pas plus à l'abri de la corruption que les oppresseurs. Un sentiment faux du bonheur s'empara de toutes les ames; on ne vit de toutes parts, dans les plus faibles états, comme dans les deux plus puissants, que des hommes avides de pouvoir et de richesses. La politique, ou l'art de gouverner, devint un charlatanisme honteux, entièrement étranger aux notions les plus communes de la justice et de la morale; une sorte d'empirisme qui consistait à séduire la multitude, en flattant, par des discours captieux son ambition, sa vanité et ses passions les plus perverses. On vit s'introduire dans toute la Grèce, et surtout à Athènes, une multitude d'hommes corrompus, qui avaient fait une étude approfondie de l'art de la parole, appliqué aux délibérations politiques, et qui faisaient profession de l'enseigner à de jeunes ambitieux, qui leur prodiguaient l'or pour prix de cet art mensonger. Car les sophistes naissent en foule sous l'influence des mauvais gouvernements, dont ils propagent ou défendent les maximes désastreuses, et auprès desquels ils trouvent faveur et protection, aussi nécessairement que le petit nombre de vrais philosophes, qu'on voit, malgré les persécutions auxquelles ils sont en butte, élever leur voix courageuse en faveur de la patrie menacée d'une ruine inévitable par un tel état de choses.

C'est alors, en effet, que Socrate, comme nous l'avons fait voir dans le discours sur la morale (1), opposa aux opinions dépravées qui s'introduisaient de toutes parts dans la Grèce, l'ascendant de sa raison et de ses vertus, le crédit que lui donnaient, auprès des esprits les plus distingués et des ames les plus généreuses, les nobles sentiments qui éclataient dans tous ses discours comme dans toute sa conduite. Socrate ne professait expressément ni la morale ni la politique; mais la nature même de ses talents et les habitudes de son esprit avaient dû le porter à méditer profondément sur tous les objets qui intéressent le bien public, sur le bon ou le mauvais effet des lois qui existaient de son temps, sur les conditions nécessaires pour constituer un état de société qui assure le bonheur des citoyens ; et Xénophon nous apprend, d'une manière indirecte, que les questions de ce genre se présentaient souvent dans le cours des conversations de ce grand homme avec ceux qu'on appela

____

(1) Voyez tome I, p. xjx – xxij.

ses disciples : « Antiphon, nous dit-il, demandait
« une fois à Socrate, comment il pouvait se croire
« capable de rendre les autres habiles à se mêler
« du gouvernement; et pourquoi il n'avait jamais
« pris part lui-même à l'administration des affaires
« publiques, s'il était vrai qu'il eût de si rares con-
« naissances dans cette partie. — Lequel des deux
« y prend en effet plus de part, répondit Socrate,
« celui qui s'en occupe seul (et pour son propre
« avantage), ou celui qui s'applique de toutes ses
« forces à faire qu'il y ait le plus possible de ci-
« toyens en état de s'en mêler (1)? » On doit donc
croire que Socrate s'occupa avec succès de ce
genre de considérations : mais il serait très difficile de marquer avec précision ce qu'on lui doit
à cet égard, tant Platon a pris soin d'attribuer
partout à ce philosophe, dont il chérissait la mémoire, presque tous les résultats de ses propres
méditations.

Cependant, si l'on ne jugeait du mérite de
Platon, dans cette partie de la philosophie, que
par ce qu'Aristote dit de ses dialogues *sur la Répu-*

----

(1) *Xenoph. Mem. Socrat.* l. I, c. 6, § 6. « Dans l'examen
« qu'il faisait de toutes les qualités que doit posséder un homme
« qui a l'autorité sur ses semblables (dit encore le même écri-
« vain), après avoir montré l'inutilité, ou le peu d'importance
« de toutes les autres, il ne laissait subsister que celle qui con-
« siste à rendre heureux les hommes qui sont soumis à cette
« autorité. » (*Ibid.* l. III, c. 2, § 4.)

blique et sur les Lois, et par les critiques fréquentes
qu'il en fait, on en prendrait assurément une
idée très inexacte et très fausse. Bien qu'il soit
difficile de prononcer avec certitude, à une si
grande distance de temps, sur les motifs qui
ont pu décider le philosophe de Stagire à parler comme il le fait, de son maître et de celui qu'il
appelait son ami ; on ne peut néanmoins s'empêcher de soupçonner d'une injuste partialité, et
peut-être même d'un sentiment secret de jalousie,
l'écrivain qui hasarde des censures quelquefois
très-peu fondées, et souvent minutieuses, des
opinions d'un si grand homme : tandis qu'il passe
sous silence beaucoup d'endroits, où les pensées
les plus justes et les vérités les plus importantes sont exprimées avec autant d'intérêt que
d'éloquence. Presque tous les principes fonda-
mentaux de l'ordre social ont été posés par Platon,
dans les deux ouvrages que nous venons de nommer, et dans d'autres endroits de ses écrits ; en
sorte que ce philosophe peut être regardé, avec
raison, comme le premier écrivain qui ait fait de
la politique une véritable science, ou qui en ait
considéré l'objet sous les points de vue les plus
généraux et les plus étendus.

Platon nous apprend lui-même qu'il avait eu dès
sa jeunesse le désir de se consacrer aux emplois
publics ; sa naissance, ses talents, la tendance gé-

nérale de tous les esprits supérieurs vers cette carrière, la seule qui fût alors convenable pour un homme placé dans une telle situation, tout l'invitait à prendre ce parti. Il y était même encouragé par plusieurs des hommes qui avaient alors la direction des affaires, et qui étaient ou ses parents, ou ses amis. Mais les circonstances déplorables où se trouvait la république, qu'il voyait livrée aux fureurs d'une faction sanguinaire, l'amour du juste, de l'honnête et du vrai, qu'il avait puisé dans son commerce habituel avec Socrate, le goût qu'il avait pris pour les spéculations intellectuelles et pour la philosophie, le détournèrent entièrement de son premier dessein.

Lui-même paraît avoir voulu retracer, plus tard, les sentiments pénibles qui l'avaient affecté, et les motifs qui le décidèrent à s'éloigner de la carrière des emplois, lorsqu'il dit : « Quand on a pu goûter « les douceurs de la vie purement contemplative, « et connaître la démence de la multitude ; lors- « qu'on voit qu'il n'y a, pour ainsi dire, personne « qui traite sensément les affaires publiques : qu'il « est impossible de s'associer un compagnon avec « qui, entreprenant de venir au secours de la jus- « tice, on puisse éviter de périr. Enfin, quand on « s'est convaincu, au contraire, que prendre un « tel parti, c'est se jeter seul et sans défense au « milieu des bêtes féroces ; que, ne voulant pas

« consentir aux injustices qui se commettent, et
« ne pouvant pas résister seul à une multitude de
« furieux, on ne saurait manquer d'être leur vic-
« time, avant d'avoir pu rendre le moindre service
« à l'état et à ses amis : alors, réunissant par la
« raison tous les motifs d'une détermination plus
« sensée, on vit dans la retraite, occupé uniquement
« de remplir ses devoirs de simple particulier. Sem-
« blable au voyageur qui, au milieu des torrents
« de pluie et des tourbillons de poussière qu'excite
« une violente tempête, se met à l'abri de quelque
« chétive masure, en voyant les autres se souiller
« de toutes sortes d'iniquités, on s'estime du moins
« heureux d'achever ici-bas sa vie, pur de toute
« injustice, de tout acte impie, et d'attendre, dans
« une généreuse espérance, avec calme et résigna-
« tion, celle qui doit lui succéder (1). »

Cependant il était naturel qu'un esprit aussi
pénétrant, et dès long-temps accoutumé à méditer
sur les phénomènes de tout genre qui pouvaient
attirer son attention, observât les causes d'un ordre
de choses où tout l'intéressait vivement, même au
milieu de circonstances qui devaient blesser ses
sentiments les plus chers et affliger sa pensée. Doué
d'un cœur aussi généreux que sensible, profondément affecté des maux auxquels il voyait sa patrie en

---

(1) Plat. *De Republ.* l. 6, p. 496.

proie, Platon ne pouvait se résoudre à croire ses concitoyens abandonnés à un malheur sans ressource. Il se flatta donc qu'en les éclairant sur leurs véritables intérêts, en leur montrant les causes de leurs souffrances, il pourrait être utile, sinon à ses contemporains, au moins aux générations qui viendraient après lui ; et cet espoir lui suggéra le dessein de consacrer toutes les forces de son génie à la recherche des vérités soit morales, soit politiques, dont la connaissance pouvait, suivant lui, amener de meilleures destinées. C'est sans doute ce qui l'engagea à composer ses dialogues *de la République* et *des Lois*, exposant, dans le premier de ces deux ouvrages, ses idées et ses vues, sous le nom de Socrate, qui en est le principal interlocuteur, et aux leçons ou aux entretiens duquel il témoignait ainsi qu'il était redevable d'une partie de sa doctrine (1).

Je ne me propose pas de présenter ici dans un grand détail le système de gouvernement et de législation que cet écrivain a tracé dans ces deux traités. On peut en voir l'exposition dans un grand

---

(1) Dans le traité *des Lois*, que Platon composa lorsqu'il était déja avancé en âge, et où il paraît avoir eu pour but de corriger quelques parties de son premier plan, d'en étendre et d'en développer quelques autres, le principal interlocuteur est un vieillard athénien, c'est-à-dire, apparemment Platon lui-même, qui croyait alors avoir acquis le droit de parler en son propre nom.

b.

nombre de dissertations ou de mémoires publiés
à presque toutes les époques, chez les diverses
nations civilisées de l'Europe, depuis la renais-
sance des lettres (1). Je ne veux que présenter une
esquisse rapide des vues les plus importantes,
ou des pensées les plus remarquables, qui se
trouvent dans ses écrits sur cet intéressant sujet,
les enchaînant les unes aux autres par le lien naturel qui me paraît le plus propre à en faire
saisir l'ensemble; ce qui suffira du moins pour
justifier l'opinion que j'ai avancée sur le mérite
de Platon, dans cette partie de la philosophie,
et le reproche que j'ai fait à Aristote, de ne lui
avoir pas rendu toute la justice qui lui était due. Car
je n'attribuerai rien au philosophe athénien, qui ne
lui appartienne incontestablement, et qui ne dût
lui assurer des droits aussi certains à l'estime et

---

(1) On peut consulter entre autres, le chap. LIV du *Voyage
du j. Anacharsis*, et deux dissertations latines très-savantes et
très-bien faites : 1° CAROLI MORGENSTERN, *De Platonis Republica, Commentationes tres*, un vol. in-8°, imprimé à Hale en
Saxe, en 1794 ; 2° *Diatribe in politices Platonicæ principia*,
auct. Johan. Lud. Guil. DE GEER, un vol. in-8°, imprimé
à Utrecht, en 1810. Mr Tenneman a aussi exposé, avec beaucoup de détail et d'érudition, la doctrine politique de Platon,
dans le 4e volume de l'ouvrage intitulé *System der Platonischen
philosophie*, et dans le 2e volume de son histoire de la philosophie (*Geschichte der philosophie*). Leipzig, 1794 et 1799.

à l'admiration de ses contemporains qu'à celle de la postérité.

Ses méditations sur la nature humaine l'avaient conduit à reconnaître quelles sont les conditions les plus essentielles au bonheur des individus. Il lui était démontré que ce bonheur se trouve dans un état constant et habituel de paix avec soi-même et avec les autres; dans le calme d'une conscience pure, qui, en jetant ses regards sur le passé, n'y trouve aucun sujet de repentir; et, en les portant sur l'avenir, n'y découvre aucun motif de crainte légitime; dans la culture d'une intelligence dont les jouissances, toujours nouvelles et souvent délicieuses, consistent à aggrandir sans cesse la sphère de nos connaissances, à perfectionner indéfiniment nos facultés, en les faisant servir à améliorer notre destinée, et à contribuer de toutes nos forces au bonheur des autres hommes, mais surtout de ceux avec qui nous vivons dans les relations plus ou moins intimes qui constituent la famille, la cité, la patrie. Il avait reconnu, dis-je, que cet ensemble de conditions peut être regardé comme composant la véritable félicité à laquelle il soit permis à l'homme d'aspirer dans cette vie passagère, en même temps qu'il lui garantit la possession des biens ineffables qui lui sont réservés dans une vie à venir, dont sa raison lui fait entrevoir dès à présent l'immortelle durée.

Le bonheur ne consiste donc pas, comme le vulgaire se l'imagine faussement, dans la poursuite des plaisirs des sens toujours imparfaits, si vifs qu'ils puissent être, et dont on devient sans cesse plus avide à mesure qu'on s'y livre davantage, et qu'on sent mieux, cependant, leur insuffisance ou leur néant. Il ne consiste pas dans l'accumulation des richesses, qui n'ont d'autre mérite que d'être un moyen facile de se procurer ces plaisirs si vains et si trompeurs; dans les triomphes, encore plus faux, s'il est possible, et plus mensongers, d'un orgueil qui ne parvient à se faire illusion sur sa propre bassesse, qu'en abaissant ou croyant avoir abaissé autour de lui tout ce qui est véritablement noble et grand. Enfin, il se trouve moins encore dans la possession d'un pouvoir exagéré, dont l'effet inévitable est d'environner celui qui en dispose d'une multitude de lâches adulateurs, sans cesse empressés à irriter ses passions les plus perverses, ses désirs les plus insensés.

Platon vit facilement que c'est précisément cette fausse idée du bonheur, cette avidité insatiable des jouissances des sens, ou de la vanité, ou de l'ambition, qui égare la plupart des hommes, ou du moins le plus grand nombre de ceux qui par leurs talents, par l'énergie de leur caractère, et par les circonstances de leur situation, semblent appelés à exercer le plus d'influence dans un état ; et il vit le malheur des sociétés politiques naître des mêmes causes auxquelles il fallait attribuer celui des individus.

Cependant il ne s'était pas arrêté à ces observations générales ; il avait cru devoir rapporter à trois sources principales toutes les tendances naturelles, bonnes ou mauvaises, dont chaque homme reçoit presque à chaque instant les impressions, et qui sont les mobiles constants de ses actions et de ses déterminations. Il les exprimait par les mots *intelligence* ou raison, *colère* ou irritabilité, et *désirs* ou passions (1). Il regardait la première de ces tendances, ou si l'on veut, de ces facultés, comme devant nécessairement avoir sur les deux autres une autorité régulatrice, suprême et absolue. Du moment où l'une d'elles pouvait braver impunément cette autorité, ou, ce qui est plus funeste encore, pouvait la soumettre à ses caprices ou se substituer à ce pouvoir légitime, il ne voyait plus qu'anarchie, c'est-à-dire désordre, égarement et infortunes de toute espèce pour l'individu. En un mot, l'homme lui parut être en petit ce que la société civile est en grand, et ce fut là le fondement de toutes ses idées et de toutes ses considérations sur la science sociale (2). L'observation de

_____

(1) *Plat. Rep.* l. 4, p. 441 ; l. 9, p. 580.
(2) *Plat. Rep.* l. 2, p. 368 ; l. 6, p. 590.

ce qui se passe dans une république, ou dans un état considérable, lui sembla ne présenter que les mêmes phénomènes qu'on remarquait dans l'existence de chacun des individus qui les composent, et les présenter sur une plus grande échelle, ce qui devait les rendre plus sensibles, et donner par conséquent plus d'autorité et de certitude aux résultats qu'il obtiendrait de ses méditations.

En effet, il ne saurait y avoir dans la société toute entière, en fait de facultés ou de tendances primitives et essentielles, que ce qu'il y a dans chaque individu. Le nombre, quel qu'il soit, de ceux qui ont cultivé avec plus de soin leur intelligence, ou chez lesquels cette faculté a naturellement plus d'activité et d'énergie, représentera donc, en quelque sorte, l'intelligence ou la raison de la société elle-même. Il en sera ainsi du nombre incomparablement plus considérable de ceux chez lesquels les passions analogues, soit à la colère, soit aux désirs, sont prédominantes ; ceux-là représenteront, à leur tour, ce qu'il y a d'énergie et de forces, utiles ou nécessaires, nuisibles ou dangereuses, dans cette même société.

Car, si la raison a une prééminence incontestable sur les deux autres facultés, il ne faut pas croire que celles-ci soient entièrement inutiles ; elles sont, au contraire, d'une nécessité indispensable, pour la conservation des états aussi-

bien que pour celle des individus. Seulement, il
est nécessaire, pour la même fin, qu'elles restent,
autant qu'il est possible, soumises à l'autorité et aux
directions de la faculté supérieure. La colère, qui
excite l'homme à repousser avec énergie les causes
de destruction, ou de souffrance, qui peuvent le
menacer, de la part des autres êtres animés, soit de
même, soit de différente espèce que lui; les désirs,
qui éveillent son industrie et mettent en jeu toutes
ses facultés actives, d'abord pour la satisfaction de
ses besoins les plus impérieux, et ensuite pour lui
procurer les moyens de jouissances propres à char-
mer et à embellir sa vie, sont assurément des
ressorts nécessaires, des conditions indispensables
de l'existence de l'homme. Mais leur tendance naturelle à l'exagération, peut en faire très-prompte-
ment des causes de malheur et de destruction, si
elles ne sont contenues, par la raison, dans des
bornes légitimes.

Or, ce que la raison est pour l'individu, la loi,
suivant Platon, l'est pour les sociétés. Voilà pourquoi il définit la loi, l'*invention ou la découverte de
ce qui est*, c'est-à-dire, du vrai (1). De même, dit-il,
qu'on appelle *lois* d'une science ou d'un art, l'énonciation des rapports qu'on a reconnus comme
constants et invariables dans un certain ordre d'i-

----

(1) *Plat. Minos.*, p. 315.

dées, ou l'énonciation des procédés et des moyens propres à produire un résultat déterminé : ainsi on pourra appeler *loi politique*, l'énonciation des moyens ou des conditions nécessaires pour atteindre à une fin déterminée; et cette fin ne saurait être autre chose que l'intérêt général de tous les citoyens. Tout réglement, toute injonction du pouvoir qui n'a pas ce caractère, usurpe le nom de loi, mais ne le mérite en aucune manière.

J'ai remarqué, dit encore ce philosophe, que toutes les fois qu'il s'élève une lutte entre les citoyens, au sujet des magistratures, le parti vainqueur s'empare si exclusivement du pouvoir, qu'il ne consent jamais à en laisser la moindre partie aux vaincus, ni même à leurs descendants; or, ce n'est pas là établir un bon gouvernement, ni de bonnes lois, c'est constituer un état de discorde et de guerre perpétuelle (1). Quant à nous,

---

(1) *Plat. de Legib.* l. 4, p. 715. Rien de plus sage et de plus admirable que ce que dit encore Platon sur le même sujet, dans sa huitième lettre (adressée aux amis de Dion). « A peine « la tyrannie a-t-elle été abolie (dit-il) qu'il s'élève une lutte « nouvelle entre les partis : l'un veut ressaisir le pouvoir, l'autre « aspire à mettre enfin un terme au retour du despotisme...... « La plupart s'imaginent que ce qu'il y a de plus convenable et « de plus légitime, c'est de faire à ses ennemis tout le mal qu'on « peut, et à ses amis tout le bien possible. Mais *quand on fait* « *beaucoup de mal aux autres, il est bien difficile que l'on n'en* « *éprouve pas à son tour*..... Que ceux donc qui désirent le « pouvoir et la domination *fuient d'une fuite infinie* ce bonheur

poursuit-il, nous donnerons les magistratures à un homme, non pas parce qu'il est riche, ou fort, ou d'une illustre naissance, ou parce qu'il possède tel autre avantage de ce genre; mais parce que nous l'aurons reconnu pour un fidèle et religieux observateur des lois ; et les divers degrés de cette vertu nous serviront à apprécier chacun de ceux à qui nous confierons les divers degrés de puissance ou d'autorité. Car les magistrats ne doivent être que les *ministres* ou les *serviteurs* des lois. Ainsi, dans tout état où la loi est tyrannisée et sans force, nous voyons une cause imminente de ruine et de destruction : au contraire, dans un état où la loi règne impérieusement, nous voyons un principe de salut et de conservation, et le présage de tous les biens que la faveur des dieux a jamais accordés aux sociétés politiques (1).

Mais, pour que les magistrats soient ce qu'ils doivent être, il faut que le plus grand nombre des citoyens ait une connaissance distincte et un sentiment exact de ses droits, et surtout de ses devoirs. Car les magistrats n'ont de puissance que celle qu'ils tiennent du concours des forces et des

---

« des ames insatiables et dépourvues de sens et de raison.....
« Et d'un autre côté, que ceux qui ont en horreur le joug de la
« servitude s'efforcent de se garantir d'un amour excessif de la
« liberté..... etc. »

(1) *Plat. de Legib.* l. 4, p. 715.

volontés du plus grand nombre des hommes soumis à leur autorité. Platon semble donc avoir
aperçu la déplorable nécessité de ce cercle fatal
dans lequel s'accomplissent, depuis tant de siècles,
les destinées et les révolutions des états. Les lois,
comme il le reconnaît expressément, font, en quelque sorte, l'éducation des hommes dans la maturité
de l'âge : ils sont vertueux si ces lois sont bonnes;
ils deviennent vicieux, si elles sont mauvaises (1).
Mais, d'un autre côté, quel peuple aura de bonnes
lois, c'est-à-dire, observera religieusement celles

---

(1) *Plat. Menex.* p. 238; *Rep.* l. 6, p. 497. Ce philosophe
a très-bien caractérisé, dans son dialogue intitulé *Gorgias*,
(p. 510) l'influence des mauvaises lois, et surtout des mauvais
gouvernements, sur le caractère moral des hommes qui y sont
soumis. Le moyen, dit-il, de vivre à l'abri de l'injustice, en
pareil cas, c'est, ou de se rendre maître soi-même de l'autorité,
ou au moins de s'associer à ceux qui en disposent, de se concilier leur bienveillance et leur faveur. Or, pour y parvenir, il
faut leur ressembler le plus que l'on peut. Un tyran, sans lumière
et sans humanité, n'aura assurément ni confiance ni goût pour
tout homme qu'il croira meilleur que lui, et méprisera celui qu'il
regarde comme trop inférieur. Il ne s'attachera qu'à celui qui
a les mêmes sentiments que lui, au sujet des mêmes personnes
et des mêmes choses, qui loue et blâme ce que lui-même blâme
ou loue. Il faut donc nécessairement que, dans un état ainsi
gouverné, les jeunes gens qui ont quelque ambition de parvenir
aux emplois, ou à la fortune, ou qui voudront seulement se
soustraire aux dangers de l'injustice et de la persécution, s'accoutument de bonne heure à n'aimer et à ne haïr que ce qui
plaît ou déplaît au maître, aux dépositaires de sa puissance,
et dès-lors leur ame sera souillée de toutes sortes de vices, etc.

que sa raison approuve, s'il n'a pas, en somme,
plus de vertus que de vices; ou, en d'autres mots,
si sa raison ne domine pas les penchants, les désirs, les passions de toute espèce qui agitent et
fatiguent sans cesse son existence.

Sous ce rapport donc la cité se présente de nouveau comme un individu, dont le bonheur et la
paix ne consistent que dans l'accord de ses volontés
particulières avec les lumières de son esprit, et il
faut que dans les états, comme dans les individus,
tout cet ensemble de déterminations soit ramené
le plus qu'il est possible à une sorte d'unité (1). Or,
ce n'est pas ce qu'on y observe à beaucoup près,
le plus ordinairement. Chacun d'eux, comme le
remarque notre philosophe, semble se composer
de plusieurs cités distinctes, et souvent hostiles à
l'égard l'une de l'autre. Et d'abord il y a celle des
riches et celle des pauvres : ces deux-là peuvent se
subdiviser en plusieurs autres, qu'on aurait tort en
core de regarder comme fort disposées à s'unir entre
elles. Car, si l'on offrait à l'une de ces factions, ou
cités diverses, la puissance, les richesses et même
les personnes, de quelqu'une de celles qui lui sont
opposées, elle trouverait dans toutes les autres
beaucoup d'auxiliaires, et bien peu d'ennemis.
Cependant, y a-t-il rien de plus funeste pour un

____

(1) *Plat. Rep.* l. 4, p. 422 et 423.

état, que ce qui tend ainsi à le diviser, et qui en
fait réellement plusieurs cités au lieu d'une? Peut-il
y avoir un bien plus grand que ce qui en lie entre
elles les diverses parties?

Or, c'est la sympathie, en fait de plaisirs ou de
peines, qui produit cet effet : lorsqu'on voit tous
les citoyens à peu près également contents ou af-
fligés à l'occasion des mêmes circonstances. Ce qui
les divise, au contraire, c'est que les mêmes circonstances générales pour l'état, ou particulières
pour les citoyens, puissent causer aux uns une
joie excessive, et aux autres une vive affliction.
D'où il suit qu'une cité bien ordonnée est celle qui
ressemble le plus à un seul homme.

En effet, dit encore ce philosophe, que nous ayons
mal à un doigt, par exemple : l'affection sympathi-
que s'étend, de toutes les parties du corps, jusqu'à
l'âme, qui exerce sur lui la suprême autorité. Le
tout souffre de la douleur de la partie malade ; et
nous dirons, dans ce cas, que l'*homme* a mal au
doigt, ou à toute autre partie de son corps, qui
sera ainsi affectée ; et il en sera de même des impressions ou des sensations agréables. C'est ainsi que,
dans un état bien réglé, la société toute entière
doit ressentir les plaisirs ou les peines de chacun
des membres qui la composent (1). Nous retrouvons

---

(1) *Plat. Rep.* l. 5, p. 462.

donc ici la maxime de Solon étendue et développée dans tout ce qu'elle a d'important et d'essentiel ; et nous voyons que ce sage législateur regardait avec raison le principe qu'elle consacre comme l'un des plus sûrs garants de la prospérité et de la stabilité des états.

L'amour de la patrie, si fort recommandé par Platon, par tous les législateurs, et par tous les grands hommes de l'antiquité, poètes, orateurs, historiens, n'est, à quelques égards, que le principe énoncé par Solon, envisagé sous un point de vue un peu différent. Mais l'amour de la patrie n'est pas cet attachement, en quelque sorte, instinctif aux lieux qui nous ont vus naître, et aux habitudes de notre premier âge; il ne consiste pas seulement dans ces émotions profondes que nous fait éprouver, sur une terre étrangère, le souvenir de nos parents, de nos amis, de toutes les impressions douces ou agréables qui ont charmé le cours de notre vie. Ce n'est pas même le secret orgueil que nous ressentons quelquefois involontairement des avantages réels ou supposés que nous accordons au pays de notre naissance sur les pays étrangers, quand nous avons occasion d'en faire la comparaison. En un mot, l'amour de la patrie, comme l'envisage Platon, consiste surtout dans la fidélité inviolable aux lois qui font sa prospérité et sa gloire, et par conséquent dans le désir constant et presque dans le besoin du bonheur de tous les hommes qui vivent avec nous sous l'empire de ces mêmes lois. Ce sentiment se compose donc, outre les sentiments particuliers que nous venons d'indiquer, de la connaissance distincte des biens dont nous sommes redevables à ces lois protectrices, à cet ensemble d'institutions à l'abri desquelles notre enfance a été nourrie, protégée, enrichie des moyens d'instruction et de bonheur qu'elles nous garantissent ; il constitue pour nous un devoir impérieux d'assurer à ceux qui viendront après nous la même protection, et des moyens encore plus abondants et plus efficaces de lumières et de bonheur.

Nous devons plus de respect et de dévouement à la patrie, dit encore Platon, qu'aux auteurs de notre naissance : la patrie, qui est aussi notre mère, est immortelle ; c'est une divinité pour nous, qui ne sommes que des êtres mortels et périssables (1).

Aussi, après les forfaits commis envers la Divinité, range-t-il ceux qui tendent à dissoudre ou à détruire l'ordre politique. Il veut que tout citoyen qui s'efforce de substituer l'autorité de l'homme à celle des lois, en asservissant l'état au joug des factions, par la fraude ou par la violence, soit re-

---

(1) *Plat. de Legib.* l. 5, p. 740.

gardé comme le plus cruel ennemi de la société ;
qu'il soit jugé par les mêmes tribunaux que les
sacriléges, et soumis aux mêmes peines. Il place
au second degré, parmi les criminels dignes de
toute la sévérité des lois, les magistrats qui, sans
prendre part à de pareils complots, manquent, par
négligence ou par lâcheté, à en punir les auteurs.
Enfin, il regarde comme indigne du nom de citoyen celui qui, ayant connaissance de semblables
attentats, croit pouvoir se dispenser de les défé-
rer aux magistrats.

Mais quel moyen de faire naître et de développer dans les ames ces sentiments d'amour pour
la patrie et de dévouement au bien public, seule
garantie du bonheur des états, aussi-bien que de
celui des particuliers? Platon n'en connaît pas d'autre
qu'un système général d'éducation, sagement com-
biné, et approprié à cette fin. Son plan de gouvernement n'est même que l'exposition de ce système
d'éducation, ce qui a fait regarder, par quelques
savants hommes, ses écrits sur cette matière, comme
des traités de morale, plutôt que de politique proprement dite. Cette question, au reste, est peut-
être assez peu importante à résoudre, puisqu'il est
incontestable que Platon a traité les deux sujets
comme entièrement dépendants l'un de l'autre, et
qu'il les considère comme nécessairement liés entre
eux ; mais de telle manière que les notions les plus

exactes de la morale sont le fondement indispensable d'une saine politique. Platon subordonne tout,
même les institutions religieuses, au sentiment de
la vertu et au perfectionnement de la raison, qui
est le principe fondamental de ses doctrines dans la
politique comme dans la morale. Il veut que l'éducation religieuse des citoyens de sa république, éducation qui lui paraît une des conditions les plus
importantes pour le succès de toutes les autres institutions, il veut, dis-je, qu'elle soit dégagée de toutes
les fables puériles ou grossières dont le paganisme
était infecté; qu'on en supprime soigneusement
tout ce qui tend à donner des dieux les idées les
plus fausses et les plus absurdes; à nous les représenter comme accessibles à la joie, à la peine,
à la colère, en un mot, à tous les sentiments, à
toutes les passions qui agitent et tourmentent incessamment la vie de l'homme. C'est pour cela
qu'il bannit les poètes de sa république, ou du
moins qu'il n'y admet que ceux qui sauront représenter les dieux et les héros d'une manière véritablement digne de ces êtres supérieurs à l'humanité,
et conforme aux idées que peut nous en donner
la saine raison.

Au reste, les fonctions du magistrat, chargé de
présider à l'éducation de la jeunesse et de surveiller cette partie de l'ordre public, (toujours en se
conformant aux lois,) paraissent à notre philosophe

d'une telle importance, qu'il ne croit pas pouvoir trop multiplier les précautions propres à garantir sa république d'un mauvais choix en ce genre. Il veut donc que ce magistrat soit un citoyen âgé de plus de cinquante ans, qu'il soit époux et père; qu'il soit élu à la pluralité des suffrages, dans une assemblée composée de tous les autres magistrats réunis dans le temple d'Apollon, (à l'exception des membres du sénat et des conservateurs des lois;) que les votes soient secrets, et par conséquent entièrement libres; qu'outre cela, celui qui aura réuni la majorité des suffrages, subisse un examen public de ceux qui l'auront élu. Enfin, il veut que le magistrat qui aura rempli toutes ces conditions, n'exerce l'autorité attachée à sa place que pendant cinq ans, après quoi on sera tenu de lui substituer un autre citoyen, élu de la même manière (1).

Platon n'apporte pas une attention moins scrupuleuse à l'établissement des tribunaux, et au choix des juges qui doivent les composer : il veut qu'ils soient nommés par une assemblée de tous les magistrats réunis dans un temple, où ceux-ci prêteront serment de ne donner leurs suffrages qu'aux citoyens qu'ils croiront les plus dignes d'estime, et les plus capables de remplir des fonctions aussi importantes. La responsabilité de ces mêmes juges, qui doivent

____

(1) *Plat. de Legibus*, l. 6, p. 765, 766.

être accusés et punis, quand ils violent les lois, la publicité des jugements, la participation des citoyens de toutes les classes (formant comme un jury dans toutes les causes où il s'agit de l'intérêt de la patrie), lui semblent des conditions indispensables à une bonne organisation de cette partie de l'ordre public.

Les grands hommes d'état qui ont véritablement servi la patrie, et qui ont acquis des droits immortels à l'admiration et à la reconnaissance de leurs concitoyens, ne sont pas, suivant ce philosophe, ceux qui ont étendu la puissance ou la domination de la république sur d'autres états, qui l'ont agrandie ou enrichie aux dépens des peuples voisins, qui l'ont embellie ou ornée par les monuments des arts, qui ont fait construire des ports, des arsenaux, des murailles fortifiées. Ce ne sont pas ceux qui ont fait beaucoup pour ce qu'on appelle la gloire d'un état, mais qui n'ont rien fait pour son bonheur. Car il arrive, au contraire, presque toujours, que par cette exagération des forces de la cité, employées dans de pareilles vues, ils lui préparent pour l'avenir un affaiblissement proportionné, et quelquefois une ruine complète, accompagnée des plus cruelles et des plus horribles calamités (1). La véritable science politique consiste, suivant le

----

1) Voy. le *Gorgias* de Platon, p. 506 et suiv.

même philosophe, à rendre les hommes plus heureux, en les rendant plus modérés et plus sages,
c'est-à-dire, plus vertueux. Le but essentiel des
lois doit donc être de cultiver en eux, d'abord,
les qualités de l'ame, prudence, tempérance,
justice, courage; puis, de leur faire acquérir les
biens extérieurs, santé, beauté, force, richesse,
autant que ce soin peut s'accorder avec la fin
première et principale, ou avec l'intérèt général
de l'état. C'est pour cela qu'il définit la politique,
la science qui produit ou qui fait régner la justice dans une république (1); car la justice comprend, à elle seule, toutes les autres vertus : elle
en est la source et le plus solide fondement.

Enfin, considérant qu'il n'y a, parmi les hommes, aucune institution que le temps ne puisse
améliorer; que l'esprit humain trouve, dans la
conscience même qu'il a de sa faiblesse, l'idée
d'un perfectionnement toujours possible, dans
tout ce qu'il est capable de concevoir et d'entreprendre; Platon ne se dissimule point que son
système de lois, comme celui de tout autre législateur, devra nécessairement subir des modifications. Mais il veut qu'une sage et lente expérience
en constate le besoin ou l'utilité; il veut que les

____

(1) Πολιτικὴ, ἐπιστήμη ποιητικὴ δικαιοσύνης ἐν πόλει. (*Platon. De-
finit.* p. 413, b.)

lois fondamentales, ou, comme on dirait aujour-
d'hui, les lois constitutionnelles de sa république,
soient l'objet constant de l'examen des citoyens;
que l'on communique aux conservateurs des lois
les changements que l'on jugera convenable d'y
faire. Toutefois, il exige que la réforme en soit
suspendue pendant plusieurs années, et qu'alors
elle ne s'opère qu'avec le consentement de tous les
corps de magistrature et de tous les citoyens (1).

Telles sont à peu près les vues les plus importantes que présentent les deux traités de Platon
sur cette matière : elles y sont, à la vérité, mêlées
à des plans de constitution ou de gouvernement
tout-à-fait impraticables; et, ce qui est plus fâcheux
encore, l'auteur y propose des moyens d'exécution,
dont l'effet semblerait devoir être en opposition
directe avec les idées de perfection morale qui
occupaient si constamment et si exclusivement sa
pensée. Certes, le pouvoir presque absolu qu'il
accorde, dans sa république, aux deux classes des
magistrats et des guerriers sur la troisième classe,
c'est-à-dire, sur celle des cultivateurs et des hommes qui exercent les divers genres d'industrie, ne
peut manquer de corrompre très-rapidement ces
deux classes supérieures, et de bouleverser l'état
en réduisant la troisième à un degré de misère

____

1 *Plat. de Legib.* l. 6, p. 772

et d'abjection tout-à-fait intolérable. De plus, la communauté des biens, celle des femmes et des enfants, produiraient aussi infailliblement, d'une part, l'anéantissement de tout amour du travail, de toute amélioration dans les procédés des arts les plus indispensables à la vie; et, d'un autre côté, détruiraient tout lien d'affection entre les membres de la république, en étouffant en eux le plus universel et le plus puissant des sentiments de cette espèce, l'amour de la famille, la piété filiale, et la tendresse fraternelle; et c'est ce qu'Aristote a très-bien démontré.

Seulement, il est juste d'observer que Platon lui-même ne paraît pas avoir proposé son système de gouvernement comme un projet exécutable, au moins dans les institutions particulières qui ont été l'objet de tant de critiques assurément très-fondées; il avoue qu'il ne le croit nullement applicable à des créatures humaines, et c'est dire assez qu'il y reconnaissait des inconvénients que sa raison ne pouvait justifier. Car la pensée qu'il a eue, comme il le déclare expressément, de tracer, dans sa *République*, le modèle purement idéal de la perfection en ce genre, telle qu'il la concevait, ne l'autorisait pas à admettre ou à proposer des institutions qui sont en opposition avec les sentiments les plus naturels au cœur de l'homme. Mais enfin, ces taches, quoique très-réelles, n'altèrent en rien la beauté et la solidité de la plupart des principes que cet illustre écrivain a si admirablement exposés, et il n'en doit pas moins être regardé, ainsi que nous l'avons déja remarqué, comme le véritable fondateur de la science politique.

Les vérités que Platon avait déduites de l'observation attentive du cœur humain, de ses penchants naturels, de ses passions, et des déterminations qui en sont le résultat nécessaire, Aristote les confirma par l'observation des faits positifs d'une multitude considérable d'états différents. Il avait commencé par recueillir des documents authentiques sur presque toutes les formes de gouvernement qui avaient existé avant lui, et qui existaient de son temps : il en avait composé un ouvrage qui devait nécessairement être fort étendu, puisqu'il comprenait l'histoire des principales révolutions et la description des constitutions de cent cinquante-huit états différents, suivant quelques écrivains (1), ou de deux cent cinquante, selon d'autres (2). Il avait entrepris, outre cela, des recherches sur les institutions des peuples barbares (3), sur le droit public des divers états (4), et composé quatre livres de *Lois*,

---

(1) Voyez *Diog. Laert.* l. V, § 27.

(2) Ammonius, qui a composé une *Vie d'Aristote*.

(3) Νόμιμα Βαρβαρικα.

(4) Δικαιώματα πόλεων.

qui étaient probablement un recueil ou un choix de ce qu'il connaissait de plus curieux ou de plus sensé dans la législation des divers états dont il avait étudié l'histoire et l'organisation.

Il paraît que c'est d'après ces matériaux qu'il composa le traité de politique qui nous reste de lui, mais que le temps a mutilé dans quelques parties importantes. Il appliqua à ce nouvel ordre de questions la méthode qu'il avait employée avec succès dans d'autres objets de recherches, et qui n'est, quoi qu'on en puisse dire, que ce qu'on a appelé, depuis Bacon, la *méthode d'induction*; s'il est vrai qu'il faille entendre, par cette expression, le procédé qui consiste à conclure de l'examen d'un nombre suffisant de phénomènes ou de faits d'un certain ordre, la loi générale qui préside à leur production, ou le fait dont chacun d'eux porte en quelque sorte l'empreinte.

C'est probablement aussi la conscience de la supériorité que lui donnait sur Platon l'emploi d'une méthode beaucoup plus sévère, qui, en le mettant à même de reconnaître les défauts de l'ouvrage de celui-ci, le porta à se les exagérer, ou du moins à se faire illusion sur ce qu'il contenait de vraiment important, plutôt qu'un sentiment d'envie ou de jalousie qu'on a toujours peine à supposer, dans un homme tel qu'Aristote.

En effet, les sciences morales et politiques ne sont

assurément pas moins positives que les sciences naturelles : mais les faits sur l'observation desquels elles sont fondées, et qu'elles ont à constater, sont incomparablement plus fugitifs et plus complexes que ceux de l'observation purement extérieure. L'unique moyen, le seul instrument dont nous puissions nous servir, pour les analyser et pour les fixer, le langage, est lui-même variable, incertain dans sa marche et dans ses procédés, et ne peut nous rendre les services importants que nous en devons attendre, que lorsqu'il a déja été porté à un très-haut degré de perfection. Mais cette perfection même dépend exclusivement du progrès des connaissances, de la justesse et de la clarté des idées. En sorte que l'esprit humain tourne, en quelque manière, pendant de longs siècles, dans un cercle fatal, où les faits restent obscurs pour lui, faute de moyens propres à les éclaircir et à les fixer, et où les moyens demeurent imparfaits et inefficaces, parce que les faits sont obscurs et mal appréciés.

Il ne faut donc pas être surpris si, d'une part, des hommes attentifs et doués de beaucoup de sagacité sont arrivés à des résultats presque identiques, quand ils ont observé les mêmes faits, ou du moins des faits de même nature; et si, d'un autre côté, ils les ont présentés sous un aspect, en apparence, assez différent; de sorte que ni eux-mêmes ni les autres n'ont aperçu cette identité, parce qu'en effet ils l'ont exprimée quequefois dans un langage plus propre à la déguiser qu'à la faire reconnaître.

Ainsi, dans la morale, que Platon et Aristote s'accordent à regarder comme le fondement de toute saine politique, ces deux philosophes semblent avoir été conduits, chacun de son côté, à des résultats qui ne diffèrent peut-être que par l'expression. L'un voit la vertu, ou la perfection morale, dans le progrès de la raison, laquelle, suivant lui, doit être le régulateur suprème et l'arbitre de toutes nos facultés actives. Mais la raison elle-même n'est pas, comme il semble le croire ou le dire en plusieurs endroits, une faculté à part, ou, comme il s'exprime, une partie de l'ame ; elle est plutôt, ainsi qu'il le donne à entendre dans d'autres parties de ses ouvrages, un état d'équilibre de nos facultés de tout genre, une manière d'être qui laisse à chacune d'elles le degré d'activité et d'énergie suffisant pour qu'elle puisse exercer ses fonctions, sans nuire à l'activité ou à l'énergie naturelle des autres. Or, c'est là, ce me semble, ce que conçoit et ce qu'entend Aristote, lorsqu'il fait consister la vertu dans un certain milieu, entre deux vices opposés, l'un par excès et l'autre par défaut ; c'est là ce *moyen terme*, qu'il s'efforce de reconnaître et d'établir dans toutes les déterminations du désir et de la volonté.

Ainsi encore, ces deux philosophes s'accordent assez sur les grands principes de l'ordre social, sur les vérités fondamentales dont la connaissance et l'observation pratique sont nécessaires au bonheur des sociétés. Mais Aristote ne fut pas peut-être assez frappé du mérite qu'il y avait à avoir le premier présenté ces vérités avec autant de clarté et d'intérêt, à avoir montré avec autant d'évidence leur influence sur la destinée des états. Enfin, il ne vit peut-être pas assez que ces principes, qui lui servaient, en quelque sorte, de point de départ, et qui le guidaient avec plus de sûreté dans ses recherches, c'était Platon surtout qui les lui avait fournis; et que lui-même n'avait agrandi et perfectionné la science sociale, que parce qu'il l'avait prise au point où ce grand homme l'avait laissée. Car on ne saurait nier que la *Politique* d'Aristote ne soit incomparablement plus riche que les traités de Platon, en résultats positifs, en applications pratiques, et que la supériorité de la méthode du philosophe de Stagire, ou plutôt le champ d'observations plus vaste et plus fécond qu'il s'était ouvert, ne dût lui donner les moyens d'étendre et de perfectionner beaucoup les vues de l'écrivain qui l'avait précédé.

Il serait superflu d'exposer ici avec quelque détail l'ensemble des idées comprises dans l'ouvrage dont nous donnons la traduction (1), surtout ayant pris soin, dans les arguments qui précèdent chaque livre, de ne rien omettre de ce qui nous a paru présenter quelque intérêt, et pouvoir faire connaître au lecteur toutes les parties de la doctrine de l'auteur. Il nous suffira donc d'indiquer rapidement quelques-uns des points qui caractérisent les progrès réels que notre philosophe fit faire à la science dont il s'occupait.

D'abord, ayant séparé la politique de la morale, sans perdre de vue l'origine commune de ces deux ordres d'idées et les points nombreux de rapprochement ou de contact qui les unissent, il eut par là occasion de se faire des notions plus exactes de ce qu'il y a de propre à chacun d'eux. Ses définitions de la cité et du citoyen, quoique mêlées à des raisonnements d'une métaphysique subtile, et qui n'est pas toujours exempte d'obscurité, sont pourtant plus exactes que celles de Platon.

D'un autre côté, la loi qu'il s'est imposée, de fonder principalement sa doctrine sur l'observation des faits, l'a conduit à mieux caractériser les diverses formes de gouvernement, à reconnaître les différences qui distinguent celles qu'on avait con-

_____

(1) On peut en voir une analyse assez étendue dans le chapitre LXII du *Voyage du jeune Anacharsis*.

fondues sous une même dénomination, et les causes
des avantages ou des inconvénients que présente
chacune de ces formes.

La considération attentive des effets de la lutte
toujours subsistante entre les diverses classes de
la société, riches et pauvres, nobles et non nobles, etc. , et, en général, des dissentiments violents que produit trop souvent entre les citoyens
l'extrême inégalité qui résulte quelquefois de la
nature même des institutions politiques, lui fit
apercevoir, et marquer avec une précision in-
connue avant lui, le caractère qui distingue les
bons gouvernements, c'est-à-dire, ceux qui contribuent efficacement au bonheur de la société, de
ceux qui sont dans une route tout-à-fait opposée.
Il reconnut que les premiers n'ont en vue que
l'intérêt général des citoyens; tandis que les
autres ne se proposent que l'intérêt particulier des
hommes qui disposent du pouvoir.

La même méthode de recherches lui fit également reconnaître l'importance de ce qu'il appelle
le moyen ordre des citoyens, ou la *classe intermédiaire* entre les riches et les pauvres, entre les
hommes puissants et ceux qui n'exercent presque
aucune influence dans le gouvernement. Il regarde
l'extension de cette classe comme une des causes qui
peuvent le plus contribuer à la prospérité et à la stabilité des états. En effet, composée d'hommes qui

ne sont ni riches, ni puissants, ni pauvres, ni dépendants, la classe moyenne a le plus grand intérêt à ce que celle qui possède les richesses et le pouvoir ne soit pas trop oppressive; ni la classe inférieure trop malheureuse. Le despotisme ou l'anarchie dans le gouvernement menacent également son existence, et par conséquent il n'y a pour elle de sécurité et de sûreté que dans le règne des lois. Sa force, presque toute morale et intellectuelle, s'accroît précisément de ce qu'elle communique de raison et de lumières aux deux autres classes. Car, c'est chez elle que se trouvent, avec les heureuses habitudes du travail et de la modération, un loisir suffisant pour la culture de l'intelligence, un sentiment plus vif, et un besoin plus impérieux de l'estime et de la considération des autres hommes. C'est dans la classe moyenne, enfin, que les passions égoïstes de toute espèce sont plus généralement contenues, et les dispositions généreuses plus constamment encouragées par l'expression franche de l'éloge ou du blâme, résultat naturel et nécessaire de l'égalité. Aussi, dans les crises politiques, compte-t-elle pour auxiliaires tout ce qu'il y a dans la classe supérieure de cœurs droits et d'esprits généreux, tandis que ses rangs sont quelquefois désertés par ceux de ses défenseurs naturels, dont les préjugés ou les passions ont altéré le jugement.

Enfin, Aristote, s'élevant par la pensée au-dessus de tous les gouvernements qu'il a décrits, et dont il a observé la marche, les jugeant et les appréciant, dans leur principe et dans leur tendance, examine quels sont pour chacun d'eux les moyens de conservation, les causes plus ou moins imminentes d'altération ou de ruine; et cette partie de son ouvrage est, sans contredit, une des plus curieuses; c'est celle où se manifeste le plus la supériorité incontestable de sa méthode, et la vaste étendue de son génie et de ses connaissances. Ennemi, par sentiment et par conviction, de toutes les révolutions violentes, persuadé que rien de ce qui est véritablement beau ou bon ne peut être le résultat d'une action brusque et soudaine, il trace, d'une main aussi ferme que sage, aux républiques, soit aristocratiques, soit démocratiques, soit oligarchiques, aux monarchies légales ou absolues, et même aux tyrannies, la route qu'elles doivent suivre pour prévenir, par d'heureuses modifications qui les améliorent, les commotions terribles dont elles sont menacées, et où les conduisent inévitablement les abus ou les vices propres à chacune d'elles.

On peut donc, ce me semble, regarder les écrits de Platon et d'Aristote, sur la politique, comme le monument le plus précieux des connaissances acquises par les Grecs sur cet important sujet. Car, malheureusement, les ouvrages de Théophraste, l'ami, le disciple et le successeur immédiat d'Aristote, ceux de Dicéarque et d'Heraclide de Pont, qui écrivirent aussi des traités de politique vers cette même époque, ne nous sont point parvenus (1). Quelques fragments des Pythagoriciens et de l'historien Polybe sont, en ce genre, les seuls débris échappés au vaste naufrage des sciences et des arts, dans les siècles de barbarie qui suivirent la chute de l'empire romain. Les écrivains latins ne paraissent avoir rien ajouté aux recherches des Grecs; et quelques justes regrets que doive nous inspirer, sous d'autres rapports, la perte de la plus grande partie du traité de Cicéron, intitulé, *De la République*, il paraît très-probable qu'en fait

---

(1) *Théophraste* avait composé, outre un traité de *Politique*, et un ouvrage en trois livres, intitulé *Des Législateurs*, (περὶ νομοθετῶν), divers recueils de lois. Cicéron (*De Finib.* l. 5, c. 4) nous apprend que, dans l'un de ces ouvrages, il avait considéré particulièrement les modifications diverses que subissent, dans certains cas, les gouvernements, et les moyens de mettre à profit les circonstances qui se présentent. *Hoc amplius Theophrastus, quæ essent in Republica inclinationes rerum et momenta temporum, quibus esset moderandum utcumque res postularet [docuit].* — *Dicéarque* et *Héraclide de Pont* avaient recueilli des documents précieux sur les divers gouvernements, les mœurs et les coutumes des peuples tant Grecs que Barbares. Il ne nous reste que quelques fragments de l'un des traités d'Héraclide, que M⁀ Coray a joints à son édition d'*Élien* (un vol. in-8°. Paris, 1805, chez Firmin Didot.)

Tome II

de connaissances générales sur cette matière, on n'y trouvait que la doctrine même des deux philosophes dont nous venons de parler (1).

Peut-être donc, avant de conclure ces réflexions, ne sera-t-il pas inutile de résumer en peu de mots les maximes ou les règles qu'ils semblent avoir envisagées comme essentielles à l'existence d'un gouvernement propre à assurer le bonheur des hommes qui vivent sous ses lois. L'ensemble de ces maximes, qui n'est pas sans doute un système de politique qu'on puisse proposer de mettre à exécution, mais qui n'est que l'énonciation des principales conditions propres à satisfaire à ce qu'exige, en ce genre, une raison exercée, exempte de passions et de préjugés, pourrait être comparé à ces lignes dont un géomètre fait voir que certaines courbes tendent incessamment à s'approcher, en même temps qu'il démontre que jamais elles ne peuvent les toucher. Un tel ensemble de propositions sera, si l'on veut, la limite idéale et purement rationnelle vers laquelle on conçoit que l'organisation sociale la plus parfaite peut tendre indéfiniment, quoiqu'il soit certain qu'elle ne peut jamais y atteindre.

---

(1) Voyez à ce sujet l'excellent discours préliminaire, et les dissertations pleines de goût et d'érudition que Mr Villemain a ajoutées à sa traduction des précieux fragments qui nous restent du traité de Cicéron.

Premièrement donc, le bien général de la société, ou la plus grande somme de bonheur possible, sinon pour tous, au moins pour le plus
grand nombre des individus qui la composent,
est, suivant Platon et Aristote, la fin ou le but
de tout ordre politique. Cette vérité, au reste,
universellement admise du temps de ces philosophes, et bien long-temps avant eux, n'a
jamais été niée par personne. Elle est tellement
empreinte dans le cœur des hommes, elle se con-
fond tellement avec les plus simples et les premiers
éléments du bon sens et de la raison humaine,
que jamais les tyrans, même les plus stupides,
n'ont commis de grands attentats, jamais les gouvernements les plus injustes ou les plus perfides
n'ont proposé de mesures désastreuses, sans leur
donner au moins pour prétexte le bien public.

Mais en quoi consiste le bonheur de l'homme,
autant du moins qu'il peut dépendre de la forme
du gouvernement et du mode d'existence de la
société?

Il consiste, suivant ces philosophes, dans la
liberté et dans l'*égalité politique*.

Dans la *liberté*, parce que sans cette condition,
comme le prouve l'histoire de tous les temps et de
tous les pays, aucun individu ne peut jouir ni de
sa propriété, (c'est-à-dire, du fruit de son travail,
de son industrie, de ses talents, enfin des seuls

d.

moyens qu'il ait de subsister lui-même et de faire
subsister sa famille), ni de ses facultés physiques
et intellectuelles, ni même de ce qu'il y a de plus
intime dans sa nature, sa conscience et sa raison,
son opinion sur les choses et sur les personnes.

Dans l'*égalité* politique, parce qu'elle est la
seule cause, l'unique fondement de la liberté.

En effet, l'inégalité entre les individus est dans
la nature ; il ne dépend pas plus de nous d'en nier
que d'en empêcher l'existence. Activité, courage,
santé, force, intelligence, tous ces avantages sont
répartis entre les individus dans des proportions
singulièrement variables, et de manière à mettre
quelquefois entre eux la plus prodigieuse inégalité.

D'un autre côté, chacun d'eux est incessamment
soumis à l'action de deux forces qui le poussent
en des sens opposés. L'une est le sentiment de sa
personnalité, le besoin et l'avidité de tous les
genres de succès ou de jouissances qui peuvent
flatter ses passions, ou lui procurer une satisfaction
qui n'est que pour lui, indépendamment du bien
ou du mal qui peut en résulter pour ses semblables. L'autre est la *sympathie*, en prenant ce mot
dans le sens le plus étendu, c'est-à-dire, comme
exprimant cette tendance de notre sensibilité
en vertu de laquelle nous nous associons à tous
les sentiments agréables ou pénibles qui peuvent

affecter des êtres capables de jouir et de souffrir comme nous. L'action de la première de ces deux forces est constante chez tous les hommes, et a une énergie prédominante chez le plus grand nombre d'entre eux ; l'action de la seconde est plus ou moins intermittente, s'il le faut ainsi dire, chez tous, et il n'est donné qu'à un petit nombre d'ames privilégiées de l'éprouver dans son plus haut degré d'énergie.

Cependant, quelle que soit l'inégalité que la nature a mise entre les hommes, quelle que soit la supériorité qu'elle semble avoir accordée à certains individus sur d'autres, la force purement individuelle, en quelque genre que ce soit, est toujours renfermée dans des limites fort étroites ; elle a besoin, pour s'accroître et se développer, du concours d'autres forces analogues. C'est-à-dire, qu'elle ne peut recevoir son complément que de l'état de société, qui est une des conditions de l'existence de l'espèce humaine, et un fait de la nature, aussi-bien que l'inégalité entre les individus. Car il est évident que si le sort de la race humaine avait pu être exclusivement livré aux chances résultantes de l'inégalité naturelle, les forts auraient bientôt détruit les faibles, et n'auraient pas tardé à être détruits eux-mêmes par les habiles, qui auraient fini par se détruire les uns les autres.

Mais l'instinct de la sociabilité, qui se manifeste et se développe déja d'une manière très-sensible dans l'existence de la famille, produit des associations plus ou moins nombreuses, par l'effet desquelles se développe de plus en plus le sentiment de la sympathie, et d'où naissent les idées de justice privée, ou d'individu à individu ; puis enfin l'idée de justice sociale, qui n'est autre chose que l'égalité politique. C'est donc dans cette idée ou dans cette notion, résultat et produit nécessaire de l'état de société, que se trouve le remède aux maux qu'enfante l'inégalité individuelle : maux qui sont d'autant plus grands et plus intolérables, que la société est moins avancée dans la civilisation ; ou, en d'autres termes, qu'il y a moins de lumières et de vertus répandues dans la masse des hommes qui la composent.

L'égalité politique n'a donc point pour but d'empêcher ou d'effacer l'inégalité naturelle, cela serait impossible : elle n'a pas davantage pour but de s'opposer aux conséquences naturelles de cette inégalité primitive ou individuelle, cela serait également absurde et impraticable : elle est uniquement destinée à en combattre les abus, à en diriger les résultats vers le bien général de la société.

Ainsi, il a existé partout et de tout temps une *noblesse*, en prenant ce mot dans sa véritable et

légitime acception ; c'est-à-dire , une *notabilité* (1),
fondée d'abord sur des talents ou des services ex-
traordinaires, sur des actions d'éclat, ou sur de
grandes richesses ; et certes, il est impossible qu'un
homme qui a obtenu cette espèce de noblesse ne
la transmette pas à ses enfants, comme il leur
transmet son nom et sa fortune. Mais ce que
les philosophes , dont j'expose ici la doctrine,
paraissent avoir regardé comme une chose contraire à l'égalité politique , ou même comme tout-
à-fait destructive de cette égalité, c'est que des
fonctions publiques , des magistratures , en un
mot, des priviléges (2) quelconques, pussent être
l'héritage de certaines familles ou de certains individus ; c'est que l'inégalité naturelle fût renforcée,
soit dans son principe, soit dans ses conséquences,
par des déterminations expresses de la loi, ou par
des institutions qui en multiplieraient ou en aggra-
veraient les abus et les inconvénients de tout genre.
Il leur sembla évident que si la nature peut mettre,
et met en effet, une inégalité réelle et incontestable

---

(1) *Notabilitas* , d'où, par abréviation et corruption, *nobili-
tas,* comme *nobilis* de *notabilis.*

(2) *Privilegia* (*privatæ* ou *privæ leges*). Il est à remarquer
que ce mot est toujours pris en mauvaise part, dans les auteurs
latins qui ont précédé la chute de la République. Il désigne ce
que l'on entend aujourd'hui par *lois d'exception* , et c'est en ce
sens qu'il est partout employé dans Cicéron.

entre les êtres qu'elle a créés ; si elle accorde aux uns des talents et des facultés qu'elle refuse aux autres, l'homme, ou les institutions qui sont son ouvrage, sont infiniment loin d'avoir cette merveilleuse puissance. Vainement donc, disaient-ils, la loi prononcerait que tels ou tels individus naîtront supérieurs à tels ou tels autres ; vainement elle prononcerait qu'ils naîtront capables de tels ou tels emplois ; trop souvent la nature démentira cette prétention orgueilleuse de la loi ; trop souvent l'effet de cette faveur anticipée sera d'étouffer, chez ceux qui en sont l'objet, le germe des talents ou des vertus qu'ils étaient destinés à acquérir.

L'égalité politique fut donc considérée, par ces philosophes, sous deux points de vue distincts : comme absolue, et comme relative. Comme absolue, dans ce qui regarde l'application des lois pénales aux délits de tout genre qu'elles sont destinées à punir ou à prévenir ; comme relative, dans la distribution des emplois, des récompenses, des honneurs et de la considération dont le gouvernement dispose, pour l'avantage et dans l'intérêt de la société toute entière.

En effet, sous le premier rapport, il est évident que les lois qui prescrivent certaines actions et qui en interdisent d'autres, sous de certaines peines, ne peuvent et ne doivent faire aucune distinction entre les individus à qui les actions défendues

par la loi sont réellement imputables, ou qui né-
gligent de faire celles qu'elle prescrit. Que l'auteur
d'un meurtre, d'un vol, ou de toute autre action
injuste, soit riche ou pauvre, noble ou obscur,
savant ou ignorant, brave ou lâche, l'action qu'il
a commise ne saurait changer de nature par aucune de ces circonstances. Ainsi, sous ce rapport,
la loi est la même pour tous les citoyens, et tous
sont ou doivent être absolument égaux à ses
yeux.

Au contraire, quand il s'agit de salaires ou de
récompenses à accorder à ceux qui rendent à la
société des services plus ou moins importants;
d'emplois à confier à ceux qui sont plus ou moins
capables de les exercer avec succès, c'est-à-dire,
toujours de la manière la plus conforme à l'intérêt
général, il semble juste d'avoir égard aux qualités
individuelles de chaque citoyen appelé à de pareilles fonctions, et c'est alors que l'égalité devient
relative, ou, comme s'exprime Aristote, propor-
tionnelle.

D'un autre côté, ces philosophes avaient très bien
vu que le fonds des richesses, des ressources de
toute espèce, en un mot, que la force ou la puissance d'une société ne se compose que des sacrifices que tous les citoyens font à l'utilité publique,
soit par des contributions pécuniaires, soit par des
services directs et personnels; et ils reconnurent

que cette force ne doit jamais être confiée, sans condition et sans une sévère responsabilité, à un individu, à une famille, ou à une portion quelconque, même la plus nombreuse, de la société, à l'exclusion de quelque autre partie que ce soit (1) : car leurs méditations sur la nature humaine leur avaient fait reconnaître la tendance constante de l'intérêt privé ou personnel, et sa force prédominante dans l'immense majorité des individus.

Ils en conclurent donc que c'était à la loi de prescrire les conditions d'après lesquelles tout dépositaire de la force publique userait de l'autorité qui lui serait confiée, et que cette loi devait être, comme toute autre loi, l'expression des besoins, des intérêts, des sentiments, sinon de tous, au moins du plus grand nombre des membres de la

---

(1) Cette force, destinée à défendre les citoyens contre les attaques des ennemis extérieurs, et à les protéger contre toute atteinte portée à la sûreté des personnes et des propriétés, soit par des individus isolés, soit par des réunions ou coalitions d'hommes violents et injustes, est nécessairement irrésistible pour chaque citoyen. Si donc elle est employée à les dépouiller de leurs droits, si elle est employée illégalement contre leur sûreté ou leur liberté, elle devient le plus redoutable des fléaux. A la vérité cet abus qu'on en fait, tend incessamment à la détériorer et à l'affaiblir : il la rend impuissante, d'abord contre les ennemis du dehors, puis contre les révolutions ou les conspirations qui peuvent se former au-dedans; mais ce n'est pas un remède au mal que souffre la société, ce n'est qu'un changement de calamités.

société, ou, pour mieux dire, l'expression des lumières et de la raison publiques.

Dès-lors la question fondamentale sur le meilleur mode de gouvernement ou d'organisation possible, ainsi énoncée : *Quels sont les moyens de contribuer au plus grand bonheur de ceux qui composent la société civile ?* se trouva transformée pour eux en cette autre question, qui leur semblait être un acheminement à la solution qu'ils cherchaient : *Quels sont les moyens de substituer, le plus possible, l'autorité ou le pouvoir de la loi, au pouvoir ou aux volontés arbitraires de l'homme ?*

Ici se manifestent, en effet, le point de départ et les directions opposées des deux limites intellectuelles vers lesquelles on peut supposer que tendent tous les gouvernements, bons et mauvais, et qu'il leur est impossible d'atteindre complètement. Car, sans doute, on ne pourra jamais établir un ordre de choses tel que la loi y règne exclusivement, et sans aucun mélange des volontés arbitraires des individus qui sont chargés de son exécution ; seulement, il est incontestablement vrai que toute société qui marche vers ce but, est dans une route de perfectionnement réel, et de prospérité toujours croissante. Mais, d'un autre côté, il n'est pas moins certain que plus les volontés arbitraires des dépositaires de la puissance sociale ont d'influence sur l'existence et sur les destinées d'un état, plus il y a de souffrance et de malheur pour tous ceux qui sont exposés à l'action de cette puissance, c'est-à-dire, pour l'immense majorité des citoyens ; et plus aussi la société marche rapidement vers sa dissolution, ou vers sa ruine, sans que jamais la chimère du pouvoir absolu de l'homme sur la société puisse se réaliser complètement.

C'est que la force publique, ou la réunion des ressources, des moyens et des efforts de tous les citoyens, est sans aucune proportion avec l'objet auquel on prétend l'appliquer en pareil cas, je veux dire le bonheur imaginaire, ou la satisfaction des désirs et des passions d'un seul, ou d'un petit nombre. C'est que, dans cette immense machine, appliquée à un si petit objet, il y a inévitablement beaucoup de force perdue, et qui tourne précisément contre le but auquel on prétend l'employer. Enfin, c'est que l'intelligence d'un seul homme, ou même d'une réunion d'hommes, comme le dit Aristote, ne peut presque jamais embrasser l'utilité et les intérêts de tous ; tandis que l'intelligence de tous, quand elle y est convenablement employée, ou en ayant égard, autant qu'il est possible, à la variété de leurs talents, de leurs connaissances et de leurs besoins, est bien mieux adaptée à une pareille fin.

Voilà pourquoi ces deux philosophes veulent que le peuple, ou la partie même la moins instruite

et la moins cultivée de la société, participe, au
moins en quelque chose, au moins d'une manière
indirecte, dans certains cas, à la conduite ou à
l'administration des affaires communes ou publiques, lesquelles ne sont ainsi appelées que parce
qu'en effet elles intéressent le public ou la totalité
des citoyens.

Voilà pourquoi encore ils apportent le plus grand
soin, l'attention la plus scrupuleuse à déterminer
quelles sont les qualités morales, que, suivant
eux, on doit exiger de ceux qui seront appelés
à exercer des fonctions importantes et à disposer
d'une grande autorité. Ainsi, il faudra que l'on
reconnaisse en eux un amour sincère de la patrie
et des institutions qu'elle a établies pour assurer
sa liberté; un dévouement sans bornes au bien
public, ou aux intérêts généraux de la société,
un respect inviolable pour les lois, et e,. n les
lumières et les talents qu'exigent les emploi, qui
leur sont confiés.

Par conséquent, ils devront y être appelés par
le libre suffrage de leurs concitoyens, ou au moins
de ceux d'entre eux qui, par les circonstances
de leur éducation et leur situation, seront plus à
même d'apprécier le genre de talents et l'espèce de
vertu que l'on exige d'eux. Il faudra même qu'après
avoir été désignés par un premier choix, ils ne
puissent entrer en charge qu'autant qu'un examen

sévère aura garanti leur aptitude aux fonctions qu'ils doivent remplir.

Mais, comme l'exercice du pouvoir a, par sa nature, des séductions auxquelles bien peu d'hommes sont capables de résister, plus une magistrature sera importante, plus le pouvoir qui y est attaché sera grand, plus il conviendra de limiter le temps où elle sera exercée par la même personne. Il faudra, de plus, que tout magistrat sortant de charge soit tenu de rendre un compte public de l'usage qu'il a fait de son autorité. Ce compte devra être d'autant plus rigoureusement exigé, l'examen en devra être d'autant plus rigoureux, que l'autorité du magistrat aura été plus grande.

Par suite des mêmes considérations, il conviendra de ne pas exciter par des avantages pécuniaires trop considérables la cupidité et l'ambition des ames vulgaires ; en sorte que ceux qui aspireront aux grandes magistratures, regardent plutôt l'honneur que le profit qui en résulte, qu'ils cherchent le dédommagement de leurs soins et de leurs sacrifices dans l'estime et dans la considération publiques, plutôt que dans un accroissement de richesses, toujours funeste pour eux-mêmes, et dangereux pour la liberté. Par conséquent, il conviendra aussi que les fonctions qui donnent un grand pouvoir soient entièrement distinctes et séparées de celles où l'on aura, de quelque manière

que ce soit, la disposition ou l'administration de
la fortune publique.

C'est sur ces principes et à l'aide des institutions
dont ils peuvent suggérer l'idée, que les philosophes dont j'expose ici la doctrine concevaient
qu'on pouvait assurer la liberté d'un peuple; et
que l'égalité politique, telle qu'elle a été définie
précédemment, devait l'affermir et en garantir la
durée. Mais ils ne se dissimulaient pas que l'établissement d'un ordre de choses analogue à celui
qu'ils imaginaient, supposait dans la masse des
citoyens une instruction à peu près égale sur tous
les objets relatifs à l'intérêt général, des habitudes
bien établies de modération et de soumission aux
lois, des sentiments énergiques d'amour et de
dévouement pour la patrie ; conditions qui, comme
on l'a déja fait remarquer, leur semblaient ne
pouvoir être que le résultat d'un bon système d'é-
ducation publique.

Ils pensaient donc qu'il y a un fonds d'idées et
de sentiments, qui peut facilement devenir commun à presque tous les membres d'une même société, quelle que soit la diversité des talents naturels et des circonstances de fortune, de naissance
ou de situation particulières à chaque individu ; que
plus on s'attacherait à leur donner, dès l'enfance,
la connaissance des vérités sur lesquelles se fonde
le véritable ordre des sociétés politiques, et à les

leur faire aimer, mieux ils sauraient remplir plus tard les fonctions qui leur seraient confiées. En un mot, ils croyaient qu'on ne pouvait s'y prendre trop tôt pour cultiver la raison de l'homme, qu'on ne pouvait apporter trop de soin à surveiller le développement de son intelligence et de toutes ses habitudes, en l'accoutumant de bonne heure à aimer ce que la raison approuve, et à haïr ce qu'elle réprouve. Tout système d'éducation tendant à établir des opinions factices, des sentiments contraires au bien général de la société, leur paraissait également absurde et dangereux, car on reconnaît dans tous leurs écrits combien ils étaient convaincus de la force irrésistible de la vérité (1).

Au reste, on aurait tort de s'imaginer que ces

---

(1) Écoutons ce que l'étude approfondie de l'histoire, et l'expérience des affaires les plus importantes avait appris, sur ce sujet, à l'un des plus illustres historiens de l'antiquité : « La « vérité, dit Polybe, est, à mon avis, la plus grande divinité « que la nature ait manifestée aux hommes, et celle à qui elle a « accordé la plus grande puissance. Aussi, bien qu'elle soit « quelquefois combattue par tout le monde, et que toutes les « probabilités semblent, dans certaines circonstances, s'unir « contre elle avec l'imposture, d'elle-même elle s'insinue, je « ne sais comment, dans l'esprit des hommes ; et, tantôt par un « essor soudain, elle révèle toute sa force : tantôt, après avoir « été long-temps obscurcie d'épaisses ténèbres, elle finit par s'en « dégager, et triomphe du mensonge. » (*Polyb. Excerpt. Histor.* l. 13, § 3.)

philosophes, bien qu'ils aient donné le nom de *République* au système de gouvernement, dont ils s'appliquèrent, chacun de son côté, à tracer le modèle, fussent exclusivement partisans de cette forme d'organisation politique. Il est même à remarquer que l'un et l'autre se montrent partout très-peu favorables à la démocratie. Témoins des excès qui déshonorèrent trop souvent celle d'Athènes, ils n'hésitent point à déclarer que la royauté limitée ou légale, c'est-à-dire, dans laquelle un monarque héréditaire soumet son autorité aux lois, et ne la fait servir qu'au maintien de la justice et à la protection des sujets, leur paraît le meilleur de tous les gouvernements.

L'erreur la plus grave qu'on puisse leur reprocher, c'est d'avoir laissé subsister dans leurs théories, un vice radical, dont tous les peuples de l'antiquité ressentirent à divers intervalles les funestes effets; dont l'action, ordinairement lente et sourde, mais toujours présente, minait insensiblement les vertus privées, et fut une des causes les plus incontestables de cette dégradation morale, qui amena la ruine de presque tous leurs gouvernements. Je veux parler de l'esclavage domestique : ils ne virent pas que deux êtres, doués des mêmes facultés, ayant les mêmes besoins, les mêmes moyens naturels d'y pourvoir, par conséquent un droit égal à les satisfaire, et dont pourtant l'un est entièrement sacrifié à l'autre, doivent nécessairement perdre, dans cette situation violente, leurs qualités les plus précieuses; qu'il se fait alors, de l'un à l'autre, comme un échange continuel de tous les penchants vicieux, de toutes les inclinations perverses, en un mot, de tout ce qu'il y a de plus mauvais dans la nature de chacun d'eux. L'esclave devient flatteur, faux, rampant, parce qu'il a intérêt d'adoucir un maître capricieux et cruel ; et le maître devient plus cruel, plus orgueilleux, plus capricieux, parce que l'esclave fomente, pour ainsi dire, en lui tous ces vices. Tous deux se corrompent donc de plus en plus l'un l'autre, et ainsi se trouvent étouffés et détruits les germes de vertu que la nature avait mis dans leurs âmes. Étrange effet de l'habitude et de l'ordre de choses qui existait partout autour d'eux ! Ces profonds observateurs de la nature humaine ne s'aperçurent pas que le phénomène de l'influence du despotisme et de la tyrannie sur le caractère moral des nations, et sur celui des dominateurs eux-mêmes, phénomène dont ils avaient démêlé avec tant de sagacité et décrit avec tant de vérité toutes les circonstances, se reproduisait, presque à chaque instant, sous leurs yeux et au sein même de leurs familles.

Une autre erreur, qui leur fut commune avec tous les législateurs qui les ont précédés et avec le plus grand nombre des écrivains politiques qui leur succédèrent, c'est d'avoir trop présumé de la puissance des hommes ou des institutions, et de leur influence immédiate sur l'état d'un peuple. A la vérité, Aristote observe avec raison que le législateur ne rend point les hommes tels qu'il veut qu'ils soient, et qu'il est forcé de les prendre tels qu'ils sont. Mais il oublie bientôt cette sage maxime, et il n'en trace pas moins un plan de gouvernement où beaucoup de choses, sur lesquelles il est impossible de rien statuer pour l'avenir, lui semblent devoir être réglées par la loi; comme lorsqu'il veut qu'elle assigne une limite déterminée à l'accroissement de la population.

A proprement parler, on ne donne point des lois à une nation, on ne lui donne point une constitution : il n'y a de réellement établi et de durable, en ce genre, que ce que l'état présent des besoins, des sentiments, des opinions et des lumières de cette nation, exige ou permet. Les véritables lois sont celles qui déclarent, pour ainsi dire, cet état de choses, dans ce qu'il a de réellement avantageux pour la société toute entière, et de propre à assurer et à accroître sa prospérité intérieure.

Le célèbre paradoxe de Platon, qu'il n'y aura de bonheur pour les peuples que lorsque les philosophes seront rois, ou lorsque les rois seront philosophes (1), n'est fondé que sur cette idée exagérée

____

(1) *Plat. Rep.* l. 5, p. 473; l. 6, p. 487; *Epist.* 7, p. 326.

e.

de l'influence de quelques individus sur la destinée des peuples. Cette influence, dont on ne saurait nier la réalité, dans certains cas, n'est peut-être jamais aussi entière ni aussi étendue qu'on semble l'imaginer. Car, ou ces individus savent se prévaloir, pour l'avantage de la société, de ce qu'ils y trouvent de forces et de moyens appropriés à cette fin : et alors ils la font entrer dans une carrière de perfectionnement, où ses progrès ultérieurs ne peuvent plus être leur ouvrage : ou bien ils parviennent à s'associer, pour quelque temps, des forces et des moyens qu'ils dirigent contre le bien ou l'intérêt de cette même société ; et alors ils rencontrent des obstacles dont il leur est à la longue impossible de triompher. Mais, dans l'un et l'autre cas, il resterait toujours, pour apprécier avec justesse l'influence d'un homme sur une nation, à déterminer jusqu'à quel point cet homme a été sollicité et, pour ainsi dire, appelé par la force des circonstances, qui exigeaient impérieusement tel genre d'impulsion ou de modification, plutôt que tel autre, pour lequel il aurait fallu un homme ayant un caractère, des desseins et des talents tout différents.

D'ailleurs, l'influence d'un homme sur une nation tient peut-être toujours plus à sa situation particulière qu'à sa valeur propre, quelque grande qu'on la suppose, et elle finit ordinairement avec lui, quand elle n'est pas secondée par la nature des choses et par la disposition générale des esprits. L'empire romain fut gouverné, pendant quatre-vingts ans, par des monarques dont les talents et les vertus lui procurèrent quelque repos, au milieu des angoisses de sa longue agonie ; mais, après la mort du dernier et du plus vertueux d'entre eux, tout se trouva préparé pour le règne d'un monstre tel que Commode. Ainsi, la philosophie ne peut presque rien pour le bonheur des sociétés humaines, au moins dans le sens de la fameuse maxime de Platon ; mais les philosophes sont sans doute les bienfaiteurs de l'humanité, lorsqu'ils remplissent la tâche à laquelle ils sont appelés, c'est-à-dire, lorsqu'ils découvrent et propagent, en quelque genre que ce soit, des vérités utiles.

Sous ce rapport même, ils n'ont presque aucun point de contact immédiat avec les intérêts politiques qui s'agitent autour d'eux, aucune influence directe sur l'état actuel des gouvernements sous lesquels ils vivent. Leurs théories les plus sages, leurs arguments les plus convaincants, sont aussi impuissants contre la force qui emporte les états dans une fausse route, que les sophismes de leurs antagonistes le sont pour accroître et soutenir cette même force. Ceux qui en disposent, quand ils ne sont pas aveuglés par des préventions ou par des animosités particulières, le savent très-bien, et n'en suivent pas moins la route dans laquelle ils sont engagés, tant qu'ils n'y rencontrent pas d'autres obstacles.

C'est que les idées ou les opinions, vraies ou fausses, n'ont de puissance sur le cours des événements, que quand elles sont devenues celles de la très-grande majorité des citoyens. Et voilà pourquoi l'on ne peut attendre d'amélioration réelle et durable, dans les destinées d'un peuple, que du progrès des lumières et de la raison au sein de ce même peuple. Mais ce progrès est nécessairement très-lent: parce que les hommes sont bien plus touchés des avantages ou des inconvénients présents, que de ceux qu'ils peuvent espérer ou craindre pour l'avenir, quelque faibles que soient les uns, et quelque grands que puissent être les autres. Les opprimés semblent même craindre, presque autant que les oppresseurs, la vérité qui les éclairerait sur leur situation, ou qui leur en ferait connaître tout le danger; et c'est ainsi que les uns et les autres sont quelquefois conduits, par la force des choses, à ce point où des révolutions violentes leur font porter la peine d'un aveuglement qui n'a pas toujours été entièrement involontaire.

Nous en avons dit assez pour faire pressentir le genre d'intérêt et d'instruction que peut offrir la lecture du traité d'Aristote, dont nous donnons la traduction. On y verra que les saines doctrines, en fait de gouvernement, sont déjà bien anciennes dans le monde, et que les doctrines opposées ne le sont pas moins ; ou plutôt on concevra sans peine que la lutte entre les défenseurs de la liberté et les apôtres de la servitude, doit être aussi ancienne que l'espèce humaine. Car le principe de cette guerre éternelle et sans cesse renaissante, est dans le cœur de l'homme lui-même, et dans la double impulsion qu'il reçoit du sentiment de sa personnalité et de celui de la sympathie. La constance et l'énergie prédominante du premier de ces sentiments, (en même temps qu'elle nous fait voir pourquoi le nombre des individus avides de pouvoir, de richesses, et asservis aux passions les plus injustes, est toujours plus grand que celui des hommes qui savent entendre la voix de la raison et de la justice), peut nous expliquer, jusqu'à un certain point, le phénomène que nous présente l'histoire ; lorsqu'elle nous montre, presque par toute la terre et dans tous les siècles, les peuples gémissant sous le joug d'une servitude aussi honteuse que cruelle, tandis qu'il y en a bien peu qui aient pu jouir des douceurs de la liberté.

Mais, d'un autre côté, comme le sentiment de la sympathie est aussi le principe et la cause de la sociabilité, les pensées qu'il suggère sont généreuses et honorables ; elles obtiennent l'approbation presque universelle ; car, étant favorables aux intérêts et au bonheur de tous ou du plus grand nombre, ceux même dont elles irritent les passions injustes, ne peuvent, en secret, leur refuser quelque estime. Au contraire, les pensées qui naissent du sentiment de la personnalité, sont étroites et viles; elles ont besoin, pour se manifester, d'une extrême circonspection, et sont forcées de s'environner de mille faux prétextes de bien public et d'intérêt général; encore l'illusion qu'elles peuvent produire par cet artifice est-elle bien peu durable. Et ainsi s'explique la différente destinée qu'ont eue les écrits des philosophes qui ont établi et défendu les vrais principes de la liberté et de l'ordre social, et les écrits des sophistes qui se sont faits les apologistes du despotisme et de la servitude. Les uns, lus, admirés de siècle en siècle, et cités avec confiance par tous ceux qui ont sincèrement embrassé la cause de l'humanité, forment comme un faisceau de lumières toujours subsistant, et qui éclaire la marche des gouvernements jaloux de faire le bonheur des peuples et d'assurer leur propre sécurité : ils consacrent à la reconnaissance des hommes les noms glorieux de Platon, d'Aristote, de Cicéron, de Locke, de Montesquieu. Les autres, semblables à ces lueurs perfides et passagères, qui apparaissent quelquefois au voyageur incertain de sa route, et qui s'éteignent tout à coup, en le laissant au milieu des précipices et des abîmes où elles l'ont égaré,

ne survivent que peu de jours au scandale qu'ils
ont produit, ou ne transmettent à la postérité que
des noms d'hommes justement flétris par l'opprobre
qui s'est attaché à leurs odieuses maximes, et que
les plus effrontés de leurs serviles imitateurs n'o-
sent jamais citer. Ainsi, la vérité triomphe, avec
le temps, de tous les obstacles qu'on lui oppose ;
un sentiment plus sûr de leurs véritables intérêts
se propage insensiblement dans toutes les classes
de la société, et les ames généreuses trouvent
quelque consolation, dans la pensée que l'amélioration des destinées humaines, qui fut l'objet
constant de leurs vœux, n'est assurément pas une
chimère de leur imagination.

FIN.

AVERTISSEMENT

SUR CETTE NOUVELLE TRADUCTION

DE LA POLITIQUE D'ARISTOTE.

L'ÉDITION grecque de ce traité, donnée en 1821 par Mr Coray (1), est celle que j'ai suivie dans cette traduction. Ce savant avait principalement pris pour base de son travail le texte de l'édition donnée, deux ans auparavant, par feu Mr Schneider (2), l'un des philologues et des érudits les plus distingués de l'Allemagne. Grace aux travaux et aux recherches de ces deux habiles éditeurs, le texte d'Aristote est devenu plus correct et plus facile à comprendre qu'il

(1) En voici le titre : ΑΡΙΣΤΟΤΕΛΟΥΣ ΠΟΛΙΤΙΚΩΝ τὰ σωζόμενα, ἐκδιδόντος καὶ διορθοῦντος Δ. Κ. φιλοτίμῳ δαπάνῃ τῶν ὁμογενῶν, ἐπ' ἀγαθῷ τῆς Ἑλλάδος, c'est-à-dire : *Ce qui reste des livres politiques d'Aristote ; de l'édition et avec les corrections* de D. CORAY, (publié) *aux frais de ses généreux compatriotes,* (les habitants de Scio), *pour l'utilité de la Grèce.* Un vol. in-8°. Paris, 1821, de l'imprimerie de J.-M. Eberhart, et se trouve chez Firmin Didot, père et fils, rue Jacob, n° 24.

(2) ARISTOTELIS *Politicorum libri octo superstites. Græca recensuit, emendavit, illustravit, interpretationemque latinam addidit* IO. GOTTLOB. SCHNEIDER. *Saxo.* Deux vol. in-8°, imprimés à Francfort sur l'Oder (1819).

ne l'avait été jusque-là ; et, si ma traduction a , sous le rapport de l'exactitude, quelque avantage sur celles qui l'ont précédée, ce serait surtout à cette heureuse circonstance que j'en serais redevable.

Les traductions françaises qui ont précédé la mienne sont : 1° celle de Louis Leroi (1), professeur au collége de France, sous les règnes de Charles IX et de Henri III, auxquels il dédia plusieurs de ses ouvrages. Il était profondément versé dans la connaissance de la langue grecque : mais malheureusement notre langue était alors très-imparfaite, et le style de cet écrivain est fort inférieur à celui d'Amiot, son contemporain. Il modèle quelquefois sa phrase si scrupuleusement sur le grec, qu'elle en devient presque inintelligible, et qu'on est forcé de recourir au texte même d'Aristote, pour bien entendre son interprète. Au reste, il a joint à sa traduction des notes fort instructives, qui annoncent une érudition étendue et variée, une connaissance peu commune de l'histoire ancienne et moderne, particulièrement de celle des états de l'Italie, en même temps que les réflexions propres à l'auteur montrent en lui un honnête homme, une ame élevée et généreuse.

2°. Je ne connais, après cette traduction de Leroi, que celle de feu Mr Champagne, (de l'Académie des

____

(1) *Les Politiques d'Aristote, esquelles est monstrée la science de gouverner le genre humain en toutes espèces d'estats publics, traduites du grec en françois, etc.*; par Loys le Roy, dict *Regius*, un vol. in-4°. Paris, Michel de Vascosan. M. D. LXVIII.

inscriptions), et qui fut publiée en 1789, en deux vol. in-8°; elle est aussi accompagnée de notes intéressantes, écrite d'un style, en général, facile et correct; mais on lui a reproché, outre quelques inexactitudes, l'emploi trop fréquent des termes que la révolution, et les conceptions d'organisation sociale dont on s'occupait alors, avaient récemment introduits dans notre langue, et qui, par conséquent, ne rendaient que d'une manière incomplète ou inexacte les idées de l'auteur grec.

3°. Enfin, la traduction donnée en 1803 (3 vol. in-8°), par Mr Millon, professeur à la Faculté des lettres de Paris, est aussi l'ouvrage d'un homme également versé dans la connaissance de la langue d'Aristote et du sujet qu'il traite. Ce dernier traducteur a évité le défaut qu'on reprochait à son devancier; mais peut-être l'un et l'autre ne se sont-ils pas assez asservis à la marche des idées et aux formes du style de l'auteur original. Cette considération, et surtout la nécessité d'éviter la disparate choquante qui serait résultée de la diversité des styles et des systèmes de traduction, dans les deux volumes d'un ouvrage dont ils forment les parties indivisibles, m'a déterminé à n'employer aucune des deux versions récentes de la Politique. J'ai donc cru devoir traduire ce dernier ouvrage, précisément parce que j'avais traduit celui qui lui sert, en quelque sorte, d'introduction. Je n'ai point négligé de consulter aussi les traductions anglaise et allemande du Dr Gillies, de Garve; enfin, j'ai dû à l'obligeance et à l'amitié de Mr Coray les mêmes secours précieux que j'en avais obtenus pour la publication du premier volume.

On a pu connaître, par ce qui en est dit dans la note qui termine le discours préliminaire du premier volume (p. lxxxij), le but que je m'étais proposé en publiant cet ouvrage; j'ai annoncé que le prix de la souscription ouverte à ce sujet, sera consacré à secourir les malheureuses victimes du désastre de Scio. Quoique le nombre des souscriptions n'ait pas été jusqu'ici fort considérable, j'espère pourtant qu'aujourd'hui que l'ouvrage entier est terminé, il ne saurait manquer d'être accueilli avec quelque faveur; parce que son succès m'a toujours semblé devoir être, au moins jusqu'à un certain point, indépendant du mérite de l'exécution. J'ai espéré que la plupart des gens de lettres, des professeurs, et en général, de ceux qui s'intéressent au progrès des lumières et de la raison, qui sont touchés des calamités d'un peuple aux ancêtres duquel nous devons nos arts, nos sciences et notre civilisation, s'empresseraient volontiers de seconder mon dessein; j'ai pensé que, considérant plutôt l'occasion de faire une action utile et honorable, que la valeur du livre qui leur est offert, et qui manquait jusqu'ici à notre littérature, ils se feraient presque un devoir de le placer dans leurs bibliothèques, quelque imparfait qu'on pût le supposer.

La différence des opinions qui partageaient naguère les esprits, chez les nations civilisées de l'Europe, au sujet de la cause des Grecs, a dû s'effacer de plus en plus, à mesure qu'on a mieux connu les prétentions absurdes et les cruautés sans exemple de leurs oppresseurs. Il est aujourd'hui bien démontré qu'ils n'ont fait, en s'insurgeant, que céder à l'impérieuse nécessité de défendre leurs vies contre les tyrans, ou plutôt contre les bourreaux les plus féroces qui existèrent jamais. Les écrivains, ou trompeurs ou trompés, qui s'étaient faits les apologistes de tant de barbaries, sont désormais réduits à ne pouvoir pas même alléguer, en faveur de leur système, l'ombre d'un prétexte capable de faire illusion à tout lecteur impartial et de bonne foi (1). Espérons donc que la cause de cette nation infortunée finira par triompher; et qu'un jour, admis dans la grande famille des peuples indépendants, les Grecs régénérés pourront à leur tour contribuer au progrès de la civilisation et de la prospérité communes.

____

(1) Entre le grand nombre d'écrits qui ont été publiés, en France et dans les autres pays de l'Europe, sur ce sujet, ceux qui voudront s'en faire des notions exactes doivent consulter l'*Histoire de la Régénération de la Grèce*, par M. POUQUEVILLE, 4 vol. in-8°. Paris, 1824, chez Firmin Didot, père et fils, et le Recueil des Chants nationaux des Grecs, par M. FAURIEL, 2 vol. in-8°, (chez les mêmes libraires). Ces deux ouvrages offrent, chacun dans son genre, autant d'intérêt que d'instruction.

LA POLITIQUE

D'ARISTOTE.

LIVRE PREMIER.

ARGUMENT.

I. Toute cité, tout état, est une association, et toute association a pour but quelque bien, ou quelque avantage : la société civile ou politique, la plus puissante de toutes les associations, a donc aussi pour but un certain avantage. Ceux qui ont pensé [comme Platon] que gouvernement civil, ou royal, ou domestique, ou despotique, ne signifie qu'une seule et même chose sont dans l'erreur : il n'y a pas seulement différence dans le nombre des individus soumis à l'autorité, il y a différence dans l'espèce d'autorité exprimée par ces différents mots ; on s'en convaincra, en décomposant la société dans ses éléments. Naturellement, l'association qui se forme pour subvenir aux besoins de tous les jours, est la *famille*, composée du mari, de la femme, des enfants et des esclaves ; les destinations de ces différents membres de la famille sont marquées par la nature, ainsi que l'espèce et les divers degrés de subordination relative qui existent entre eux. La *bourgade* est comme une colonie ou une émanation de la famille, c'est la réunion de plusieurs familles. Par conséquent l'existence de la cité est du fait même de la nature, qui a fait l'homme un animal politique ou sociable. Celui qui est incapable de rien mettre en commun dans la société, ou qui n'aurait besoin de rien, serait au-dessous ou au-dessus de la condition humaine; c'est une bête, ou un dieu.— II. L'observation des éléments dont se compose la famille, donne naissance à autant de sciences ou d'arts de se conduire, comme maître, comme époux, comme père, et à autant de sortes d'autorités : celle du maître, celle du mari, celle du père. Néanmoins quelques-uns regardent la puissance despotique (ou du maître) comme contraire à la nature, puisqu'elle est l'effet de la violence. Cependant, il faut aux arts des instruments appropriés à l'exécution de leurs travaux; entre ces instruments, les uns sont inanimés et les autres animés : or, l'esclave est, pour le maître, comme un instrument animé et supérieur à tous les autres. D'autres outils servent à la *production*, l'esclave est instrument *d'usage* et d'utilité. L'esclavage est fondé sur la nature, en ce sens qu'il y a des êtres qui n'ont, pour ainsi dire, que l'usage de leurs forces corporelles, et qui sont incapables d'user de la raison ou de l'intelligence. Ceux-là doivent obéir à ceux dont la raison est supérieure, comme le corps doit obéir à l'ame. D'un autre côté, l'esclavage uniquement fondé sur la loi ou sur les conventions est regardé avec raison, par quelques personnes, comme une chose injuste. Au reste, il y a des avanages et une affection réciproques entre le maître et l'esclave, quand c'est la nature qui leur a assigné ces conditions respectives : mais c'est tout le contraire, lorsque la situation de chacun d'eux est le résultat de l'injustice et de la violence. — III. La science d'acquérir des richesses n'est pas la même que celle de l'économie; l'une consiste à se procurer des ressources, et l'autre enseigne à faire usage de celles qu'on possède. Mais on demande si la science de la richesse est une partie de celle de l'économie, ou si c'est une espèce différente? Il y a une grande variété dans les manières de vivre des hommes, à raison de la différence des climats, ou des ressources diverses qu'ils peuvent se procurer : l'agriculture, le soin des troupeaux, la chasse, la pêche, et même le pillage, etc. ; genres de vie qui sont déterminés par la nature des lieux, et les autres circonstances de l'existence. En général, on voit que d'abord la nature a préparé aux diverses espèces d'animaux, et surtout à l'homme, un fonds de subsistance pour sa nourriture, et l'on peut même dire qu'elle a tout fait, sous ce rapport, en vue de l'espèce humaine. Au reste, l'art de se procurer les ressources nécessaires à la vie a des limites; mais l'art de la richesse, proprement dit, n'en a point. La multiplicité des besoins et des moyens de les satisfaire a donné lieu d'abord aux *échanges directs*, et ensuite à l'invention de la *monnaie*, comme moyen indirect et universel des échanges. Dès lors il existe une autre science de la richesse : celle qui tend à acquérir le plus qu'il est possible d'or et d'argent monnayés. Cette espèce de richesse est infinie et illimitée, et la science qui la concerne diffère essentiellement de l'économie, quoiqu'on les confonde souvent. L'économie est louable et nécessaire, et conforme à la nature; la science ou l'art de la richesse, qui a uniquement le trafic pour objet, est blâmée avec raison, comme contraire à la nature. Par cette raison, l'*usure* (ou le prêt à intérêt) est enveloppée dans la même condamnation. — IV. La connaissance pratique de l'agriculture, l'expérience de tous les genres d'exploitation des produits que donne la terre, sont les principales parties de l'art de la richesse. Quant à celui qui a les échanges pour objet, c'est le trafic ou négoce qui le constitue essentiellement, et il est bon d'en connaître les diverses espèces, transport par mer ou par terre, vente ou étalage, etc. Il est utile également de savoir apprécier la nature et les effets des divers genres de travaux ou d'industrie; mais ces sujets ont déjà été traités par divers auteurs, ainsi que les différents moyens ou expédients à l'aide desquels on peut acquérir des richesses, comme le monopole, ou le commerce exclusif de certaines denrées. Aussi plusieurs habiles politiques se sont-ils spécialement occupés de ce genre de connaissances. — V. Des rapports de subordination relative étant établis entre les hommes, à raison des différences de sexe, d'âge, de condition, etc., quoiqu'on prétende que l'égalité entre eux est du fait même de la nature, il s'ensuit qu'on doit attacher plus d'importance à l'économie civile ou sociale, qu'à celle qui a pour objet l'acquisition des richesses. L'esclave, la femme, l'enfant, sont-ils susceptibles de vertu? Le sont-ils au même degré que l'homme fait et le citoyen d'un état libre? Il paraît assez évident que les vertus morales doivent être le partage de tous ceux dont on vient de parler; non pas sans doute de la même manière, mais seulement autant qu'il le faut pour que chacun d'eux remplisse sa destination. Voilà pourquoi celui qui commande doit posséder la vertu dans sa perfection.

———

I. Comme il est facile de voir que toute cité est une sorte d'association, et que toute association ne se forme qu'en vue de quelque bien ou de quelque avantage (car c'est pour leur bien, ou pour ce qui leur semble tel, que les hommes font tout ce qu'ils font), il s'ensuit évidemment que toutes les associations se proposent quelque bien, et que c'est là surtout le but de celle qui est plus puissante que toutes les autres, puisqu'elle les comprend toutes; or, c'est celle-là qu'on appelle *cité* (πόλις), et *société politique* ou *civile*.

2. Tous ceux donc qui croient que le gouvernement politique et royal, économique et despotique, est le même, n'ont pas raison (1); car ils s'imaginent que chacun de ces gouvernements ne diffère que dans le nombre plus ou moins grand des hommes qui y sont soumis, et non pas dans

———

(1) Allusion à l'opinion de Platon, exposée particulièrement dans le dialogue intitulé *Politicus*.

l'espèce ; que, par exemple, si celui qui gouverne
ne commande qu'à un petit nombre d'hommes,
on l'appelle *maitre (despote)* ; *économe*, s'il commande à un plus grand nombre, et *chef politique*
ou *roi*, s'il commande à un nombre encore plus
grand ; attendu qu'il n'y a (suivant eux) aucune
différence entre une famille nombreuse et une cité
qui l'est peu. Enfin, quant au gouvernement politique et royal, ils prétendent que lorsqu'un homme
gouverne seul et par sa seule autorité, c'est le
gouvernement royal ; mais que lorsqu'il se conforme
aux règles d'une science applicable à cet objet,
exerçant pendant quelque temps le pouvoir, et y
étant soumis à son tour, c'est le gouvernement
politique : mais cela n'est pas vrai.

3. On s'en convaincra, si l'on examine le sujet
proposé suivant la méthode que nous avons déja
employée (1). Car, de même que dans les autres
sujets on est obligé de diviser le composé, jusqu'à ce
qu'on arrive à des éléments qui sont entièrement
simples, puisqu'ils sont les plus petites parties
du tout ; ainsi, en considérant de quels éléments
se compose une cité, nous verrons mieux en quoi
ils diffèrent les uns des autres, et s'il est possible
d'arriver à quelque conclusion scientifique et pratique sur chacun des objets dont on vient de parler.
La meilleure manière donc d'établir une théorie

____

(1) Dans le traité qui précède celui-ci, ou dans la *Morale :*
c'est-à-dire si l'on emploie la méthode analytique, comme on le
voit par ce que l'auteur ajoute immédiatement.

sur ce sujet, comme sur tous les autres, c'est d'observer les choses dans leur origine et dans leur développement.

4. Or, c'est d'abord une nécessité que des êtres qui ne sauraient exister l'un sans l'autre, comme l'homme et la femme, s'unissent par couples, en vue de la génération. Et ce n'est pas en eux l'effet d'une détermination réfléchie ; mais la nature leur inspire, comme à tous les autres animaux, et même aux plantes, le désir de laisser après eux un autre être qui leur ressemble. Il y a aussi, par le fait de la nature et pour le but de la conservation des espèces, un être qui commande, et un être qui obéit ; car celui que son intelligence rend capable de prévoyance a naturellement l'autorité et le pouvoir de maître : celui qui n'a que les facultés corporelles pour l'exécution de ce qu'on lui commande, doit naturellement obéir et servir ; en sorte que l'intérêt de l'esclave est le même que celui du maître.

5. Ainsi la destination de la femme diffère de celle de l'esclave par le fait même de la nature, qui ne laisse rien de vague et d'indécis dans ses productions, rien qui accuse une mesquine impuissance, comme ces couteaux que fabriquent les couteliers de Delphes (1). Chaque être, parmi ceux qu'elle

---

(1) « Il n'est pas facile de deviner ce que c'était que ce *couteau delphien*, dont Aristote ne parle que dans ce seul endroit de ses ouvrages, et si le Δελφικὴ μάχαιρα est la même chose que l'instrument appelé Ξιφομάχαιρα par le poète comique Théo-

produit, a sa fin, sa tâche à laquelle il est exclusivement propre; c'est ainsi que l'instrument travaillé avec le plus de perfection ne peut servir qu'à l'exécution d'une seule espèce de travaux. Mais chez les Barbares, la femme et l'esclave sont confondus dans la même classe : cela vient de ce que parmi eux il n'y a personne que la nature ait destiné à commander, et de ce que l'union conjugale y est celle d'un esclave mâle avec une femme esclave. Aussi les poètes disent-ils,

Mais l'Hellène au Barbare a droit de commander (1),

comme si Barbare et esclave n'étaient qu'une même chose.

6. C'est donc de ces deux sortes d'association que se forme d'abord la famille; et Hésiode a dit avec raison, que la première famille fut composée

De la femme et du bœuf fait pour le labourage (2);

car le bœuf tient lieu d'esclave au pauvre. Ainsi, naturellement, l'association qui se forme pour subvenir aux besoins de tous les jours, est la famille, composée de ceux que Charondas appelle *homosipyens* (c'est-à-dire vivant des mêmes provisions),

---

« pompe, comme l'a conjecturé Schneider. Quoi qu'il en soit,
« notre philosophe veut dire ici que la nature ne fait point de
« productions qui soient *à plusieurs fins*, comme les couteaux
« qu'on fabriquait à Delphes, ou comme les ὀβελισκολύχνια, dont
« il est question l. IV, c. 12, § 5. » Mr Coray.

(1) C'est le vers 1400 de l'*Iphigénie en Aulide*, d'Euripide.

(2) C'est le vers 376 du poëme d'Hésiode, intitulé *Les Œuvres et les Jours*, dans l'édit. de Brunck.

et qu'Épiménide de Crète nomme *homocapiens* (ou partageant la même nourriture) (1).

7. La première association composée de plusieurs familles, en vue d'une utilité commune, mais non pas journalière, a été la bourgade ; elle semble être naturellement comme une colonie de la famille ; quelques-uns en ont appelé les membres *homogalactiens* (nourris du même lait), c'est-à-dire les enfants [de la première famille] et les enfants de leurs enfants. C'est pourquoi les cités furent d'abord gouvernées par des rois, comme le sont encore aujourd'hui les grandes nations ; car elles se sont formées de peuplades soumises à l'autorité royale. En effet, dans toute famille le plus âgé est investi d'un pouvoir qui ressemble à celui des rois, et la parenté fait que ce mode de gouvernement s'étend aux familles, qui sont comme des colonies de la première. C'est ce que dit Homère :

> Chacun maître absolu de ses fils, de ses femmes,
> Leur donne à tous des lois..... (2).

Car ils vivent disséminés sur un territoire assez étendu, et c'est ainsi que les hommes vivaient dans

---

(1) Σιπύη signifie proprement « l'armoire où l'on serre le « pain, » Et Κάπη signifie « auge ou creche. » Ainsi les deux expressions de l'ancienne langue que rappelle ici Aristote sont synonymes ou équivalentes, et étaient propres, l'une aux Siciliens, chez lesquels était né Charondas, et l'autre aux Crétois.

(2) Voyez l'*Odyssée* d'Homère, ch. IX, vs. 114. Platon exprime la même pensée au livre V^e des *Lois*, p. 113.

les anciens temps. C'est encore pour cette raison qu'on prétend que les dieux sont soumis à un roi, parce que [parmi les hommes] les uns sont encore gouvernés ainsi, et les autres l'étaient anciennement. Or, de même que l'homme fait les dieux semblables à lui par la forme extérieure, de même il suppose que leur vie est semblable à la sienne.

8. L'association composée de plusieurs bourgades forme dès-lors une cité parfaite, possédant tous les moyens de se suffire à elle-même, et ayant atteint, pour ainsi dire, le but [de toute société]; née en quelque sorte (1) du besoin de vivre, elle existe pour vivre avec aisance et abondance. C'est pourquoi l'on peut dire que toute cité est du fait de la nature, puisque c'est elle qui a formé les premières associations; car la cité, ou société civile, est la fin de celles-ci. Or, la nature des êtres est leur fin (2); car l'état où se trouve chaque être à partir du moment de sa naissance jusqu'à son parfait développement, voilà ce que nous appelons la nature de cet être; de l'homme, par exemple, du cheval, de la famille. De plus, le but [pour lequel il a été créé] et la fin est ce qu'il y a de plus avantageux et de meilleur [pour lui]; or, la condition

---

(1) Ou *uniquement*, etc., *elle subsiste* ou *se conserve*, etc. Voyez les notes de Mr Coray, et le chap. 4e du livre III, § 3.

(2) La *nature*, c'est-à-dire, l'ensemble des conditions d'existence, des facultés et des moyens, est la *fin* des êtres; c'est-à-dire, détermine le mode et le dernier degré de développement qu'ils sont destinés à atteindre.

de se suffire à soi-même est la fin [de tout être], et ce qu'il y a de meilleur [pour lui].

9. Il est donc évident, d'après cela, que la cité est du fait de la nature, et que l'homme est, naturellement, un animal politique [c'est-à-dire destiné à vivre en société]; et celui qui, par sa nature et non par l'effet de quelques circonstances, n'est pas tel, est une créature dégradée, ou supérieure à l'homme. Aussi Homère, pour désigner un homme qui ne mérite que l'indignation et le mépris de ses semblables, l'appelle-t-il *insociable, ennemi des lois, sans foyers, sans pénates* (1); car celui qui a une telle nature est ordinairement avide de combats, et [suivant l'expression d'un poète] il est, « comme les oiseaux de proie, incapable de se « soumettre à aucun joug. »

10. Mais il est facile de voir pourquoi l'homme est (plus que les abeilles ou toute autre espèce vivant dans un état d'agrégation) un animal politique ou fait pour la société. Car, comme nous disons, la nature ne fait rien en vain. Or, seul entre tous les animaux, l'homme possède la raison. D'ailleurs les inflexions de la voix sont les signes des sentiments pénibles ou agréables, et c'est pour cela qu'on les retrouve même dans les autres animaux; car leur nature les rend du moins capables des sentiments de plaisir et de peine, et de se les manifester les uns aux autres; mais le langage a pour

______

(1) Voyez l'*Iliade* d'Homère, chap IX, vs. 63.

but de faire connaître ce qui est utile ou nuisible,
et par conséquent aussi ce qui est juste ou injuste.

11. En effet, ce qui distingue essentiellement
l'homme des autres animaux, c'est qu'il a le sentiment du bien et du mal, du juste et de l'injuste,
et des autres [qualités ou propriétés de ses actions.]
Or, la communication de ces sentiments constitue
la famille et la cité. Au reste, dans l'ordre de la
nature, la cité est avant la famille, et avant chaque individu ; car il faut nécessairement que le
tout existe avant l'une quelconque de ses parties,
puisque, en supposant le tout anéanti [le corps
par exemple], il n'existera plus ni pied ni main,
que nominativement, comme qui dirait une main
de pierre ; car la main séparée du corps, et muti-
lée, ne sera plus une main qu'en ce sens [c'est-à-
dire seulement de nom.] C'est que toutes choses
sont déterminées par leur emploi et par leurs facultés, en sorte que, du moment où elles ne sont
plus telles, on ne peut plus dire qu'elles soient les
mêmes, que nominativement.

12. Il est donc évident que, dans l'ordre de la
nature, la cité existe avant chaque individu (1);

---

(1) Aristote entend par *premier dans l'ordre de la nature*, ce
qui doit avoir la priorité dans notre entendement, c'est-à-dire,
par exemple, les idées générales et abstraites, par rapport aux
idées singulières et individuelles ; parce que, dans sa doctrine,
les idées générales sont la cause ou le principe déterminant des
idées particulières. Voyez *Categor.* c. 12 ; *Metaphysic.* l. 4,
c. 11, et *Analytic. Poster.* l. 1, c. 2.

car si chacun est incapable de se suffire à soi-même dans l'état d'isolement, il sera, comme les autres parties, dans la dépendance du tout. Quant à celui qui ne peut rien mettre en commun dans la société, ou qui n'a besoin de rien, parce qu'il se suffit à lui-même, il ne saurait faire partie de la cité; il faut que ce soit une bête, ou un dieu. Ainsi, il y a dans tous les hommes une tendance naturelle à une telle association: mais celui qui le premier parvint à l'établir, fut la cause des plus grands biens (1); car si l'homme, quand il a atteint son degré de perfection, est le plus excellent des animaux, il en est le pire quand il vit dans l'isolement, sans lois et sans code (2). Et certes l'injustice qui a les armes à la main, est ce qu'on peut imaginer de plus pervers. Or, les armes données à l'homme par la nature sont l'entendement et ses facultés, dont il peut faire usage dans les sens les plus opposés. C'est pour cela que sans la vertu il est la créature la plus perverse et la plus cruelle, la plus abandonnée aux plaisirs des sens et à tous leurs déréglements. Mais la justice est l'essence et le bien de la société civile; et, en effet, le code des lois positives est l'ordre qui pré-

---

(1) Soit Saturne, comme le dit Virgile (*Æn.* VIII, vs. 319 sq.), ou Orphée, suivant Horace (A. P. vs. 391 sq.) Voy. aussi ce que dit, à ce sujet, Cicéron (*Somn. Scipion.*, c. 3).

(2) La même pensée se trouve dans Platon, au 7e livre des *Lois*, p. 808.

side à une telle société, et le jugement décide de ce qui est juste (1).

II. A présent que j'ai fait connaître quels sont les éléments qui ont formé la cité, je dois parler d'abord de la famille, puisque toute cité est composée de membres ou de parties, c'est-à-dire (quand elle est complète et parfaite), d'hommes libres et d'esclaves. Or, comme il convient d'observer à part chacun des derniers éléments ; et comme les parties principales, et, pour ainsi dire, les derniers éléments de la famille, sont le maître et l'esclave, le mari et la femme, le père et les enfants ; il faut, ce me semble, examiner, au sujet de ces trois sortes de conditions, ce qu'est chacune d'elles, et quelles qualités les distinguent ou les caractérisent.

2. Elles font l'art ou la science des maîtres, celle des époux (car sous ce rapport l'union du mari et de la femme n'a pas en grec de nom particulier), et enfin celle qui regarde la production des enfants, pour laquelle nous n'avons pas non plus de terme propre (2). Soient néanmoins les trois

---

(1) « Mais la justice est chose civile : veu que le droit est l'ordre de la compagnie civile : et le jugement, la décision du juste. » *Trad. de* L. Leroi. A quoi il ajoute la remarque suivante : « Δικαιοσύνη, c'est-à-dire *la justice*, est la vertu rendant à chacun ce qui lui appartient. Δίκη, est comme la juridiction qui procède selon les lois ou coutumes reçues, et la disposition du droit écrit. »

(2) **Dans** le chapitre 5.e de ce même livre, § 1, il la nomme *puissance paternelle*.

sciences que nous venons de dire : il y en a pourtant encore une qui, suivant les uns, est l'économie, et qui, selon d'autres, en est la partie la plus importante. Il faut donc aussi considérer en quoi elle consiste ; je veux parler de l'art de conserver et d'accroître sa fortune. Mais parlons d'abord du maître et de l'esclave, afin de connaître ce qui sert à la satisfaction des besoins les plus indispensables, et de voir si, relativement à cette connaissance, nous ne pourrons pas nous faire des idées plus exactes que celles qu'on a communément aujourd'hui.

3. Car, les uns s'imaginent qu'il y a une science du maître, laquelle est la même que l'économie, la même que l'autorité soit royale, soit politique, comme nous l'avons dit au commencement. D'autres prétendent que le pouvoir de maître est contre nature ; car (disent-ils) c'est en vertu des lois positives, ou par convention, que l'un est maître et l'autre esclave ; mais la nature n'avait mis entre eux aucune différence. Il n'y a donc pas à cela de justice, puisqu'il y a violence. Or, puisque les biens qu'on possède servent en partie à l'existence de la famille, l'art de posséder doit être une partie de l'économie ; car, sans les moyens de satisfaire à ses besoins, il est impossible de vivre, et de vivre heureux.

4. Cependant, comme il faut aux arts qui ont un but déterminé des instruments appropriés à l'exécution complète de leurs travaux, il en faut aussi à celui qui pratique la science de l'économie.

Or, entre ces instruments, les uns sont inanimés, les autres animés. Ainsi, pour le pilote, le gouvernail du vaisseau est un instrument inanimé, et le matelot qui veille à la proue, un instrument animé; car, dans les arts, le manouvrier est une sorte d'instrument. De même, une chose qu'on possède est un instrument utile à la vie, et la somme des choses possédées, une multitude d'instruments ou d'outils. L'esclave est, en quelque sorte, une propriété animée; et, en général, tout serviteur est comme un instrument supérieur à tous les autres.

5. En effet, si chaque outil pouvait, lorsqu'on le lui commanderait, ou même en pressentant d'avance l'ordre, exécuter la tâche qui lui est propre, comme faisaient, dit-on, les statues de Dédale (1), ou comme les trépieds de Vulcain, qui d'eux-mêmes entraient, comme dit le poète, dans le conseil des dieux : si donc la navette pouvait ainsi d'elle-même tisser la toile, ou l'archet frapper les cordes de la cithare, alors ni les architectes

---

(1) Dédale, suivant Diodore de Sicile (l. 4, c. 76), fut le premier qui donna, en quelque sorte, à ses statues du mouvement et de la vie, par les attitudes variées des bras et des jambes qu'il sut représenter, tandis que, avant lui, les statuaires ne savaient qu'appliquer les bras contre le corps et les jambes l'une contre l'autre, comme on le voit dans les monuments qui nous restent de l'art égyptien. Platon fait aussi mention de cette heureuse innovation, introduite par le statuaire athénien, dans l'*Euthyphron*, c. 12, et dans le *Ménon*, c. 39. Quant aux *trépieds de Vulcain*, dont notre auteur parle aussi en cet endroit, voy. l'*Iliade* d'Homère, ch. xviii, vs. 376.

n'auraient besoin de manœuvre, ni les maîtres n'auraient besoin d'esclaves. Ce qu'on appelle proprement des outils, sont donc des instruments de production, mais l'esclave est un instrument d'utilité; et, en effet, la navette produit quelque chose de plus que l'usage qu'on en fait; mais un habit, un lit, ne servent qu'à cet usage même.

6. Il y a plus : comme la production et l'usage diffèrent quant à l'espèce (1), et comme l'une et l'autre ont besoin d'instruments, il faut nécessairement qu'il y ait même différence entre ceux-ci. Or, la vie est usage, et non pas production; voilà pourquoi l'esclave est le ministre des choses qui servent à l'usage. On l'appelle aussi chose possédée, partie; car ce mot exprime non-seulement ce qui est partie d'une autre chose, mais ce qui en dépend entièrement; et il en est ainsi de la chose possédée. C'est pour cela que le maître est seulement maître de l'esclave, mais ne lui appartient pas; au lieu que l'esclave non-seulement est esclave du maître, mais lui appartient entièrement.

7. On voit donc clairement par là quelle est la nature de l'esclave et quelle est sa destination. Car celui qui ne s'appartient pas à lui-même, mais qui appartient à un autre, et qui pourtant est homme, celui-là est esclave par nature. Or, un homme appartient à un autre lorsqu'il est chose possédée,

---

(1) On peut voir sur la différence des mots, *production* (ποίησις) et *usage* (πρᾶξις), ce qui a été dit à la page 254 de notre traduction de la *Morale*, note 1.

quoique étant homme ; une chose possédée est un instrument qui sert à l'usage, et qui est séparé (1) [de celui à qui il appartient]. Mais y a-t-il, ou non, quelqu'un pour qui il soit juste et avantageux d'être dans l'esclavage, ou bien, toute servitude est-elle contre nature? C'est ce qu'il faut à présent examiner.

8. Au reste, c'est une question facile à éclaircir par le raisonnement et à décider par les faits. Car, commander et obéir sont des choses non-seulement nécessaires, mais aussi fort utiles. Parmi les êtres créés, les uns, au moment où ils sont nés, sont destinés à obéir, et les autres à commander; et il y a bien des espèces des uns et des autres. Mais l'autorité est d'autant plus avantageuse, que ceux qui y sont soumis sont plus parfaits. Celle qui régit l'homme, par exemple, l'est plus que celle qui règne sur l'animal; car l'œuvre accompli par des créatures plus parfaites, a lui-même plus de perfection : or, partout où il y a commandement d'une part et obéissance de l'autre, il se fait quelque chose qui en est le résultat.

9. En effet, dans tout ce qui forme un système commun de parties, soit continues, soit séparées, se manifeste quelque subordination réciproque,

---

(1) L'auteur entend par instrument *séparé* de celui à qui il appartient, les outils, par exemple, dont se sert un ouvrier, comme la lime, le marteau, etc., par opposition aux membres ou aux organes du corps, comme la main, l'œil, etc., qui sont inséparables de l'individu qui s'en sert.

quelque rapport d'autorité et d'obéissance : c'est
ce qu'on observe particulièrement dans tous les
êtres animés, quelle que soit leur nature ; et même
dans les objets qui n'ont pas, à proprement parler, de la vie, il y a comme une autorité qui préside à leur harmonie (1). Mais ceci est peut-être
trop étranger au mode d'examen que nous adop-
tons ici (2).

10. D'abord, l'animal est composé d'une ame
et d'un corps, lesquels ont été destinés par la nature, l'une à commander, et l'autre à obéir : mais
il faut observer la nature dans les êtres qui en
portent plus sensiblement l'empreinte ; et non
dans ceux chez qui elle est altérée ou dégradée (3). Par conséquent, il faut l'observer dans
l'homme, dont l'ame et le corps ont le plus de per-

---

(1) Le passage suivant de Cicéron (*De nat. Deor.* l. 2, c. 11),
peut être regardé comme un développement de cette pensée
d'Aristote : *Omnem enim naturam necesse est, quæ non soli-
taria sit neque simplex, sed cum alio juncta atque connexa,
habere aliquem in se principatum, ut in homine mentem, in
bellua quiddam simile mentis, unde oriuntur rerum appetitus ;
in arborum autem, et earum rerum quæ gignuntur e terra,
radicibus inesse principatus putatur. Principatum autem id
dico, quod Græci* ἡγεμονικὸν *vocant.*

(2) Littéralement : *appartient à un examen*, à un genre de
discussion *exotérique.* Voyez les remarques sur le livre 3ᵉ, ch. 4,
§ 4 de ce traité.

(3) Cicéron (*Tuscul. Quæst.* l. 1, c. 14), dit aussi : *Quid
illud ? num dubitas, quin specimen naturæ capi debeat ex
optima quaque natura ?*

fection, et en qui son empreinte est le plus manifeste. Car on trouvera souvent, dans les hommes vicieux, ou disposés au vice, que le corps soumet l'ame à son empire, parce que de tels hommes sont dégradés, et organisés, pour ainsi dire, d'une manière contraire à la nature.

11. On peut donc, comme je le dis, reconnaître d'abord, dans la constitution de l'animal, une autorité despotique et politique. Car l'ame a sur le corps un pouvoir despotique (1), et l'intelligence a sur les affections une sorte d'autorité politique et royale; par où il est évident que l'obéissance du

____

(1) Un fragment du 3ᵉ livre du traité de Cicéron, *De Republica*, qui nous a été conservé par saint Augustin (*Contra Pelag.* l. 4), contient un développement intéressant de cette pensée d'Aristote : « Ne voyons-nous pas, dit l'éloquent ora-« teur, que la nature donne partout l'autorité à ce qu'il y a de « meilleur, pour la plus grande utilité de ce qu'il y a de plus « faible..... Il y a divers modes de commandement et d'obéis-« sance : on dit également que l'ame commande au corps, et « qu'elle commande aux passions ; mais elle commande au « corps comme un roi à ses compatriotes, un père à ses en-« fants; et avec les passions, elle est comme un maître avec « ses esclaves; elle les réprime, elle les dompte. L'autorité des « rois, des généraux, des magistrats, des sénateurs, des peuples, « doit s'exercer, à l'égard des citoyens et des alliés, comme celle « de l'ame s'exerce sur le corps. Mais l'empire violent du maître « sur ses esclaves est l'image de celui que la partie la plus pure « de l'ame, c'est-à-dire la sagesse, prend sur les parties faibles « et corrompues de l'ame, sur les passions, sur la colère, et « sur les autres désordres de l'intelligence. » (*Trad. de M. Villemain*, t. 2, p. 63.)

2.

corps à l'ame, et la soumission de la partie affective à l'intelligence et à la partie raisonnable, est une chose utile et conforme à la nature; mais qu'au contraire, il serait nuisible à toutes les parties que l'autorité fût partagée également, ou exagérée en sens inverse.

12. Au reste, il en est de l'homme, à cet égard, comme des autres animaux : car le naturel des animaux susceptibles d'être domptés ou apprivoisés, est meilleur que celui des animaux sauvages; et il leur est avantageux à tous d'obéir à l'homme, puisque c'est pour eux un moyen de conservation. D'un autre côté, le mâle a sur la femelle une supériorité naturelle; l'un est destiné par la nature à commander, et l'autre à obéir. Cette distinction doit donc se retrouver nécessairement dans l'espèce humaine tout entière.

13. Tous les êtres donc entre lesquels il y a autant de différence qu'entre l'ame et le corps, entre l'homme et l'animal (or, telle est la condition de tous ceux qui sont destinés à faire usage de leurs forces corporelles, et qui n'ont aucun moyen de faire quelque chose de mieux); tous ces êtres (dis-je) sont esclaves par nature, pour qui c'est un avantage d'être soumis à une telle autorité, s'il est vrai qu'elle soit avantageuse à ceux que nous venons de dire (1). Car celui-là est esclave par

---

(1) Au corps, par rapport à l'ame; à la femme, à l'égard de l'homme; aux autres animaux, à l'égard de l'homme. Ce rai-

nature, qui peut appartenir à un autre (aussi lui appartient-il en effet) (1), et qui ne participe à la raison que dans le degré nécessaire pour modifier sa sensibilité, mais non pour qu'on puisse dire qu'il possède la raison ; car, dans les autres animaux, la sensibilité n'est pas dirigée par la raison, mais ils sont asservis uniquement aux impressions qu'ils reçoivent du dehors.

14. Il y a au fond peu de différence dans les services que nous en tirons ; car les uns et les autres, les esclaves aussi bien que les animaux domestiques, ne nous servent guère que par leurs forces corporelles. La nature a même voulu marquer d'un caractère différent les corps des hommes libres et ceux des esclaves, en donnant aux uns la force convenable à leur destination, et aux autres une stature droite et élevée (2), qui les rend peu propres

---

sonnement de notre philosophe est, il faut en convenir, fort peu concluant, et l'utilité de l'obéissance pour celui qui obéit est souvent très-douteuse et très-contestable, excepté dans le cas où un être capable de raison se soumet à ce que la raison lui prescrit par l'organe d'un autre être vraiment raisonnable.

(1) Il semble, dit Schneider, qu'Aristote a voulu dire : « Celui-là « est esclave par nature, qui est incapable de conserver son « indépendance, et qui consent à dépendre d'un autre ; aussi lui « appartient-il dès-lors en effet. » On verra plus bas (ch. 5, § 8 et 11) ce que notre auteur veut faire entendre, quand il dit que l'esclave est incapable de raison.

(2) Cette pensée est bien peu philosophique, et porte l'empreinte d'un préjugé qu'on est fâché de voir presque adopté par un homme tel qu'Aristote. Un de ses commentateurs cite cependant à l'appui de notre philosophe, deux vers de Théo-

à de pareils travaux, mais utiles, dans la vie civile, aux emplois de la guerre et à ceux de la paix, entre lesquels elle se partage. Toutefois il arrive souvent, au contraire, que certains individus n'ont que le corps d'un homme libre, tandis que d'autres n'en ont que l'ame.

15. D'ailleurs, il est facile de comprendre que, si cette différence purement extérieure entre les hommes était aussi grande qu'elle l'est à l'égard des statues des dieux, tout le monde conviendrait que ceux qui seraient, sous ce rapport, si inférieurs aux autres, mériteraient de leur être asservis; or, si cela est vrai des qualités du corps, la distinction sera encore bien plus juste à l'égard des qualités de l'ame; mais il n'est pas aussi facile de discerner la beauté de l'ame que celle du corps. Quoi qu'il en soit, il demeure évident que (parmi les hommes) les uns sont des êtres libres par nature, et les autres des esclaves, pour qui il est utile et juste de demeurer dans la servitude.

16. Cependant on comprend sans peine que ceux qui soutiennent le contraire ont, jusqu'à un certain point, raison; car les mots *esclave* et *servitude* peuvent être pris dans deux acceptions diver-

---

gnis (*Sentent.* vs. 547), dont le sens est : « Jamais un homme « servile ne porte la tête haute et droite; il la tient toujours « obliquement, et a le cou penché. » Mais on peut croire que Théognis n'a voulu que décrire ici l'attitude et l'air de physionomie que donnent assez communément les habitudes de bassesse et d'hypocrisie à ceux qui les ont contractées.

ses. Véritablement, il y a aussi une sorte d'esclavage qui est fondée sur la loi, c'est-à-dire sur une convention, en vertu de laquelle on prétend que tout ce dont on se rend maître dans la guerre appartient aux vainqueurs. Mais plusieurs de ceux qui ont une connaissance approfondie des lois, élèvent contre cette sorte de justice une plainte du même genre que celle qu'on intente quelquefois contre un orateur, quand on l'attaque pour atteinte portée aux lois (1). C'est une chose horrible suivant eux que l'homme qui a été victime de la violence soit esclave de celui qui a pu le contraindre, et lui obéisse uniquement parce qu'il a la supériorité ou l'avantage de la force; mais sur cet article les avis des sages sont partagés.

17. La cause de cette opposition de sentiments, et des raisons qu'on allègue pour et contre, sur cette question, c'est que la force, quand elle parvient de quelque manière que ce soit à se procurer des ressources, se porte naturellement à la violence, et que la force suppose toujours une supériorité d'avantages en quelque chose; en sorte qu'il semble bien en effet qu'il n'y a point d'emploi de la force qui ne suppose quelque vertu. Mais la question ne porte ici que sur la notion du juste; car c'est pour cela que les uns s'imaginent

____

(1) Cette sorte d'action, qui était admise chez les Athéniens, s'appelait γραφὴ παρανόμων. Voy. *Wolf, ad Demosthen. Leptin. Prolegom.* p. cxxxvij, sq.

que la justice c'est la bienveillance, tandis que les autres trouvent juste le principe même ou l'axiome qui attribue le commandement à celui qui a la su_périorité en quelque genre que ce soit. Au reste, si l'on isole ces raisons et si on les sépare les unes des autres, les raisons opposées n'ont plus rien de persuasif, puisqu'on ne saurait dire que ce soit ou que ce ne soit pas à la supériorité de vertu qu'appartient le droit de commander et la puissance absolue (1).

18. D'un autre côté, il y a des personnes qui, obstinément attachées à ce qu'elles croient juste sous un certain rapport (et la loi a toujours quelque chose de juste), affirment que la servitude qui résulte de l'état de guerre est conforme à la justice ; et en même temps ils le nient ; car il est possible que le principe ou la cause de la guerre ne soit pas juste, et jamais on ne pourra admettre qu'un homme qui ne mérite pas d'être réduit en servitude, soit esclave. Autrement, il pourra arriver que des hommes issus du sang le plus illustre soient esclaves, et nés d'esclaves, s'ils sont vendus après qu'on les aura faits prisonniers. Aussi ceux qui soutiennent cette opinion ne veulent-ils pas

---

(1) Cette dernière phrase est fort obscure dans le texte, et n'a offert à aucun des traducteurs ou commentateurs un sens satisfaisant ; j'ai suivi, en partie, celui qu'indique Schneider, qui croit, avec assez de probabilité, que notre auteur a voulu donner simplement à entendre que le droit de commander n'appartient légitimement qu'à la raison et à la vertu.

se donner à eux-mêmes le nom d'esclaves, ils ne le donnent qu'aux barbares; mais enfin toute la question se réduit à chercher ce que c'est qu'être esclave par nature, ainsi que nous l'avons dit au commencement.

19. En effet, il faut nécessairement admettre qu'il y a des hommes qui sont partout esclaves, et d'autres qui ne le sont nulle part; et il en sera de même de la noblesse, car ceux qui adoptent cette opinion s'imaginent qu'ils sont nobles, non seulement dans leur patrie, mais dans quelque contrée que ce soit, au lieu que les barbares ne le sont que chez eux : comme s'il existait quelque race qui fût noble et libre dans un sens absolu, et quelqu'autre qui ne le fût pas. C'est ce que fait entendre l'Hélène de Théodecte lorsqu'elle dit :

> De la race des Dieux de tous côtés issue,
> Qui donc du nom d'esclave osera m'appeler ?

Mais s'exprimer ainsi c'est n'admettre entre l'homme libre et l'esclave, entre le noble et celui qui ne l'est pas, d'autre distinction que celle du vice et de la vertu; c'est dire que, de même que l'homme naît de l'homme, et l'animal de l'animal, ainsi l'homme vertueux ne peut naître que de parents vertueux. Or, c'est sans doute le vœu de la nature qu'il en soit ainsi, mais cela n'est pas toujours possible.

20. On voit donc que la difficulté que nous venons de traiter a quelque fondement, et qu'il existe des esclaves et des hommes libres par le fait

même de la nature ; qu'enfin ce caractère se manifeste dans certains individus par l'utilité que les uns trouvent dans la servitude, et les autres dans l'exercice de l'autorité absolue ; qu'il est juste et nécessaire que les uns obéissent, et que les autres aient le pouvoir que la nature leur a dévolu, et par conséquent qu'ils soient les maîtres. Mais s'ils font un mauvais usage de ce pouvoir, il en résulte un véritable dommage pour les uns et pour les autres. Car ce qui est utile à la partie l'est au tout ; ce qui est avantageux pour l'ame l'est pour le corps ; or l'esclave est pour ainsi dire partie du maître ; c'est comme une partie animée du corps, mais qui en serait séparée.

21. C'est pour cela qu'il y a un avantage commun et une affection réciproque entre le maître et les esclaves, quand c'est la nature elle-même qui leur a assigné ces conditions diverses ; c'est tout le contraire lorsque la chose n'a pas lieu de cette manière, mais seulement en vertu de la loi, et par l'effet de la violence. Il est aussi évident, d'après cela, que l'autorité politique et celle du maître ne sont pas la même, et qu'en général toutes les espèces de pouvoir ne se ressemblent pas, comme quelques-uns le prétendent ; car l'une se rapporte aux esclaves par nature, et l'autre aux hommes libres (1). L'autorité domestique est monarchie,

----

(1) Sans doute il fallait toute l'autorité d'une coutume établie presque de temps immémorial, et chez tous les peuples, comme l'était celle de l'esclavage domestique, à l'époque où vivait Aris-

puisque toute famille est gouvernée par un seul ; mais l'autorité civile ou politique est celle qui gouverne des hommes libres et égaux.

22. Au reste, l'expression autorité du maître ne se dit pas d'une science, mais d'une condition ou manière d'être : il en est de même des mots *esclavage* et *liberté*. Il pourrait néanmoins y avoir une science, un talent du maître et du serviteur ; une science d'esclave, par exemple, comme celle que professait à Syracuse cet homme qui, moyennant un salaire convenu, prenait les jeunes esclaves chez lui, et leur enseignait le service de la maison (1). Il pourrait même y avoir encore des leçons de ce

---

tote pour qu'un esprit aussi étendu et aussi exercé que le sien pût s'égarer sur une pareille question. Quel esprit non prévenu, et non dégradé par les passions les plus perverses, peut y voir aujourd'hui la matière d'un doute ? A qui fera-t-on concevoir qu'un homme puisse, dans aucun cas, être la propriété d'un autre homme ? La religion, le bon sens et l'humanité s'accordent désormais à regarder tout partisan de l'esclavage domestique comme un fou furieux qui, par cette seule opinion, se déclare en état de guerre avec les autres hommes, et contre lequel on serait honteux d'employer aucune espèce d'argumentation.

(1) Τὰ ἐγκύκλια διακονήματα, littéralement, « les services qui « se suivent et s'enchaînent en cercle ; » par exemple, ceux d'un valet de chambre, depuis le lever du maître jusqu'à ce qu'il soit couché. Athénée (p. 262) fait mention d'une comédie de Phérécrate intitulée Δουλοδιδάσκαλος, « le précepteur ou profes- « seur des valets ; » ce qui prouve que le service domestique était regardé chez les Grecs, à cette époque, comme une affaire importante.

genre, qui s'étendraient à bien d'autres objets, comme l'art de la cuisine, et les autres parties du service domestique. Car il y a des travaux plus considérés ou plus nécessaires les uns que les autres; et, comme dit le proverbe, « il y a maître et maître, « il y a valet et valet (1). »

23. Toutefois ce ne sont là que des talents ou sciences d'esclaves; celle du maître consiste dans l'usage ou l'emploi qu'il fait de ses esclaves; car c'est cet emploi qui le caractérise comme maître, et non la possession des personnes. Cette science-là n'a d'ailleurs rien de bien considérable ni de bien important; car il lui suffit de savoir commander ce que l'esclave doit savoir exécuter. Aussi tous ceux qui peuvent se dispenser de prendre eux-mêmes cette peine, en donnent-ils la charge à un inspecteur ou délégué, tandis qu'eux-mêmes s'occupent du gouvernement de l'état, ou à l'étude de la philosophie. Quant à la science d'acquérir et de conserver sa fortune, laquelle diffère de ces deux autres (celle du maître et celle de l'esclave), elle ressemble à la science du juste, ayant quelques rapports avec l'art de la guerre ou avec celui de la chasse. Voilà donc ce que j'avais à dire au sujet de l'esclave et du maître.

III. Mais considérons, en général, la propriété ou possession de quelque genre que ce soit, et

---

(1) C'est le sens d'un vers iambique du poëte Philémon, dans une de ses comédies intitulée Παγκρατιαστής, vers cité aussi dans le Lexique de Suidas, au mot Πρό.

appliquons à ce sujet notre méthode accoutumée, puisque l'esclave est, comme on vient de le voir, une partie de ce qu'on possède. Premièrement donc on pourrait demander si la science de la richesse est la même que celle de l'économie domestique, ou si elle n'en est qu'une partie simplement accessoire et auxiliaire? Et, si elle n'est qu'auxiliaire, on pourrait demander encore si elle a avec l'économie le même rapport que l'art de faire les navettes avec celui du tisserand, ou que l'art du fondeur avec celui du statuaire? Car les fonctions ou les services de ces deux arts ne sont pas les mêmes; mais l'un fournit les outils, et l'autre la matière, c'est-à-dire ce avec quoi l'on fait l'œuvre proposée, comme est la laine pour le tisserand, ou comme l'airain pour le statuaire.

2. Il est donc évident que la science d'acquérir la richesse n'est pas la même que celle de l'économie, puisque le propre de l'une est de procurer les moyens, et que le but de l'autre est d'en faire usage. Car, qui emploiera les ressources de la famille, si ce n'est la science économique? Mais cette science de la richesse est-elle une partie de l'économie, ou bien, est-elle une espèce différente? c'est encore là une question. Car si la fonction de celui qui pratique cette science est d'aviser aux moyens de se procurer de l'argent et d'accroître les possessions, (et le nom de possession comme celui de richesse, en général, comprend beaucoup de parties), d'abord, la culture des terres est-elle une partie de la science des richesses, ou est-elle

une espèce différente? et, en général, le soin de la subsistance est-il le même que l'art d'acquérir?

3. D'un autre côté, il y a bien des espèces d'aliments, et, par cette raison, bien des manières de vivre différentes, tant parmi les animaux que parmi les hommes : car il n'y a pas moyen de vivre sans nourriture, en sorte que les différences en ce genre ont introduit des différences analogues dans la vie des animaux. En effet, les uns vivent en troupes, et les autres isolés et disséminés, suivant qu'il convient à leur manière de se nourrir, attendu que les uns sont carnivores, les autres frugivores, et d'autres, s'il le faut ainsi dire, *omnivores;* en sorte que la nature elle-même distingue et sépare leurs divers genres de vie, pour leur donner la facilité de se procurer les aliments qu'ils préfèrent. D'ailleurs, la nature n'a pas donné à tous le même attrait pour une même nourriture; mais les uns préfèrent certains aliments, les autres en préfèrent d'autres, et même les manières de vivre des animaux, soit carnivores, soit frugivores, diffèrent beaucoup entre elles.

4. Il en faut dire autant de celles des hommes, qui diffèrent aussi dans bien des cas. Ainsi les uns, enclins à la paresse, sont nomades; car la nourriture que donnent les troupeaux s'obtient sans travail et sans peine; et comme le bétail est forcé de changer de contrées pour le pâturage, les hommes sont aussi forcés de le suivre, exerçant, pour ainsi dire, une agriculture vivante. D'autres vivent de la chasse, mais les uns d'une façon, et les autres d'une

autre. Par exemple, il y en a qui vivent de brigandage, d'autres de la pêche, comme font tous ceux qui habitent dans le voisinage des étangs, dans les contrées marécageuses, sur le bord des fleuves, ou sur les rivages d'une mer abondante en poissons. D'autres enfin se nourrissent des oiseaux ou des bêtes sauvages qu'ils tuent : mais la plus nombreuse partie de la race humaine vit de la culture de la terre et de celle des fruits.

5. La vie nomade, l'agriculture, le pillage, la pêche, la chasse, tels sont donc à peu près les moyens qu'emploient pour se procurer leur subsistance tous les peuples qui n'ont encore que les ressources que leur offre la nature, et qui ne connaissent ni échanges ni commerce. Mais ceux qui savent unir plusieurs de ces moyens, vivent dans l'abondance, suppléant par un genre de vie ce qui manque à l'autre pour la satisfaction de leurs besoins, comme font ceux qui unissent le pillage à la vie nomade, ou l'exercice de la chasse aux travaux de l'agriculture ; et ainsi des autres, qui vivent en usant des ressources auxquelles le besoin les force à recourir.

6. Ce genre d'acquisition [c'est-à-dire la nourriture] semble être un don que la nature fait à tous les êtres animés, non seulement dès les premiers moments de leur existence, mais même lorsqu'ils ont atteint leur entier développement. En effet, au moment même où ils donnent la naissance à leurs petits, certains animaux produisent en même temps la nourriture qui doit leur suffire jusqu'à

ce qu'ils soient en état de se la procurer par eux-mêmes, c'est le cas des *vermipares* (1) et des *ovipares*. Mais tous les animaux vivipares sont organisés de manière à avoir en eux-mêmes le lait qu'ils donnent à leurs nouveaux-nés.

7. Dès lors on est évidemment autorisé à croire qu'il en est de même quand les animaux sont parvenus à leur entier développement, et que par conséquent les plantes existent pour le besoin des animaux, et ceux-ci pour le besoin de l'homme. Ceux qui sont susceptibles d'être apprivoisés sont destinés à son utilité et à lui servir de nourriture ; ceux qui sont sauvages ou féroces peuvent aussi, au moins pour la plupart, lui fournir ou des aliments, ou d'autres ressources, soit pour ses vêtements, soit pour la fabrication des outils ou instruments [que crée son industrie]. Si donc la nature ne fait rien en vain et sans but, il faut nécessairement qu'elle ait tout fait en vue de l'espèce humaine.

8. Il suit de là que l'art de la guerre est en quelque sorte un moyen naturel d'acquérir ; car l'art de la chasse n'en est qu'une partie, c'est celle dont on fait usage contre les bêtes fauves, ou contre les hommes qui, destinés par la nature à obéir, refu-

---

(1) Cette opinion sur la génération de certains animaux (probablement un grand nombre d'insectes) par des vers, venait de ce qu'on n'avait pas observé que ces vers eux-mêmes sont produits par des œufs, trop petits, en effet, pour qu'on pût les reconnaître à l'œil nu.

sent de se soumettre, en sorte que la nature même déclare qu'une telle guerre est juste. Voici donc une première espèce d'art d'acquérir, qui est une partie de la science économique, conformément aux vues de la nature. Il faut que cette partie [l'acquisition ou possession] existe (1), ou que la science économique donne les moyens de se procurer la quantité de ressources nécessaires à la vie dans toute société, soit civile, soit domestique.

9. C'est même là ce qui constitue la véritable richesse ; car la quantité qui en est nécessaire pour satisfaire complètement à tous les besoins et au bonheur de la vie, n'est pas infinie comme le prétend Solon dans ses poésies lorsqu'il dit :

> Mais l'homme ne connaît ni terme ni limites
> Qu'à l'art de s'enrichir la nature ait prescrites.

Au contraire, elle lui en a prescrit comme à tous les autres arts. Aucun d'eux n'a à sa disposition des moyens infinis, soit en nombre, soit en grandeur ; or, la richesse est le produit de la multitude de moyens, ou d'instruments, que possède celui qui administre le bien d'une famille, ou la fortune d'un état. Il est donc évident qu'il existe, pour l'un comme pour l'autre, un certain art d'acquérir, et l'on voit quelle en est la cause.

10. Mais il est un autre art d'acquérir que l'on

---

(1) Le texte est assez obscur en cet endroit, et l'on ne saurait être sûr d'avoir saisi exactement la pensée de l'auteur.

nomme plus spécialement, et avec raison, *Art de la richesse*; c'est celui-là qui semble en effet reculer indéfiniment les bornes de l'opulence et des acquisitions en tout genre, et que l'on croit communément être le même que celui dont je viens de parler, à cause de leur étroit voisinage; mais il n'est pas le même, quoiqu'il n'en soit pas très-éloigné: car l'un de ces arts est le produit immédiat de la nature, et l'autre est plutôt celui d'un certain empirisme et d'une adroite combinaison. Essayons d'en saisir le principe et l'origine.

11. Toute chose possédée peut en effet servir à deux usages, tous deux, à la vérité, de la chose elle-même qu'on emploie, mais non pas de la même manière; car l'un en est l'usage propre et direct, et l'autre ne l'est pas. Par exemple : on peut se servir de chaussures pour les mettre à ses pieds, ou comme moyen d'échange. Car quand on les échange, en les donnant pour de la monnaie ou pour des aliments à celui qui a besoin de souliers, c'est bien faire usage de cet objet, mais non pas un usage propre et direct, puisqu'ils n'ont pas été faits pour servir à des échanges. Or, il en est de même de toutes les autres choses que l'on possède; car il n'y en a aucune qui ne soit susceptible d'être l'objet d'un échange, lequel a certainement son principe dans la nature, puisque les hommes ont tantôt plus, tantôt moins des choses qui sont nécessaires à la vie.

12. Ce qui fait voir encore que le commerce de

détail (1) n'appartient pas naturellement à la science
de la richesse, c'est qu'on ne fit d'abord des échanges
qu'autant qu'il le fallait pour subvenir à ses besoins. On voit donc que le commerce de détail
n'était pas nécessaire dans les premières associations (c'est-à-dire dans la famille), il ne commença
à le devenir que quand la société fut devenue elle-
même plus nombreuse. Car, dans la famille, tout
était commun à tous : mais quand on se fut séparé,
on fut privé de beaucoup de choses, dont il devint nécessaire de se faire part les uns aux autres,
suivant le besoin, et par la voie des échanges,
comme font encore beaucoup de nations barbares.
Car chez elles il se fait des échanges des choses
utiles les unes contre les autres, mais rien de plus :
par exemple, on donne et on reçoit du vin pour
du bled, et ainsi de tous les autres objets.

13. Ce genre de transactions commerciales n'est
donc pas contre la nature, et ne constitue pas non
plus une espèce dans la science de la richesse, car
il ne servait dans l'origine qu'à la satisfaction des
besoins naturels. Cependant c'est de lui que cette
science a dû vraisemblablement naître ; car à me-

____

(1) *Le commerce de détail* (ἡ καπηλική, s. e. τέχνη ou ἐπιστήμη,
à peu près comme en latin *ars cauponaria*) ; c'est proprement
le métier de ceux qui achètent en gros, pour revendre en détail, et qui sont, par conséquent, obligés de gagner, outre le
prix de première acquisition, les frais de magasin, de transport,
etc., et le salaire légitime de leur peine et de l'emploi de leur
temps.

sure que l'on se procura des ressources plus étendues, et des objets plus rares, par l'importation
de ce dont on manquait, et par l'exportation de
ce qu'on possédait en plus grande abondance, l'u-
sage de la monnaie dut nécessairement s'introduire;
parce que les objets dont la nature nous fait un
besoin ne sont pas toujours faciles à transporter.

14. On convint donc de recevoir et de se donner réciproquement, dans les échanges, une chose
qui, n'étant pas par elle-même d'une utilité immédiate, était néanmoins susceptible de se prêter
facilement aux usages de la vie, comme le fer et
l'argent, ou toute autre matière semblable, dont
on détermina d'abord simplement le poids et la
quantité, et qu'on finit par marquer d'une empreinte, pour s'éviter l'embarras de la peser ou de
la mesurer à chaque fois; car l'empreinte y fut
mise comme signe de la quantité (1).

15. Or, du moment où la nécessité des échanges
eut donné lieu à l'invention de la monnaie, il exista
une autre espèce dans la science de la richesse;
c'est le commerce de détail, qui s'exerça d'abord
peut-être d'une manière fort simple, mais où l'expérience introduisit plus d'art, plus d'habileté, à
mesure qu'on connut mieux où il fallait prendre
les objets d'échange, et ce qu'il fallait faire pour
obtenir le gain le plus considérable. C'est pour-

---

(1) On peut comparer avec cet endroit, ce que dit notre auteur, sur le même sujet, dans la *Morale*, l. 5, c. 5.

quoi la science de la richesse semble plus spéciale-
lement relative à l'argent monnayé, et son principal but est d'aviser aux moyens de s'en procurer
une grande quantité; car c'est là proprement ce
qui produit l'opulence et les grandes fortunes.

16. En effet, on considère communément comme
richesse l'abondance des métaux monnayés, parce
que cette abondance est le but de la science de la
richesse, et de celle du commerce. D'un autre côté,
l'on regarde quelquefois la monnaie, et en général
les lois qui l'établissent, comme une chose tout-à-
fait illusoire, et sans aucun fondement dans la nature; parce que, si ceux qui en font usage venaient
à faire d'autres conventions, la monnaie n'aurait
plus aucune valeur, et ne pourrait plus servir à la
satisfaction d'aucun besoin : en sorte qu'un homme
très-riche en métaux monnayés pourrait manquer
des aliments nécessaires à la vie. Or, c'est une
étrange richesse que celle dont le possesseur,
quelle que soit la quantité qu'il en a, pourrait être
exposé à mourir de faim; comme ce Midas dont
parlent les fables, et qui, en punition de son avarice sans bornes, voyait se changer en or tous les
mets qu'on lui présentait.

17. Aussi est-ce avec raison que l'on doute s'il
n'y a pas quelque autre richesse, et quelque autre
science de la richesse; mais il y en a, en effet, une
autre, qui est conforme à la nature (1), c'est la

____

(1) Ce mot *nature* a été pour les philosophes anciens et modernes l'occasion d'une infinité de logomachies. Si, dans les

science économique; au lieu que le négoce produit, à la vérité, de l'argent, mais non pas dans tous les cas : ce n'est que dans celui où l'argent est le but définitif de l'échange. Cette profession semble faire de l'argent son principal objet, puisque alors c'est la monnaie qui est l'élément et le but de l'échange : aussi la richesse qui en résulte n'a-t-elle réellement pas de limites. Car, de même que le but de la mé-

---

questions du même genre que celle que traite ici Aristote, l'on entend par *nature*, l'ensemble des conditions et des moyens dont les hommes disposent, dans un moment donné, pour exécuter de certaines choses ou pour atteindre un certain but (et c'est là sans doute le véritable sens qu'il faut donner à ce mot), alors la nature de l'homme et même celle des sociétés ne sera plus la même dans tous les temps et dans toutes les circonstances; il faudra reconnaître, au contraire, qu'elle varie sans cesse. Par exemple, il est *naturel* que les hommes, avant d'avoir institué l'usage de la monnaie, ne se procurent leurs besoins que par la voie des échanges; mais il est naturel aussi, quand une fois ils ont reconnu l'avantage et l'utilité des métaux précieux, employés comme moyen universel d'échange, que chacun cherche à s'en procurer le plus possible, non pas, sans doute, pour les conserver et les enfouir, mais pour se procurer tous les genres de jouissances qu'on peut désirer : et cette manière de s'enrichir est tout aussi *conforme à la nature* qu'aucune autre. Au reste, il faut bien observer que la masse de métaux précieux que peut se procurer une nation, ne s'accroît véritablement qu'autant qu'elle accroît et multiplie ses moyens de production, et que lorsque l'or et l'argent monnayés, au lieu d'être employés à rendre la production plus active, le sont à un vain agiotage (soit sur les fonds publics, soit de tout autre genre), la nation s'appauvrit réellement, quoique plusieurs particuliers puissent faire des fortunes rapides et considérables, parce qu'ils ne font alors que gagner ce que d'autres perdent.

decine est de multiplier à l'infini le nombre des guérisons, et celui de chaque art, de multiplier indéfiniment ce qui est son but ou sa fin ; car c'est surtout à cela qu'il aspire (au lieu que la somme des moyens dont il dispose n'est pas infinie, et la limite de ces moyens est la fin pour tous les arts); ainsi, dans cet art de la richesse, il n'y a point de limite [dans les moyens propres] à la fin qu'il se propose : mais cette fin est la richesse, telle que nous l'avons définie, et la possession ou l'acquisition de l'argent.

18. Au contraire, il y a une limite aux moyens de la science économique, s'il n'y en a pas à ceux de la science de la richesse. Car l'affaire de l'économe n'est pas la même que celle du financier. Aussi semble-t-il que dans l'économie il doive y avoir un terme à la richesse de quelque genre que ce soit ; quoique, d'après ce qui se passe sous nos yeux, il arrive ordinairement tout le contraire ; car tous ceux qui s'occupent de la richesse cherchent à accroître indéfiniment la quantité d'argent monnayé qu'ils possèdent. Cela vient de l'étroite affinité de ces sciences [celle de l'économe et celle du financier]; car l'emploi des mêmes moyens n'est pas le même pour chacune d'elles. L'une et l'autre disposent, à la vérité, des mêmes fonds ou de la même propriété, mais non pas de la même manière : au contraire, le but de l'une est la possession, et celui de l'autre est l'augmentation ; ce qui fait que certaines gens s'imaginent que l'objet de la science économique est cet accroissement même, et ils persistent à

croire qu'il faut, en général, ou conserver ou accroître indéfiniment tout ce qu'on possède d'or et d'argent monnayés.

19. Or, la cause de cette disposition est dans l'importance qu'on attache à vivre, et non pas à bien vivre; car ce désir étant illimité, on souhaite aussi de multiplier à l'infini les moyens de le satisfaire. Ceux même qui aspirent à bien vivre, recherchent aussi ce qui peut contribuer aux jouissances purement corporelles; de sorte que comme celles-ci semblent se trouver dans la possession des richesses, ils ne sont occupés que des moyens de se les procurer : et voilà comment s'est introduite l'autre espèce de science de la richesse. Car comme les jouissances [corporelles] se trouvent dans l'excessive abondance, on cherche les moyens propres à les multiplier; et lorsqu'il est impossible de se les procurer par la science de la richesse, on finit par faire de toutes ses facultés un emploi qui n'est plus conforme à la nature.

20. En effet, le courage n'est pas destiné à nous procurer de l'or, mais il doit nous donner de l'audace et de la confiance. Il en faut dire autant de la science militaire et de la médecine; l'une a pour but la victoire, et l'autre la santé : au lieu que l'on fait de toutes les sciences des moyens de richesses, comme si tel devait être leur but, et que tout dût y concourir. Voilà ce que j'avais à dire de l'espèce de science de la richesse qui n'est pas nécessaire; j'ai fait voir ce qu'elle est, et quelles causes en ont introduit l'usage. J'ai parlé aussi de l'espèce qui est

nécessaire, et qui est tout autre que celle-ci. Quant
à la science économique, celle qui est conforme à la
nature se rapporte à la nourriture et aux moyens
de subsistance ; elle n'est pas, comme l'autre, sans
limites ; mais, au contraire, elle a des bornes.

21. On voit aussi [dans ce que nous venons de
dire] la solution de la question proposée au commencement [de ce chapitre, savoir] : si la science
de la richesse fait, ou non, partie de celle de l'économie, ou de l'administration des états ; mais il faut
que [cette science et les ressources qu'elle pro-
cure] existent avant tout (1). Car, de même que la
politique ne fait pas les hommes, mais les emploie
tels qu'elle les a reçus des mains de la nature : ainsi,
il faut que cette même nature leur fournisse, soit
dans les productions de la terre, soit dans celles de
la mer, ou par tout autre moyen de ce genre, des
ressources pour subsister ; c'est ensuite à l'économie à en tirer le parti qui convient. Car le fait de
l'art du tisserand n'est pas de produire la laine,
mais d'en faire usage, et de distinguer celle qui
est de bonne qualité, ou dont l'emploi peut être
avantageux, de celle qui est mauvaise et inutile.

22. Toutefois on pourrait demander pourquoi la
science de la richesse est une partie de l'économie,
tandis que la médecine n'en est pas une : puisque
enfin il faut bien que ceux qui composent la famille jouissent de la santé, comme de la vie, et de
toutes les autres choses nécessaires. Or, de même

---

(1) Le texte manque encore de clarté en cet endroit.

que, sous de certains rapports, c'est le fait de l'économe et du magistrat de surveiller la santé des citoyens, et sous d'autres, c'est celui du médecin; ainsi, en ce qui concerne la richesse, il y a des soins qui regardent l'économe , et d'autres qui ne sont pas de son ressort, mais qui appartiennent aux divers genres de travaux ou de services. Mais, comme je viens de le dire, c'est la nature surtout qui doit fournir ce premier fonds : car c'est à elle de donner la nourriture à l'être à qui elle a donné l'existence, puisque tout être animé trouve ordinairement son aliment préparé par celui dont il tient la vie. Voilà pourquoi l'espèce de richesse qui provient des fruits de la terre, ou des animaux, est pour tous les êtres une richesse conforme à la nature.

23. Mais comme il y a deux sortes d'art ou de science de la richesse, ainsi que nous l'avons déja dit, l'une qui a le trafic pour objet, et l'autre l'économie; celle - ci louable et nécessaire, tandis qu'on blâme l'autre avec raison (car elle n'est pas conforme à la nature, et se compose du gain produit par les échanges réciproques); c'est avec beaucoup de raison qu'on a de l'aversion pour l'usure [ou le prêt à intérêt], parce qu'il procure une richesse née de la monnaie elle - même, et qui n'est plus consacrée à l'emploi pour lequel on se l'était procurée. En effet, on ne l'avait créée que pour faciliter les échanges, tandis que l'usure la multiplie elle-même. C'est aussi de là que l'usure a pris son nom [dans la langue grecque Τόκος, c'est-à-dire *enfante-*

ment], à cause de la ressemblance qu'il y a entre les êtres produits ou engendrés, et ceux qui leur donnent la naissance. Car [dans le cas de l'usure] l'argent naît [pour ainsi dire, de l'argent], en sorte que de tous les moyens de se procurer de la richesse, celui-là est le plus contraire à la nature (1).

IV. A présent que nous avons suffisamment déterminé ce qui est relatif à la connaissance purement théorique du sujet qui nous occupe, il nous reste à entrer dans quelques détails relativement à la pratique. D'ailleurs, dans tous les sujets de ce genre, la théorie a toujours quelque chose de libre ou d'arbitraire, au lieu que la pratique ou l'expérience y est entièrement nécessaire. Entre les parties de l'art de la richesse qui sont utiles, est la connaissance pratique des choses qu'on possède, savoir, quelles sont les plus profitables ; comment et dans quels lieux : par exemple, quelle nature de bien

---

(1) Il n'est presque pas besoin d'avertir que les idées d'Aristote, dans tout ce dernier paragraphe, manquent entièrement de justesse. L'argent étant, comme il l'a reconnu en partie, une véritable denrée ou production, et de plus, un moyen ou un instrument universel d'échanges, il n'y a pas plus d'inconvénient à le louer, ou à le prêter moyennant une certaine redevance, qu'il n'y en a à louer une maison, un terrain, une voiture, etc.; c'est une vérité qu'aucun homme sensé ne peut plus contester. Quant à l'exagération du taux de l'intérêt exigé par des prêteurs avides, jusqu'à quel point le législateur est-il appelé à la réprimer? Les abus qui en naissent ne sont-ils pas le plus souvent occasionés par un faux système de mesures sur cette matière? Ce sont des questions qu'il serait trop long de discuter ici.

c'est que les chevaux, ou les bœufs, ou les brebis,
et ainsi des autres animaux; car il faut savoir par
expérience quels sont ceux dont la possession est
comparativement le plus avantageuse, quels sont
ceux qui conviennent mieux à telle ou telle loca-
lité, les uns réussissant à merveille dans de certains
lieux, et les autres dans d'autres. Ensuite, il faut
être expérimenté dans la culture des terres qui
sont propres ou aux ensemencements, ou aux
plantations; et, enfin, dans l'art de recueillir le
miel et les produits de tous les autres animaux,
poissons, oiseaux, etc., dont on peut tirer quelques
ressources.

2. Telles sont donc les premières et principales
parties de l'art de la richesse proprement dit.
Quant à celui qui a pour objet les échanges, sa
principale partie est le trafic ou négoce, qui se sub-
divise en trois espèces: transport par mer, transport
par terre, et exposition ou *étalage* (1). Mais elles diffèrent les unes des autres, en ce que les unes offrent
plus de sûreté, et les autres, c'est-à-dire celles dont
se compose le trafic ou négoce, offrent des bénéfices plus considérables. Une seconde partie de l'art
de la richesse est le prêt à intérêt; et une troisième,
le profit des salaires journaliers. Mais cette branche
se partage en arts mécaniques, et en travaux exécu-

---

(1) C'est le propre sens du mot grec παράςασις, de même que
ἀπόςασις, en termes de commerce, signifie *entrepôt*, *magasin*.
Voyez les remarques de Mr Coray, dans le premier volume
(Πρόδρομος) de sa *Bibliothèque grecque*, p. 361.

tés par des hommes qui, étant incapables d'exercer aucun art, ne sont utiles que par les services qu'on tire de leurs forces corporelles. Enfin, il est une troisième espèce d'industrie, intermédiaire entre celleci [l'industrie commerçante] et la première [l'industrie agricole]; car elle tient quelque chose de l'une et de l'autre, puisqu'elle comprend tous les produits qui naissent de la terre, et toutes les choses qu'on tire de son sein, qui, sans produire proprement des fruits, ont néanmoins leur utilité, comme les bois de construction, et en général tout ce qui se tire des mines. Il y en a même déja plusieurs genres; car il y a bien des espèces de produits que la métallurgie tire de la terre.

3. Voilà pour le moment ce qu'il y avait à dire, en général, sur chacun de ces objets : quant aux détails plus exacts et plus particuliers, ils sont utiles sans doute pour l'exécution des travaux, mais il serait ennuyeux et fatigant de s'y arrêter. Au reste, parmi les espèces diverses d'occupations ou de professions, celles où il y a le moins de hasard sont aussi celles qui exigent le plus d'art et de talent; les plus mécaniques, celles qui déforment le plus le corps de l'artisan ou de l'ouvrier; les plus serviles, celles qui exigent exclusivement l'emploi des forces corporelles; enfin les plus viles, celles à l'exercice desquelles la vertu ou force morale est le moins nécessaire.

4. D'ailleurs, comme plusieurs auteurs ont écrit sur ces matières, par exemple Charès de Paros et

Apollodore de Lemnos (1) sur la cultures des terres propres soit aux ensemensements, soit aux plantations ; et de même d'autres auteurs, sur les autres genres de travaux ou d'industrie, c'est dans leurs ouvrages que doit s'instruire quiconque veut s'appliquer à ces occupations diverses. Il faut de plus qu'il recueille les traditions éparses qui peuvent lui faire connaître par quels moyens plusieurs personnes ont réussi à s'enrichir ; car tout cela peut être fort utile à ceux qui font cas de la science de la richesse.

5. Telle est l'aventure qu'on raconte de Thalès de Milet ; car elle nous fait connaître une invention relative à cette science. Mais on la lui attribue probablement à cause de son habileté connue, car c'est d'ailleurs quelque chose d'assez ordinaire. En effet, comme on lui faisait un sujet de reproche de sa pauvreté, d'où l'on inférait l'inutilité de la philosophie, on prétend qu'ayant prévu, dès l'hiver, au moyen de ses connaissances en astrologie, qu'il y aurait une abondante récolte d'olives, il loua tous les pressoirs à huile de Milet et de Chios, à un prix fort modéré, attendu que personne ne songeait à enchérir sur lui ; et ensuite, au moment de la récolte, comme il se présentait un grand nombre de demandeurs, qui étaient fort pressés par le temps, il céda (dit-on) ses marchés aux conditions qu'il voulait, et ayant ainsi gagné beaucoup

______

(1) Le nom de cet Apollodore est cité aussi par Varron, dans son traité *De re rustica*, l. 1, c. 8.

d'argent, il fit bien voir qu'il serait facile aux philosophes de s'enrichir s'ils le voulaient, mais que ce n'est pas à cela qu'ils s'appliquent (1).

6. Telle est donc la manière dont on raconte que Thalès fit montre de son habileté; mais c'est, comme je l'ai dit, un genre de spéculation fort ordinaire, quand on est à portée de se ménager quelque monopole; aussi y a-t-il des gouvernements qui ont recours a cette ressource, quand ils manquent d'argent, et qui s'attribuent le monopole ou la vente exclusive des denrées.

7. Il y eut aussi en Sicile un homme qui employa l'argent qu'on avait déposé chez lui à acheter tout le fer qui provenait des mines, et qui ensuite, lorsque les négociants vinrent de tous les marchés pour s'approvisionner, se trouva seul dans le cas de leur en vendre. Sans même augmenter beaucoup le prix ordinaire, il ne laissa pas de faire un bénéfice de cent talents, sur cinquante qu'ilavait avancés.

8. Cependant Denis ayant été informé de ce fait lui permit à la vérité d'emporter son argent, mais il lui défendit de demeurer plus longtemps à Syracuse, comme ayant imaginé, pour s'enrichir, un

---

(1) Cicéron (*De Divinat.*, l. 1, c. 49) rapporte la même anecdote en ces termes : *Qui* (Thales *scil.*) *ut objurgatores suos convinceret, ostenderetque etiam philosophum, si ei commodum esset, pecuniam facere posse, omnem oleam, antequam florere cœpisset, in agro Milesio cœmisse dicitur. Animadverterat fortassè quâdam scientiâ olearum ubertatem fore.*

moyen contraire aux intérêts du prince. Au reste, la spéculation de ce Syracusain était la même que celle de Thalès, car tous deux avaient trouvé le moyen d'exercer un monopole. Il est même quelquefois utile à ceux qui gouvernent de connaître ce genre de ressources (1), car il y a bien des gouvernements qui sont obligés d'employer de pareils moyens pour s'enrichir, aussi-bien que les simples familles, et qui même en ont encore plus besoin. Aussi, parmi ceux qui s'occupent de l'administration des états, y en a-t-il qui sont uniquement appliqués à cette partie [de la science politique, c'est-à-dire celle des finances].

V. Puisqu'il y a , comme nous l'avons reconnu, trois parties dans l'administration de la famille, savoir, l'autorité du maître, dont il a été question précédemment, celle du père, et celle de l'époux ;

-----

(1) On trouve, parmi les ouvrages d'Aristote, un petit traité intitulé *OEconomica*, qui n'est certainement pas de ce philosophe, et dont l'auteur a recueilli un nombre assez considérable d'exemples de ce genre d'industrie, et d'autres traits de violence ou de fourberie encore plus odieux, attribués à des rois, princes, ou républiques. « De quoy (dit L. Leroi, dans ses « notes sur cet endroit de sa traduction) n'est besoing escrire « livres, parce que ès cours des rois, et ès maniemens des au- « tres gouvernemens, se trouvent toujours assez de tels inven- « teurs, voire plus, bien souvent, qu'il ne seroit besoing : à la « grande foulle et oppression des subjects, et peu d'avantage « des seigneurs, qui ne s'en enrichissent guères, despendant « tout à la mesure qu'ils aient, apportant la facilité de recou- « vrer facilité de despendre. »

laquelle en effet s'étend sur la femme et sur les enfants, mais considérés, les uns et les autres, comme libres. Aussi ne s'exerce-t-elle pas alors tout-à-fait de la même manière, mais elle est, à l'égard de la femme, comme un pouvoir politique ou civil, et à l'égard des enfants, comme un pouvoir royal. Car naturellement l'homme est plus fait pour commander que la femme (à moins que cet ordre naturel ne soit interverti dans certains cas et dans certains lieux); le plus âgé et le plus accompli doit avoir l'autorité sur celui qui est encore enfant, et dont les facultés sont à peine développées.

2. Toutefois, dans la plupart des magistratures civiles, le pouvoir passe alternativement de ceux qui l'exerçaient d'abord, aux mains de ceux qui y obéissaient. Car on prétend que l'égalité est du fait même de la nature, et l'on veut qu'il n'y ait aucune différence entre les citoyens; quoique d'un autre côté, quand l'autorité est le partage des uns, et l'obéissance celui des autres, on tend à introduire des distinctions, soit par la forme des habits, soit par le langage, soit par les honneurs ainsi qu'Amasis le fit entendre [aux Égyptiens] par le discours qu'il leur tint au sujet du vase à laver les pieds (1). Au reste, le rapport de supériorité existe

____

(1) Hérodote (l. 2, c. 172) raconte ainsi ce trait d'Amasis : « Lorsqu'il eut succédé au roi Apriès, les Égyptiens le méprisaient, et ne faisaient pas grand cas de lui, comme étant un simple citoyen et d'une famille peu illustre. Mais ensuite,

constamment de l'espèce mâle à l'espèce femelle ; mais l'autorité qui s'exerce sur les enfants est royale, car le caractère d'une tendre affection jointe à la supériorité de l'âge, qui est celui de la paternité, est aussi celui de la royauté. C'est pourquoi Homère en nommant Jupiter *père des hommes et des dieux*, l'appelle avec raison le *roi* de tous ces êtres. Car il faut que le roi tienne de la nature des avantages incontestables, bien qu'il soit de la même espèce que ceux sur qui il a autorité ; or, c'est précisément le cas du plus âgé, par rapport au plus jeune, et du père par rapport à son fils.

3. Il est évident, d'après cela, que l'on doit donner plus d'application à l'économie qui a rapport aux hommes, qu'à celle qui est uniquement rela-

---

« Amasis, par sa prudence et son adresse, sut les ramener à lui.
« Il avait, entre autres objets précieux, un bassin d'or qui servait
« ordinairement à laver les pieds à lui et à ses convives. Il le fit
« briser et fondre pour en faire la statue d'un dieu, qu'il fit pla-
« cer dans l'endroit de la ville le plus convenable pour cela. Les
« Égyptiens, en allant et venant, ne manquèrent pas de prodi-
« guer à cette statue de grandes marques de vénération. Amasis
« en ayant été informé, les fit convoquer en assemblée, et leur
« déclara que cette statue avait été faite d'un bassin où ils avaient
« coutume de vomir, d'uriner et de se laver les pieds, et que
« maintenant ils la vénéraient grandement : à quoi il ajouta qu'il
« lui était arrivé la même chose qu'à ce bassin ; que s'il avait
« été auparavant un simple citoyen, actuellement il était leur
« roi, et il leur ordonna de l'honorer et d'avoir de la considé-
« ration pour lui. Par ce moyen, il s'attira leur affection, au
« point qu'ils consentirent volontiers à lui demeurer soumis. »

tive à la possession des choses inanimées ; plus aux moyens de rendre les hommes vertueux, qu'aux moyens d'acquérir ce qu'on appelle de la richesse ; enfin plus [à la direction] des hommes libres, qu'à celle des esclaves. Et d'abord, quant à ceux-ci, la question est de savoir, si, outre les qualités purement corporelles, et qui le rendent propre au service, un esclave peut avoir quelque autre vertu d'un plus grand prix, comme la modération, la justice, le courage, et quelque autre habitude ou disposition de ce genre ; ou bien s'il n'y a en lui que les qualités qui le rendent propre au service. Car l'affirmative et la négative, sur cette question, sont également sujettes à difficulté. En effet, si les esclaves sont capables de quelque vertu, quelle différence y aura-t-il entre eux et les hommes libres ? et, d'un autre côté, dire qu'ils en sont incapables, bien qu'ils soient hommes et qu'ils aient la raison en partage, cela semble étrange.

4. La même difficulté à peu près se présente à résoudre au sujet de la femme et de l'enfant : sont-ils aussi susceptibles de vertu ? faut-il, ou non, que la femme soit sobre, courageuse et juste, que l'enfant soit docile et tempérant ? Enfin, il s'agit d'examiner, en général, si celui que la nature a fait pour commander, et celui qu'elle a fait pour obéir, doivent avoir les mêmes vertus, ou s'ils en doivent avoir de différentes ? et s'il faut que l'honneur et la probité soient également le partage de l'un et de l'autre, pourquoi l'un serait-il, en tout et partout, destiné à commander, et l'autre

à obéir? car enfin, il n'est pas possible que cette différence tienne au plus ou au moins, puisque commander et obéir diffèrent dans l'espèce, et non dans le degré.

5. Mais s'il faut que celui-là ait des vertus, et non pas celui-ci, ce serait quelque chose de bien surprenant. En effet, si celui qui commande ne doit être ni modéré ni juste, comment exercera-t-il son autorité d'une manière convenable? et si c'est celui qui obéit, comment pourra-t-il obéir comme il faut? car, étant indocile et lâche, il ne saura remplir aucun de ses devoirs. Il suit évidemment de tout ceci que l'un et l'autre doivent avoir de la vertu, mais qu'il y aura de la différence entre leurs vertus, comme il y en a dans ceux que la nature a faits pour obéir. Et ceci nous ramène à ce qui a déja été dit de l'ame; car il y a en elle une partie que la nature a faite pour commander, et une autre qu'elle a faite pour obéir; et dans chacune d'elles nous reconnaissons une propriété ou qualité différente: par exemple, la présence de la raison [dans l'une], et l'absence, ou la privation de la raison [dans l'autre].

6. On voit donc clairement qu'il en est de même de tous les autres [êtres]; en sorte que la nature elle-même a destiné le plus grand nombre d'entre eux à commander et à obéir. Car l'homme libre exerce sur l'esclave une autorité qui n'est pas la même que celle du mari sur la femme, ni que celle du père sur ses enfants; et néanmoins les parties de l'ame sont dans chacun de ces êtres,

mais elles y sont différentes. Car l'esclave est entièrement privé de la faculté de délibérer (1); la femme la possède, mais faible et inefficace; et l'enfant l'a aussi, mais incomplète et imparfaite.

7. Par conséquent, il faut nécessairement qu'il en soit de même des vertus morales; et l'on est autorisé à croire qu'elles doivent être le partage de tous, non pas sans doute de la même manière, mais seulement autant qu'il le faut pour que chacun remplisse sa tâche. Voilà pourquoi celui qui commande doit posséder la vertu dans sa perfection, car sa tâche est absolument celle de l'architecte (2) Or, [ici] l'architecte, c'est la raison; mais parmi les autres, chacun ne doit avoir de vertu qu'autant que le comporte sa situation ou sa destination.

8. Il est visible, d'après cela, que la vertu morale est une qualité de toutes les personnes dont nous venons de parler; mais que ni la modération, ni le courage, ni la justice ne doivent être les mêmes dans l'homme et dans la femme comme le croyait Socrate (3). Dans celui-là le courage est une qualité qui sert à commander; dans celle-ci, il sert à exécuter ce qu'un autre prescrit. Il en est de même des autres vertus. Au reste, cela se voit mieux encore quand on en fait l'application

---

(1) Voyez la *Morale*, l. 3, c. 2.

(2) C'est-à-dire, se borne à concevoir des plans ou des dessins que d'autres exécutent sous ses ordres.

(3) Allusion à la doctrine exposée dans le cinquième livre de *la République* de Platon, et dans le dialogue du même auteur intitulé *Ménon* (sect. 3).

aux cas particuliers; car on est sujet à se faire illusion à soi-même, quand on se contente de dire, en général, que la vertu consiste dans une bonne disposition de l'ame, ou dans la pratique des bonnes actions, ou toute autre chose de ce genre. Voilà pourquoi ceux qui s'attachent à faire l'énumération des vertus particulières, comme Gorgias, s'expriment d'une manière plus satisfaisante, que ceux qui se bornent ainsi à des définitions générales (1). Et, par cette raison, on doit croire qu'il en est de toutes les personnes comme de la femme, dont le poète (2) a dit,

« Un silence modeste ajoute à ses attraits » ;

mais ce n'est plus la même chose quand il s'agit d'un homme.

9. Quant à l'enfant, il est facile de comprendre qu'étant, pour ainsi dire, dans un état d'imperfection, la vertu n'est pas en lui absolue ou uniquement relative à lui-même, mais relative à l'homme accompli et à celui qui le dirige ou le gouverne. Il en est ainsi de l'esclave à l'égard du maître; d'où il suit évidemment qu'il ne lui faut que peu de vertu, et seulement autant qu'il est nécessaire, pour que jamais il ne manque à ses travaux, soit par indocilité, soit par défaut de courage (3).

----

(1) Voyez *la Morale*, l. 2, c. 7, au commencement, to. 1, p. 72 de notre traduction.

(2) Voyez l'*Ajax* de Sophocle, vs. 293.

(3) La faiblesse et (il faut bien le dire) l'absurdité des raisonnements d'Aristote, sur toute cette question de l'esclavage,

10. Mais on pourra nous demander, en supposant véritable ce qui vient d'être dit, s'il faut donc que les simples ouvriers aient de la vertu (car il leur arrive souvent, par inconduite, de négliger leurs travaux); ou bien, est-ce ici un cas tout différent? En effet [dira-t-on peut-être] l'esclave vit en commun avec son maître; mais l'artisan est plus indépendant, et sa condition ne comporte qu'un degré de vertu proportionnel à celui de sa dépendance, puisque l'artisan, voué aux professions mécaniques, n'est assujetti qu'à une servitude

---

sont une preuve de l'égarement inévitable où tombent les esprits même les plus éminents, quand une fois ils ont adopté des principes faux ou des données inexactes. Mais rien n'est plus remarquable, en ce genre, et relativement à cette question particulière, que la contradiction manifeste où sont tombés les auteurs et les interprètes des lois romaines. Ils définissent la servitude, « une constitution du droit des gens, ou des nations, « en vertu de laquelle un homme se trouve soumis, *contre nature*, « à la domination d'un autre ». *Servitus autem est constitutio juris gentium, quâ quis dominio alieno* contra naturam *subjicitur.* (Institut. l. 1, Tit. 3, § 2.) Ce que les commentateurs ont fort bien interprété, en disant que les hommes réduits en servitude étaient considérés comme des *choses*, et non comme des *personnes. Redacti in hanc conditionem non pro personis, sed pro rebus, immo pro nullis habebantur.* (Heinecc. *Antiq. rom.; Jurisprud. illustr.*, p. 94, édit. Francf. 1771.) Or, assurément il n'y a sur la terre aucune puissance capable de faire qu'un homme soit une chose, ni de faire qu'une chose soit un homme. Aussi tous ceux qui ont tenté de réaliser cette atroce et monstrueuse absurdité, ne sont-ils parvenus qu'à établir un état d'inimitié irréconciliable, une guerre à mort toujours subsistante, entre le maître et l'esclave.

limitée. Enfin l'esclave est tel par nature, au lieu que nul n'est destiné par la nature au métier de cordonnier, ou à toute autre profession mécanique.

11. Il est donc évident que c'est le maître qui doit être pour l'esclave la cause de la vertu qui lui est propre, et non celui qui posséderait un certain talent pour apprendre aux esclaves à bien faire leur service (1). Aussi ceux qui prétendent que l'esclave est un être dépourvu de raison, et qu'il faut se borner à lui commander ce qu'on exige de lui, ont-ils très-grand tort; car il est plus nécessaire de diriger les esclaves par de sages conseils, que les enfants eux-mêmes (2). Mais c'est assez s'être étendu sur ce sujet. Quant à ce qui regarde le mari et la femme, le père et les enfants, les vertus propres à chacun d'eux, leur commerce réciproque, ce qui leur est honorable et avantageux, ou, au contraire, ce qui ne l'est pas, et comment ils doivent rechercher l'un et l'autre, il faut nécessairement considérer tous ces objets en détail dans un traité sur le gouvernement.

12. Car, puisque chaque famille est une portion

---

(1) Plutarque (*in Crasso*, c. 2, t. 3, p. 298 de l'édit. de Mr Coray) nous apprend que Crassus présidait lui-même à l'instruction de ses esclaves. « Tout doit se faire par leurs soins, « disait-il, mais c'est au maître à les régir et à les gouverner « lui-même. »

(2) On croit qu'Aristote fait ici allusion à un passage de Platon (*De Legibus*, l. 6, p. 777 extr.), dont il fait une censure indirecte.

de la cité, puisque les personnes dont nous venons
de parler sont les parties de la famille, et que la
vertu de la partie doit être en rapport avec le tout,
il faut nécessairement qu'on dirige l'éducation des
femmes et des enfants, en ayant égard à la forme
particulière du gouvernement, s'il est vrai que l'état
soit intéressé, pour son bien, à ce que les femmes
soient vertueuses, et les enfants sages et dociles.
Or, il y est nécessairement intéressé ; car les femmes
sont une moitié des personnes libres, et les enfants
sont destinés à prendre un jour part au gouvernement. Ainsi, après avoir établi sur ce sujet les
principes que l'on vient de voir, il faudra revenir
ailleurs sur ce qui reste à en dire. Mais, sans nous
y arrêter davantage, commençons à nous occuper
d'autres objets ; et d'abord, examinons les opinions
de ceux qui ont exposé leurs pensées sur la meilleure forme de gouvernement.

LIVRE II.

ARGUMENT.

I. La recherche du système d'organisation sociale le plus parfait, exige que l'on connaisse, non-seulement les divers modes de gouvernement actuellement existants, mais même ceux qui ont été imaginés et proposés par divers écrivains ou philosophes. Et d'abord faut-il que tous les citoyens participent à l'autorité, les uns plus, les autres moins, ou que quelques classes plus ou moins nombreuses en soient exclues? Platon voulait que les femmes mêmes et les enfants fussent possédés en commun, afin que la cité qu'il concevait ainsi fût plus *une:* mais la cité ne cesserait-elle pas d'être cité, si on la ramenait ainsi à l'unité, puisque son essence est d'être composée d'une multitude? Sans doute, il y aurait quelque avantage à laisser toujours l'autorité à ceux qui sauraient l'exercer, mais ce serait détruire l'égalité et la liberté. En un mot, la nature des sociétés civiles ne comporte pas le mode d'unité que Platon a voulu établir : la communauté des femmes et des enfants, entre beaucoup d'inconvénients fort graves qui la rendent nuisible ou dangereuse, a celui d'affaiblir et presque d'anéantir les sentiments les plus naturels et les plus chers au cœur humain, ceux qui naissent des liens de famille. Une pareille institution offre dans son exécution, même telle que Platon l'a conçue, des embarras et des difficultés qui la rendent tout-à-fait impraticable. — II. Il y a des objections non moins fortes contre le système de la communauté des biens tel qu'il est proposé dans la République de Platon; car l'amour de soi est un des sentiments les plus impérieux et les plus naturels au cœur de l'homme, et l'on ne saurait exprimer quelle satisfaction naît de la pensée qu'une chose nous appartient en propre. D'ailleurs il ne suffisait pas de considérer les inconvénients que peut prévenir le système proposé, il fallait aussi tenir compte des avantages dont il prive. Cette manière d'établir l'unité dans un état est donc bien imparfaite; mais une direction convenable, donnée à l'éducation de la jeunesse, y contribuerait plus efficacement. L'extrême inégalité qui, dans le système de Platon, doit nécessairement avoir lieu entre la classe des gardiens ou guerriers, d'où sont tirés les magistrats, et celle des laboureurs, auxquels on ne donne presque aucune éducation, doit aussi rendre ces deux classes entièrement ennemies l'une de l'autre, et faire comme deux sociétés ou deux cités en une. Enfin, la vie austère, et composée d'une suite de sacrifices continuels qui sont imposés à ces guerriers, en fera des hommes très-malheureux, et, dans un pareil état de choses, qui donc sera heureux, si ceux même qui jouissent de tous les avantages et de tous les priviléges ne le sont pas ? — III. Il semble que Platon, dans son traité *des Lois*, ait voulu réformer sa première hypothèse, et la rapprocher davantage de ce qui est pratiqué et praticable ; mais, à l'exception de la communauté des femmes et des biens, il y revient insensiblement au plan de sa première république ; seulement, il ajoute aux repas communs des hommes, une semblable institution pour les femmes. Il augmente aussi le nombre des individus qu'il présume nécessaires pour l'établissement d'un pareil système, et ce nombre suppose la possession d'un territoire immense. Il ne détermine pas avec assez de précision la quantité des biens nécessaires à l'existence de chaque citoyen ; et ne songe pas, en établissant l'égalité des propriétés, à assigner des limites à l'accroissement de la population. Il prétend qu'un gouvernement parfait doit se composer de tyrannie et de démocratie, deux modes qui ne sont réellement pas des gouvernements, ou qui sont les pires de tous. Mais celui qu'il propose n'est composé que d'éléments oligarchiques et démocratiques, ou plutôt penche entièrement vers l'oligarchie, comme le prouve l'examen du système d'élection des magistrats tel qu'il l'a conçu. — IV. Phaléas de Chalcédoine a aussi imaginé un système de gouvernement qui avait pour base l'égalité des fortunes entre les citoyens ; mais il n'est guère possible de parvenir à ce but, sans assigner des limites à l'accroissement de la population. Solon eut des vues à peu près pareilles, comme le prouvent plusieurs de ses lois. Phaléas voulait encore l'égalité dans l'éducation de tous les citoyens ; mais il ne dit point quelle sera cette éducation : et d'ailleurs, il faudrait ajouter à ces deux sortes d'égalité, celle des honneurs. La somme totale des richesses qu'une cité doit posséder, aurait été aussi une chose utile à déterminer ; mais Phaléas n'a rien marqué avec précision. Peut-être la quotité des richesses doit-elle être telle qu'elle n'offre point un appât à l'avidité de voisins plus forts. Au reste, la cupidité des hommes étant, de sa nature, insatiable, il vaut mieux s'attacher à modérer leurs désirs, qu'à établir parmi eux l'égalité des biens. — V. Dans le projet de république imaginé par Hippodamus de Milet, on remarque la division du peuple en trois classes, artisans, laboureurs, guerriers ; et une division du territoire aussi en trois parts, l'une consacrée aux dieux, une autre appartenant au public, et la troisième aux particuliers : un système d'organisation des tribunaux, qui, de même que la division du territoire, présente des difficultés graves et des inconvénients assez nombreux : une loi particulière en faveur de ceux qui avaient rendu d'importants services à l'état, qui donne également lieu à de fortes objections. La question de savoir si l'on doit changer facilement et fréquemment les lois d'un état, est de la plus haute importance : de pareils changements ne sont jamais sans danger ; et l'on ne saurait y apporter trop de maturité et de circonspection. — VI. C'est un principe généralement admis, que les citoyens d'un état bien organisé doivent être affranchis des soins qu'exigent les besoins de première nécessité. Mais, dans la pratique, il présente une grande difficulté, c'est de concilier l'esclavage d'une partie des habitants avec la sécurité des citoyens. Le relâchement dans la conduite des femmes est aussi une cause de graves désordres dans les

états. C'est ce que prouve l'exemple de Sparte. Lycurgue, qui
en fut le législateur, négligea trop cet article important. L'inégalité des fortunes est encore un des vices du gouvernement
de Lacédémone; elle a été l'effet de la loi sur les héritages, en
vertu de laquelle deux cinquièmes du territoire sont devenus
la propriété des femmes. L'organisation du tribunal des Éphores,
qui disposent d'un très-grand pouvoir, est vicieuse en ce que
ces magistrats, qui peuvent être pris parmi les citoyens les
plus pauvres, sont souvent très-faciles à corrompre, et ont été
la plupart du temps des hommes très-corrompus. Le mode
d'élection des sénateurs et les réglements de ce corps ont aussi
empêché le bien qu'il pouvait faire. Le pouvoir des rois à Sparte
est trop étendu d'une part, et trop restreint à d'autres égards.
L'institution des repas publics est soumise à des conditions qui
lui ôtent le caractère de popularité qu'elle devait avoir. Enfin,
un des vices essentiels du gouvernement de Sparte, c'est la
prééminence que les institutions tendent à donner au courage
militaire sur toutes les autres vertus. — VII. La constitution
de Crète ressemble à bien des égards à celle de Lacédémone,
à laquelle elle a servi de modèle. Les repas publics sont mieux
réglés dans cette île qu'à Sparte. Les réglements relatifs à la
sobriété dans le vivre y sont sages. La magistrature des *Cosmes*
y tient lieu de celle des Éphores à Sparte; mais on y a recours,
dans le cas de plaintes plus ou moins fondées contre les magistrats, à un remède violent et dangereux, c'est-à-dire l'anarchie et la guerre civile; aussi ce pays a-t-il dû la conservation
de son indépendance à sa situation géographique, plus qu'à la
bonté de sa constitution politique. — VIII. Le gouvernement
des Carthaginois, supérieur à celui de la plupart des autres
peuples, a d'ailleurs plusieurs traits de ressemblance avec celui
de Lacédémone. La constitution de Carthage semble offrir un
exemple d'un genre mixte ou intermédiaire entre l'aristocratie
et l'oligarchie, puisque, dans le choix des premiers magistrats,
on a égard au mérite et à la fortune. C'est un vice de cette
constitution que de permettre qu'une même personne exerce
les fonctions de plusieurs emplois différents. On y remédie

aux inconvénients de la tendance trop oligarchique du gouvernement, en enrichissant successivement diverses portions du peuple. — IX. Quant à la constitution d'Athènes, c'est à tort qu'on reproche à Solon, qui en fut l'auteur, d'avoir exagéré le système démocratique. C'est plutôt Éphialtès et Périclès qu'il faut accuser d'avoir altéré en ce sens les lois de Solon, qui paraît n'avoir accordé au peuple que le pouvoir le plus indispensable, celui d'élire les magistrats, et de se faire rendre compte de leur gestion. Zaleucus et Charondas ont été aussi des législateurs célèbres chez les peuples de l'Italie inférieure. Philolaüs de Corinthe donna des lois aux Thébains. Dracon en avait aussi donné aux Athéniens avant Solon, Pittacus aux Mityléniens, ses compatriotes, et Androdamas aux Chalcidiens de Thrace.

I. Puisque nous entreprenons de considérer quelle est l'espèce de société civile la plus parfaite, pour des hommes qui ont d'ailleurs tous les moyens de vivre au gré de leurs vœux, il faut aussi que nous examinions non-seulement les formes diverses de gouvernement en usage dans les états qui passent généralement pour bien administrés, mais encore celles qui ont été imaginées par quelques [écrivains ou philosophes] et qui semblent sagement combinées ; afin qu'on soit à même d'apercevoir ce qui peut s'y trouver de sage et d'utile, et aussi afin qu'on ne croie pas que la recherche de quelque forme différente de celles-ci n'est qu'une fantaisie de gens qui veulent faire montre de leur savoir et de leur sagacité ; mais qu'on voie au contraire, que nous nous livrons à cette recherche, uniquement parce que les gouvernements qui existent aujourd'hui ne sont pas bien organisés (1).

2. Or, il convient d'entrer dans cet examen par une première considération qui appartient naturellement à ce sujet ; car il faut nécessairement que tous les citoyens participent en commun à tout, ou à rien, ou seulement à de certaines choses et non à d'autres. Mais il est évidemment impossible qu'ils soient entièrement exclus de toute participation à quelque chose que ce soit, puisque la société politique est une sorte de communauté. Le sol doit au moins être commun à tous, car l'unité de lieu constitue l'unité de cité, et les citoyens sont

---

(1) Une tendance naturelle et inévitable de l'esprit humain le porte à perfectionner ses institutions sociales, et à améliorer, autant qu'il est possible, sa condition présente. « Car, comme le remarque Lactance, Dieu a donné la raison à tous les hommes, afin que chacun puisse, selon ses moyens, s'instruire de ce qu'il ignore, et soumettre à l'examen ce qu'on lui a enseigné : et il ne faut pas croire que ceux qui nous ont précédés dans le temps, nous aient également surpassés en raison. Elle ne leur appartient pas plus exclusivement que la lumière du soleil. Et puisque la sagesse n'est que l'étude du vrai, c'est anéantir toute sagesse qu'approuver sans discernement tout ce qu'ont adopté nos ancêtres, et se laisser conduire aveuglément comme de vils troupeaux. On se trompe quand on s'imagine qu'il est impossible d'être plus éclairé que ceux qu'on appelle anciens, ou que les hommes d'à présent sont dans l'erreur. Qui donc nous empêcherait de suivre l'exemple de ceux qui nous ont précédés, et de transmettre à la postérité les vérités que nous aurons découvertes, au lieu des erreurs nombreuses qui nous ont été transmises par nos ancêtres ? » Voy. *Lactant.* l. 2, c. 8.

ceux qui habitent en commun une même cité. Mais premièrement, est-il plus avantageux, pour que la cité soit bien administrée, que tous les citoyens prennent part à tout ce à quoi il est possible de les faire participer? ou bien, vaut-il mieux qu'ils soient admis à de certaines fonctions, et exclus de quelques autres? En effet, on peut leur attribuer en commun la possession des enfants, des femmes et des propriétés de toute espèce, comme dans *la République* de Platon; car Socrate veut que les femmes et les enfants y appartiennent à tous, de même que les biens : cependant vaut-il mieux que cet objet soit réglé comme il l'est à présent parmi nous, ou comme le prescrit la loi proposée dans cet ouvrage de Platon?

3. La communauté des femmes entre tous les citoyens offre encore bien d'autres difficultés, et le motif que Socrate assigne à cette institution ne semble pas être une conséquence exactement déduite de son raisonnement. De plus, elle paraît incompatible avec la fin qu'il prétend s'être proposée, et que toute cité doit, suivant lui, se proposer comme on vient de le dire; et d'ailleurs il n'indique nullement les restrictions ou distinctions qu'il convient d'y apporter. Il veut que la cité soit *une* le plus qu'il est possible (1), attendu que c'est ce qu'il y a de plus avantageux pour elle, au moins suivant le système de Socrate, et dans l'hypothèse qu'il adopte.

Voy. *Platon. Republ.* l. 5, p. 462.

4. Cependant il est visible que la cité, à mesure qu'elle se formera et qu'elle deviendra plus une, ne sera plus *cité* ; car naturellement toute cité se compose d'une multitude. Et en la supposant le plus qu'il est possible ramenée à l'unité, on réduira la cité à une famille, et la famille à un individu, puisque le mot *un* doit plutôt se dire de la famille que de la cité, et de l'individu plus que de la famille. En sorte que si l'exécution d'une pareille conception était praticable, il ne faudrait pas l'entreprendre, car ce serait anéantir la cité. D'ailleurs, la cité ne se compose pas seulement d'une multitude d'hommes, elle se compose encore de différentes espèces d'hommes ; elle ne subsisterait pas s'ils étaient tous semblables et égaux. Car une société politique n'est pas la même chose qu'une alliance entre des peuples unis pour la guerre, puisque c'est la quantité qui fait la force et l'avantage de celle-ci, quand même les parties constituantes seraient égales et semblables ; attendu que l'alliance ne se forme naturellement qu'en vue de se procurer une assistance réciproque. C'est le cas d'une balance, où le poids le plus fort doit emporter le plus faible.

5. Telle sera aussi la différence qu'il y aura entre une cité et une nation, c'est-à-dire lorsqu'un peuple ne vit pas dispersé dans des bourgades séparées, à la manière des Arcadiens (1). Car les

____

(1) Il est assez difficile de dire à quelle partie et à quelle époque de l'histoire des Arcadiens notre philosophe fait ici

éléments de ce qui doit être *un* sont d'espèces différentes. Aussi est-ce l'égalité par compensation (1)
qui seule peut conserver la cité, ou la société civile, ainsi qu'il a été dit précédemment dans le
Traité de morale (2). C'est d'ailleurs ce qui doit inévitablement avoir lieu parmi des hommes libres et
égaux ; car il n'est pas possible que tous exercent
l'autorité en même temps : ils ne peuvent l'exercer
chacun que pour un temps limité, soit un an, ou
tout autre intervalle, et suivant un ordre déterminé.
Ce n'est que de cette manière que tous peuvent
commander, comme il arriverait si les cordonniers
et les charpentiers, par exemple, exerçaient tour
à tour la profession les uns des autres, et que les
mêmes individus ne fussent pas toujours cordonniers et charpentiers.

6. Or, comme il vaut mieux, dans ce cas, que les
choses soient ainsi, il s'ensuit évidemment que, dans
la société civile, il vaudrait mieux aussi que l'au-

---

allusion, parce qu'il ne nous reste que peu de documents sur
ce peuple, d'ailleurs remarquable par la simplicité et la douceur de ses mœurs, dont Polybe (*Hist.* l. 4, c. 20 et 21) nous a
laissé une esquisse rapide et curieuse. Quelques commentateurs
ont supposé qu'Aristote avait voulu ici faire allusion à la fon-
dation de *Mégalopolis*, peu après la bataille de Leuctres (**Voy.**
Xenoph. Hellenic. l. 6, c. 5, § 3) : mais ce n'étaient pas seulement des Arcadiens qui se réunirent dans cette ville, par les
soins et les conseils d'Épaminondas ; il y avait avec eux un grand
nombre d'exilés Messéniens.

(1) Voyez *la Morale*, l. 5, c. 5.
(2) Voyez *la Morale*, l. 5, c. 8.

torité fût toujours dans les mêmes mains, si cela était possible. Mais lorsque cela ne l'est pas, entre des hommes qui sont naturellement égaux (et aussi parce qu'il est juste que tous participent au pouvoir, soit qu'on le considère comme un avantage, ou comme un inconvénient), alors il vaut mieux se rapprocher de ce mode de gouvernement, en faisant passer successivement l'autorité entre les mains des citoyens égaux entre eux. Car, de cette manière, tous commandent et obéissent tour à tour, comme s'ils devenaient en effet d'autres hommes. C'est ainsi que ceux qui commandent doivent exercer, à tour de rôle, les uns une magistrature, et les autres une autre (1).

7. Il est donc évident, d'après cela, que la nature de la société civile ne comporte pas la sorte d'unité que quelques personnes prétendent y introduire, et que ce qui, suivant eux, serait le plus grand avantage des républiques, est précisément ce qui tend à les détruire. Cependant, c'est le bien propre à chaque chose qui assure la durée de cette chose. Mais on peut démontrer encore, d'une autre manière, que la tendance exagérée vers l'unité n'est pas ce qu'il y a de plus avantageux pour la société civile. En effet, une famille est plus capable

---

(1) « Plus pernicieuse et dommageable peste ne peut entrer « en une république (ou société civile), que si aucune partie « d'icelle devient plus forte que les autres. Car il est impossible « que l'union puisse durer entre les citoyens, quand le droict « n'y est également gardé. » *L. Leroi.*

de se suffire à elle-même qu'un individu, et une république l'est plus qu'une famille; la république même n'existe proprement que lorsque le lien social qui unit la multitude l'a mise en état de se suffire à elle-même. Si donc la situation qui offre le plus cette dernière condition est celle qu'il faut préférer, il s'ensuit que ce qui a moins le caractère de l'unité est préférable à ce qui l'a plus.

8. Et même, en supposant que ce fût un grand avantage de réduire la république à la plus parfaite unité, Socrate ne semble pas démontrer cette proposition par un raisonnement fort exact, lorsqu'il veut que tous les citoyens disent *mien* et *non-mien* en parlant d'une même chose. Car tel est le caractère qu'il assigne à cette unité parfaite de la république. Le mot *tous*, en effet, a un double sens : si donc on le prend dans le sens partitif (1), cela serait peut-être plus conforme au but que ce philosophe se propose, puisque alors chacun pourrait dire, en parlant d'une même personne, que c'est son fils, ou que c'est sa femme, et il en serait de même des biens, et de toutes les autres circonstances qui lui sont propres.

9. Mais ce n'est pas en ce sens que pourront le dire ceux qui possèdent en commun les enfants et les femmes; le mot *tous* les désignera collectivement, et non pas chacun d'eux en particulier : il en sera de même de la propriété, elle appartiendra à

----

(1) Comme désignant chaque individu en particulier.

tous, et non à aucun individu. Il y a donc un paralogisme, ou une équivoque manifeste dans l'emploi du mot *tous*. Car c'est précisément à cause de leur double signification que les mots *tous*, et *tous deux*, sont *pair* et *impair*, ce qui les rend propres, dans les disputes, à la composition des syllogismes contentieux. Voilà pourquoi cette proposition : que tous disent *mien*, en parlant d'une même chose, exprime dans un sens [partitif] une pensée fort belle sans doute, mais impossible à réaliser ; et dans l'autre sens [le collectif], elle serait peu propre à établir la concorde (1).

10. Mais elle a encore un autre inconvénient : c'est que rien n'inspire moins d'intérêt qu'une chose dont la possession est commune à un très-grand nombre de personnes ; parce que, si l'on attache une grande importance à ce qui nous appartient en propre, on en attache bien moins à ce qu'on possède en commun, ou du moins chacun ne s'y intéresse qu'en ce qui le concerne. On s'en inquiète même moins, comme de choses qui touchent d'au-

---

(1) Il y a bien ici un peu de cette subtilité excessive qu'on a reprochée avec raison à Aristote, et dont Alexandre, au rapport de Plutarque (*In Alex.* c. 74), se moquait quelquefois. Au reste, en disant que *tous* et *tous deux* expriment à la fois le nombre pair et le nombre impair, suivant qu'on les prend dans un sens collectif ou partitif, il veut dire que *douze*, par exemple, comme collection d'unités, font un nombre pair ; mais que ces unités prises chacune à part, ou par parties de quatre unités chacune, feront des nombres impairs.

tres personnes. C'est ainsi que, dans le service domestique, un grand nombre de valets s'acquittent
quelquefois de leurs devoirs avec plus de négligence
qu'un nombre moins considérable.

11. Chaque citoyen (je suppose) aura mille fils,
qui tous seront ses enfants, non pas en tant qu'il
est un individu, au contraire l'un quelconque d'entre eux sera aussi le fils du premier citoyen qu'il
rencontrera ; en sorte que tous s'intéresseront également peu à lui. De plus, chacun ne pourra appeler *mien* quelque citoyen, heureux ou malheureux,
qu'à proportion du nombre dont il est lui-même
(pour ainsi dire) une partie aliquote : il ne pourra
que dire, par exemple, C'est mon fils, ou celui de
tel autre ; parlant ainsi de chacun des mille, ou de
tout autre nombre de citoyens dont la cité se compose, sans pouvoir rien affirmer avec certitude,
puisqu'on ne sait pas quel est celui d'entre eux qui
a eu un enfant, ou dont l'enfant a survécu.

12. Cependant vaut-il mieux que chaque individu, entre deux mille, ou entre dix mille, emploie ainsi le mot *mien* pour désigner une même
chose, ou qu'il se serve de ce mot comme on le
fait communément aujourd'hui dans toutes les villes ? car c'est la même personne que l'un y appelle
son fils, la même qu'un autre y appelle son frère,
un autre son cousin, ou qu'il désigne par tel autre degré de parenté, soit de consanguinité, soit
d'alliance, nommant d'abord celui qui lui tient de
plus près, et ensuite ceux qui sont alliés des siens.
Outre cela, il donne à un autre le nom qui le dé-

signe comme appartenant à la même *phratrie* (1)
ou à la même tribu que lui. Car enfin il vaut mieux
n'être que le cousin d'un individu connu et déterminé, que d'être fils [à la manière dont le veut
Socrate].

13. Toutefois il n'est guère possible d'éviter que
quelques-uns ne soupçonnent quels sont leurs propres frères, ou leurs enfants, ou leurs pères et
leurs mères. Car il arrivera nécessairement que les
ressemblances, qui ont lieu assez communément
entre les pères ou mères et les enfants, leur four-
niront des indices presque certains. Cela arrive
même en effet, suivant le témoignage de quelques-
uns de ceux qui ont écrit de ces voyages appelés
tour du monde; car ils racontent que dans la Li-
bye supérieure, où l'on possède les femmes en commun (2), on se partage les enfants qui en sont nés,

---

(1) Le peuple d'Athènes avait été divisé anciennement en
quatre *tribus,* et chaque tribu en trois sous-divisions qu'on
appelait aussi *phratries* (φρατρίαι). Voyez Harpocration, au
mot φράτορες, et Pollux (*Onomast.*, l. 8, § III), etc.

(2) Pomponius Mela (*Geograph.* l. 1, c. 8) dit que cette coutume existait chez les Garamantes, et Hérodote (*Hist.* l. 4,
c. 180) raconte la même chose des Anses, qui habitaient les
côtes de l'Afrique, près du lac Triton. Diodore de Sicile (l. 3,
c. 31) dit que la communauté des femmes et des enfants était
établie chez les Troglodytes; le roi seul pouvait avoir une
femme à lui. Enfin, le baron *de Campenhausen,* auteur d'un
ouvrage intitulé, *Bemerkungen über Russland,* et cité par
Schneider, dit aussi que la communauté des femmes avait lieu
chez les Saporoges, et qu'elles habitaient dans des bourgs sé-
parés.

et on les discerne à la ressemblance. Il se trouve, même dans les autres espèces d'animaux, comme les bœufs et les chevaux, des femelles qui ont naturellement la faculté de produire des petits parfaitement semblables à ceux qui les ont engendrés. Telle était, entre autres, cette jument de Pharsale, qui en fut appelée *Dicæa*, [c'est-à-dire juste ou fidèle) (1).

14. Il y a encore d'autres inconvénients, qu'il n'est pas facile de prévoir, quand on établit une pareille communauté. Par exemple, les sévices, les meurtres, soit volontaires soit involontaires, les rixes et les discours injurieux: toutes choses bien plus criminelles envers des pères et mères, ou d'autres proches parents, qu'à l'égard des étrangers; et qui doivent nécessairement arriver plus fréquemment entre gens qui ne se connaissent pas, qu'entre ceux qui se connaissent. Et, quand par malheur elles ont eu lieu, si l'offenseur et l'offensé se connaissent, on peut avoir recours aux réparations prescrites par la coutume ou par les lois, au lieu que cela est impossible quand ils ne se connaissent pas.

15. Il n'est pas moins absurde, quand on établit la communauté des enfants, de se borner à interdire seulement tout commerce criminel, tandis qu'on autorise entre un père et un fils, ou entre des frères, des attachements et des familiarités

---

(1) Aristote fait encore mention de cette jument de Pharsale, dans son *Histoire des animaux*, l. 7, c. 6.

contraires à toute idée de décence ; puisque tout sentiment passionné doit, en pareil cas, être interdit. Et il est aussi peu raisonnable de ne défendre un commerce criminel que par le seul motif qu'il en résulte une volupté trop grande ; tandis qu'on semble regarder comme une chose indifférente, que ce commerce ait lieu entre un père et une fille, ou entre un frère et une sœur. Enfin, on semble regarder la communauté des femmes et des enfants comme plus utile à établir dans la classe des laboureurs que dans celle des gardes [ou défenseurs de l'état], par la raison qu'il y aura moins d'attachement réciproque entre les individus de cette classe, quand cette communauté sera établie ; et qu'il faut que cela soit ainsi, parmi des gens qui doivent être soumis à l'autorité, afin de les rendre dociles et moins enclins à tenter des innovations.

16. Mais, en général, le résultat nécessaire d'une pareille loi sera tout le contraire de ce qu'on doit attendre de lois justes et sages, précisément par la raison pour laquelle Socrate croit devoir régler (1), comme il le fait, ce qui regarde les femmes et les enfants. Car je suis persuadé qu'un sentiment universel de bienveillance est pour la société civile le plus grand des biens, puisque c'est ce qu'il y a de plus propre à la garantir de la discorde. Socrate lui-même approuve hautement que la cité soit *une* le plus qu'il est possible, et cette unité semble devoir être surtout, comme il en convient, l'œuvre

---

(1) Voyez *Platon. De Republ.* l. 5, p. 464.

de la bienveillance. C'est ce qu'Aristophane dit expressément dans le *Banquet* de Platon sur l'amour (1), puisque il y représente les amoureux comme aspirant, par la violence de leur passion, à confondre leurs existences, et à ne faire de deux individus qu'un seul et même être.

17. Cependant il faut nécessairement que de cette union si intime résulte l'anéantissement de l'un des deux, ou de tous deux à la fois. Mais une pareille intimité doit infailliblement rendre la bienveillance extrèmement faible, dans une société civile, à force d'y être, pour ainsi dire, délayée; et il est presque impossible qu'un père y dise : Mon fils; ou un fils, Mon père. Car de même qu'en mêlant un peu de miel dans une grande quantité d'eau, on obtient un mélange qui n'a plus de saveur douce; ainsi ce qu'il y a d'individuel et de touchant dans les rapports que désignent ces noms se dissipe et s'évanouit, parce que le résultat inévitable d'une pareille communauté est d'intéresser extrèmement peu un père à ses fils, des fils à leur père, et des frères les uns aux autres. Car il y a deux choses qui contribuent essentiellement à faire naître l'intérêt et l'attachement dans le cœur des hommes, la propriété et l'affection. Or, ni l'une ni l'autre ne peuvent exister dans une forme de gouvernement comme celle-là.

---

(1) Allusion à la fable ou allégorie des *Androgynes*, ou individus qui unissaient les deux sexes, racontée par Aristophane, l'un des interlocuteurs du *Banquet* de Platon, p. 321.

18. D'un autre côté, c'est un grand embarras, et une cause de grands désordres, que de savoir comment on s'y prendra pour transporter les enfants qui seront nés dans la classe des laboureurs, et les confier à celle des gardiens ; et réciproquement les enfants de ceux-ci à ceux-là (1). Il faut bien que ceux qui livrent ces enfants et ceux qui les transportent, sachent quels ils sont et à qui ils les donnent : et les inconvénients graves dont j'ai parlé tout à l'heure, les mauvais traitements, les meurtres, les passions criminelles, deviendront encore plus possibles et plus probables. Car les enfants des gardiens ne les appelleront plus ni leurs frères ni leurs pères, ni leurs mères, quand on les aura confiés à une autre classe de citoyens ; pas plus que ceux qui sont parmi les gardiens n'appelleront de ces mêmes noms ceux qui auront été confiés aux autres citoyens, en sorte qu'ils puissent se garantir de commettre à leur égard aucun des délits que nous venons de dire. Mais en voilà assez sur ce sujet.

II. Nous avons maintenant à examiner ce qui concerne la propriété ; comment il convient de l'établir dans un état qui aurait l'organisation politique la plus parfaite, et s'il faut que toutes choses y soient, ou n'y soient pas possédées en commun ? c'est une question qui peut être considérée indépendamment de tout ce que les lois auraient sta-

---

(1) C'est le sujet que traite Platon, à la fin du troisième et au commencement du quatrième livre de sa *République*.

tué d'ailleurs au sujet des femmes et des enfants. Il s'agit de savoir, quant aux biens-fonds et aux terres, en admettant que cet autre objet (la possession des femmes et des enfants) soit réglé comme il l'est aujourd'hui partout, s'il y a plus d'avantage dans la possession en commun des terres, ou dans la jouissance commune des fruits? Par exemple, est-il plus avantageux que les terres soient possédées par des particuliers, et que les fruits en soient mis en commun pour être partagés entre tous les individus, comme cela se pratique chez quelques nations; ou, au contraire, que la terre soit possédée et cultivée en commun, et que les fruits en soient distribués aux individus à mesure du besoin? (car on dit que cette sorte de communauté a lieu chez quelques peuples barbares;) ou enfin, convient-il que les terres et les fruits soient la propriété commune de tous?

2. Si l'on suppose que les terres soient cultivées par d'autres [que par les citoyens](1), ce serait un autre ordre de choses, moins sujet à difficultés. Mais si ceux qui cultivent le font pour leur propre compte, il en résultera bien des embarras; car le partage des travaux et des jouissances étant iné-

---

(1) « Comme en France les paysans labourent aux gentils- « hommes leurs terres, coupent les blés, fauchent les foins « qu'ils charient es granges et fenilz, ce qu'on appelle *corvées.* » (*L. Leroi.*) Tel était, en effet, l'état des choses en France au temps de cet écrivain, sous le règne de Charles IX, auquel il dédia sa traduction.

gal, cela donnera lieu à de vives réclamations de la part de ceux qui travaillent beaucoup et ne reçoivent que peu, contre ceux qui, sans prendre presque aucune peine, reçoivent beaucoup.

3. Au reste, la communauté de toutes les choses nécessaires aux hommes, et les rapports fréquents et habituels quand on vit ensemble (surtout pour ces choses-là), sont, en général, la source de beaucoup d'embarras, comme on peut le voir dans les associations qui se font pour des voyages lointains; car alors les événements les plus ordinaires et les moindres objets font naître, la plupart du temps, des dissensions et des querelles. Et l'on peut remarquer qu'entre nos domestiques, ceux contre qui nous nous irritons le plus facilement et le plus souvent, sont précisément ceux qui nous rendent un service personnel et habituel. Tels sont donc, entre plusieurs autres, les inconvénients que produit la communauté des biens.

4. Mais le mode de possession qui existe aujourd'hui, appuyé sur les mœurs, sur les coutumes, et régularisé par de sages lois, doit avoir un grand avantage; car il réunit ce qu'il y a de bien dans les deux systèmes dont on vient de parler, je veux dire celui de la propriété possédée en commun, et celui de la possession individuelle. Car les soins qu'on y consacre étant partagés entre les individus, loin de donner lieu à des plaintes réciproques, ne peuvent que contribuer à l'amélioration des propriétés, puisque chacun s'y applique avec assiduité, comme à son avantage personnel; et

quant à l'emploi des fruits, la vertu le rendra tel qu'il doit être, suivant le proverbe : Entre amis tout est commun.

5. On voit, même de nos jours, des traces et comme une ébauche de ce mode de possession établi dans quelques états ; ce qui fait voir qu'il n'est pas impraticable, et que parmi ceux qui sont le mieux administrés, il existe à certains égards, et pourrait être établi sous d'autres rapports ; car chaque citoyen y ayant sa propriété particulière, la consacre en partie à l'usage de ses amis, et s'en sert en partie comme d'un bien commun. Ainsi les Lacédémoniens se servent des esclaves les uns des autres, comme s'ils étaient la propriété particulière de chacun d'eux. Il en est de même des chevaux, des chiens et des provisions de bouche, s'ils ont besoin d'en faire usage, lorsqu'ils sont à la campagne(1). Il est donc évident qu'il vaut mieux sans doute que les biens appartiennent aux particuliers, mais qu'ils deviennent, pour ainsi dire, propriété commune, par l'usage qu'on en fait. Mais c'est l'affaire du législateur d'inspirer aux citoyens les sentiments propres à établir un pareil ordre de choses.

6. Au reste, on ne saurait exprimer quelle satis-

____

(1) Xénophon (*De Rep. Laced.* c. 6, § 4) dit que ceux qui, après une chasse prolongée jusqu'au soir, auraient eu besoin de quelques provisions, et ne s'en seraient pas pourvus, étaient autorisés à entrer dans une habitation, à ouvrir le buffet pour prendre la nourriture qui leur serait nécessaire, ayant soin ensuite de serrer ce dont ils n'auraient pas fait usage.

faction procure la pensée qu'une chose nous appartient en propre. Car il ne faut pas croire que l'amour de soi ait été vainement inspiré à chaque individu; c'est un sentiment naturel : au lieu que l'égoïsme est blâmé avec raison, car il ne consiste pas à s'aimer simplement soi-même, mais à s'aimer plus qu'on ne doit. Il en est de ce sentiment comme de l'amour des richesses et de celui des honneurs; ce sont des choses que presque tous les hommes aiment naturellement, mais cet amour porté à l'excès, comme il l'est chez l'avare, ou chez l'ambitieux, devient blâmable. D'un autre côté, obliger des amis, ou des personnes connues, ou même des étrangers, les secourir dans leur détresse, est la plus douce des jouissances; et l'on ne peut se la procurer qu'autant que l'on possède quelque chose en propre.

7. Or, c'est un avantage dont se privent ceux qui exagèrent le système de l'unité politique; et de plus, ils anéantissent évidemment la pratique de deux vertus, d'abord la retenue à l'égard des femmes, car c'est une chose digne d'estime et honorable que de s'interdire, par un sentiment de vertu, tout penchant pour la femme d'un autre; et ensuite la libéralité dans l'emploi de son bien, car il sera impossible, dans l'hypothèse proposée, qu'on soit généreux, et qu'on fasse aucune action libérale, puisque la libéralité ne consiste que dans la manière dont on use de ce qu'on possède.

8. Une pareille législation a sans doute quelque

chose de spécieux, et semble, pour ainsi dire, empreinte de l'amour de l'humanité. Car celui qui entend le détail des dispositions qu'elle contient y applaudit avec joie, s'imaginant qu'il en doit résulter une merveilleuse bienveillance entre tous les citoyens; surtout lorsqu'on a soin de faire ressortir tous les vices des gouvernements existants, et de les attribuer uniquement à ce que la communauté des biens n'y est pas établie : je parle des procès à l'occasion des engagements réciproques, des condamnations pour faux témoignages, des viles complaisances pour les riches, tous vices qui ne viennent que de la corruption générale, et non de ce que la communauté des biens n'existe pas.

9. Cependant on voit plus souvent des dissensions s'élever entre ceux qui ont des possessions communes qu'entre ceux dont les fortunes sont distinctes et séparées; mais on a peu d'occasions de voir des procès parmi ceux qui possèdent quelque chose en commun, comparativement au nombre considérable de ceux qu'ont entre eux les individus qui possèdent chacun en propre ce qui leur appartient. D'ailleurs, il n'est pas juste de considérer uniquement les inconvénients que peut prévenir la communauté des biens, il faut dire aussi les avantages dont elle prive. Mais un pareil genre de vie paraît tout-à-fait impossible. Enfin, l'erreur de Socrate, en ce point, doit être attribuée à ce qu'il adopte une fausse hypothèse; car il faut bien que la famille et la cité soient *unes* à certains

égards, mais non pas absolument; et [dans le système que nous combattons] il arrivera un moment où la république, par son progrès, cessera d'être une, sous quelques rapports; tandis que, sous d'autres rapports, conservant une sorte d'unité, mais étant tout près de n'être plus un état, sa situation sera veritablement pire. C'est comme si l'on faisait chanter à l'unisson un chœur de musiciens, ou si l'on n'admettait dans l'harmonie qu'une seule espèce de cadence (1).

10. Au reste, la société civile se composant nécessairement d'une multitude d'individus, comme on l'a déja dit, c'est par l'éducation commune qu'il faut la ramener, pour ainsi dire, à l'unité. Mais de s'imaginer, quand on a songé à lui donner un système d'éducation, que cela suffira pour faire aussitôt un peuple vertueux, c'est ce qui semble assez étrange, et aussi de croire que la réforme pourra s'opérer par de tels moyens, et non par les mœurs, la philosophie et les lois. Car, à Lacédémone et en Crète, par exemple, c'est par l'institution des repas publics que le législateur a établi la communauté des biens. Enfin il y a encore une chose qu'on ne doit pas perdre de vue : c'est la considération du temps et de cette longue suite de siècles, pendant lesquels une institution, qui serait véritablement bonne et sage, n'aurait pas manqué de se

____

(1) Il n'y aurait plus d'harmonie dans le premier cas, ni de rythme dans le second.

présenter à l'esprit des hommes. Car il n'y a presque rien qui n'ait été imaginé et trouvé; mais, entre tant de pensées diverses, il y en a qui n'ont pas été recueillies, et il y en a dont on ne fait pas usage, quoiqu'on les connaisse.

11. On se convaincrait pleinement de la vérité de ce que nous avons dit, si l'on voyait un gouvernement [tel que celui que Socrate propose] établi dans la réalité; car il ne serait pas possible qu'il subsistât, si l'on n'y admettait une sorte de partage des biens, en affectant les uns aux repas publics, les autres à certaines classes d'habitants, divisés en *Phratries*, ou en tribus. En sorte que tout ce qui résultera de cette législation, c'est que la classe des guerriers ne sera point occupée à la culture des terres, ce qui commence de nos jours à s'introduire chez les Lacédémoniens. D'ailleurs, Socrate ne s'est nullement expliqué sur le mode de gouvernement qui doit exister parmi des hommes entre lesquels tout est commun, et il aurait eu de la peine à le faire. Cependant, la multitude des autres citoyens est proprement la masse des habitants, au sujet desquels il n'y a rien de déterminé. On ne dit point si les propriétés seront communes entre les laboureurs, ou si elles seront distinctes pour chacun : même doute et même incertitude, à l'égard des femmes et des enfants, dans cette classe de citoyens.

12. Car, si tout est commun à tous de la même manière, quelle différence y aura-t-il entre l'une et l'autre classe? et quel sera, pour ceux qui com-

posent la classe inférieure, le dédommagement de
leur sujétion? quel motif les portera à demeurer
soumis? à moins que l'on n'ait recours à quelque
expédient à peu près du même genre que celui dont
usent les Crétois, qui, en permettant tout le reste
aux esclaves, ne leur ont interdit que les exercices
du gymnase et le droit d'avoir des armes. Si, au
contraire, tout doit être ici sur le même pied que
dans les autres états, quel sera donc le moyen d'é-
tablir cette communauté? Car il y aura nécessairement deux cités en une, et même deux cités contraires l'une à l'autre, puisque parmi les citoyens
on veut que les uns soient exclusivement les gardiens et les protecteurs de l'état, et que les laboureurs, les artisans, et les autres habitants forment une classe à part.

13. Quant aux procès, aux dissentiments, et à
tous les autres vices ou inconvénients qu'il observe
dans les autres gouvernements, ils n'existeraient
pas moins dans le système de Socrate; et pourtant
il affirme que ses citoyens, grace à l'éducation
qu'ils auront reçue, n'auront besoin que d'un
très-petit nombre de réglements relatifs, soit à la
police de la ville, soit à celle des marchés et aux
autres objets de détail; se contentant néanmoins
de pourvoir à l'éducation de la seule classe des
gardiens ou défenseurs. Il laisse aux laboureurs
la libre disposition de ce qu'ils possèdent, à condition qu'ils paient une redevance à l'état. Cependant il est bien probable que ceux-ci seront plus
indociles et plus insubordonnés que ne le sont

6.

dans certans pays ceux qu'on appelle *hilotes*, *pénestes* et *périœciens* (1).

14. Mais de savoir si ce sera, ou non, la conséquence nécessaire de son système, c'est sur quoi
l'on ne décide rien, quant à présent, ni par conséquent sur une autre question, immédiatement liée
à celle-là, savoir : quelle sera l'éducation de cette
classe, comment elle sera gouvernée, et quelles
lois il faudra lui donner? Il n'est pas même facile
de deviner (quoique ce ne soit pas une chose indifférente), comment l'existence de cette classe
pourra se concilier avec le maintien de la communauté établie dans celle des gardiens. Enfin, soit
que l'on établisse encore ici la communauté des
femmes, et la distinction des propriétés, soit que
les femmes et les biens soient en commun dans
cette classe des laboureurs, qui sera chargé de
l'administration et des travaux dans l'intérieur des
maisons, comme les hommes le sont de ceux de
la campagne?

15. Dire que les femmes doivent remplir les mêmes fonctions que les hommes, parce que cela se
passe ainsi parmi les animaux, c'est une chose absurde ; puisque les animaux n'ont rien de commun
avec l'économie domestique. Il y a aussi du dan-

---

(1) Ce qu'étaient les *Hilotes* chez les Lacédémoniens, c'est-à-
dire, des espèces de serfs attachés à la glèbe, les *Pénestes* (mot
qui signifie *hommes de peine*) l'étaient chez les Thessaliens, et
les *Périœciens* (littéralement *habitants de la banlieue*) chez les
Crétois, et chez plusieurs autres peuples.

ger à confier toujours aux mêmes personnes l'exercice des magistratures, comme le fait Socrate ; car ce doit être une cause de sédition et de révolte, en général, même parmi des hommes qui n'ont aucun sentiment de leur dignité ; à plus forte raison parmi des hommes fiers et belliqueux. Mais il est évident que Socrate est bien obligé de laisser toujours l'autorité aux mêmes personnes, puisque Dieu en créant les ames des individus de ces deux classes n'a point fait entrer le précieux métal tantôt dans les uns, tantôt dans les autres, et qu'au contraire Socrate affirme qu'au moment de leur naissance il mèle l'or divin aux ames des individus de la première classe (1), tandis qu'il ne compose qu'avec le fer ou le cuivre celles des hommes de la seconde, qui sont destinés à être artisans et laboureurs.

16. D'un autre côté, en privant ses gardiens de tout ce qui est jouissance ou bonheur, il prétend que le devoir du législateur est de rendre heureuse la cité tout entière. Cependant il est impossible qu'elle le soit, à moins que le bonheur ne soit le partage du plus grand nombre, sinon de tous ceux qui la composent. Car il n'en est pas du bonheur comme des choses qui sont en nombre pair (2) ;

____

(1) Platon (*De Rep.*, l. 3, p. 444.)

(2) Un nombre *pair* peut être composé d'autres nombres qui n'aient pas cette propriété ; ainsi, 12 est un nombre pair et peut être composé de 3, répété quatre fois, ou de 7 et de 5, qui sont des nombres *impairs*.

cette propriété peut être celle de la somme totale,
quoiqu'elle ne soit celle d'aucune de ses parties;
mais, en fait de bonheur, cela est impossible. Cependant, si les protecteurs de l'état ne sont pas heureux, quels seront donc ceux qui pourront l'être?
Ce ne seront pas apparemment les artisans, ni la
foule de ceux qui exercent les professions mécaniques. Telles sont les difficultés que présente la
république dont Socrate a tracé le plan; on pourrait y faire encore d'autres objections, non moins
difficiles à résoudre.

III. Le traité *des Lois*, composé postérieurement [à celui *de la République*] contient des choses à peu près semblables; et, par cette raison, il
conviendra de s'y arrêter un moment, pour examiner la forme de gouvernement qui y est proposée;
d'autant plus que, dans la *République*, Socrate ne
traite d'une manière précise que quelques articles
en très-petit nombre, comme la communauté des
enfants et des femmes, la manière dont il faut l'établir, et l'ordre qui doit régir l'administration. Car
il divise en deux parts la multitude des habitants,
l'une comprenant les cultivateurs, l'autre les défenseurs de l'état; et il forme, parmi ceux-ci, une
troisième classe, composée de ceux qui seront chargés de délibérer sur les affaires publiques, et à qui
sera confiée l'autorité souveraine. Quant aux laboureurs et aux artisans, faudra-t-il les exclure de
toutes les magistratures, ou les faire participer à
quelques-unes, leur permettre d'avoir des armes
et de concourir à la défense du pays, ou les ex-

clure de ces fonctions? Socrate ne s'explique sur aucun de ces points. Seulement, il pense que les femmes doivent supporter les travaux de la guerre avec les défenseurs de la république, et recevoir la même éducation qu'eux. Tout le reste du traité est rempli de discours étrangers à la question, et de réflexions sur l'éducation qu'il convient de donner aux gardiens de l'état.

2. Le traité *des Lois*, au contraire, ne contient, pour la plupart, que des dispositions législatives; Socrate n'y dit que peu de choses du gouvernement [proprement dit] et voulant que ses vues puissent s'appliquer à la plupart des états existants, il est insensiblement conduit à reproduire le plan de sa première république. Car, à l'exception de la communauté des femmes et des biens, le reste des établissements qu'il propose est le même dans les deux traités; puisqu'il dit à peu près les mêmes choses sur l'éducation, sur les repas publics, et sur la convenance d'exempter les guerriers de tous les travaux mécaniques et nécessaires [à la subsistance des citoyens]. Seulement, dans son second projet, il dit qu'il faut que les femmes aussi aient des repas communs; et il porte à cinq mille le nombre des guerriers, qui, dans le premier, n'est que de mille.

3. Ainsi donc tous les discours de Socrate joignent à l'élégance du style l'abondance et l'originalité des idées, ils font penser; mais peut-être était-il difficile que tout y fût juste et exact. D'ailleurs, il ne faut pas se dissimuler qu'une multitude, comme celle qu'on vient de dire, aurait besoin de la plaine

de Babylone, ou de quelque territoire aussi vaste, pour que cinq mille hommes pussent y vivre sans rien faire ; indépendamment de ces troupes de femmes et de gens de service, qui composent un nombre je ne sais combien de fois plus considérable. Sans doute on peut se permettre ce qu'on veut, quand on fait une hypothèse ; mais il ne faut pourtant y admettre rien d'impraticable.

4. Un législateur, dit Socrate, doit considérer, en composant ses lois, deux choses : le pays et les hommes. Il eût été bon d'y ajouter encore les contrées voisines (1), si l'on veut que la cité ait une véritable existence politique. Car il sera nécessaire qu'on y emploie, à la guerre, non-seulement les armes dont on peut se servir avec avantage dans le pays même, mais aussi celles qui peuvent servir hors du territoire. Et, en supposant qu'on ne veuille pas faire prendre des habitudes militaires aux citoyens, ni dans leur vie privée, ni dans leur vie publique, il n'en faudrait pas moins qu'ils fussent en état de se rendre redoutables aux ennemis, non-seulement quand ils viendraient attaquer ou envahir le territoire, mais aussi quand ils seraient forcés d'en sortir.

5. Il faut encore considérer, par rapport à la masse des richesses et des propriétés, s'il n'aurait pas mieux valu en disposer autrement, en même

---

(1) Platon indique néanmoins sommairement cet objet, au sixième livre des *Lois* (p. 263), et dans le cinquième (p. 225) ed. *Bipont.* to. 8.

temps qu'on aurait traité cet article d'une manière plus claire et plus intelligible. En effet, Socrate prétend que chacun doit posséder ce qui suffit à une vie sobre et modérée; c'est comme qui dirait: pour pouvoir vivre heureux; car cette expression est plus générale. D'ailleurs, on peut mener une vie sobre et modérée, mais pourtant assez misérable; et la définition eût été meilleure, s'il avait dit vivre sobrement et libéralement. Car, si l'on prend séparément chacune de ces deux conditions, le luxe et la mollesse pourront être la suite de l'une, la misère et la peine celle de l'autre, et il n'y a guère que ces sortes d'habitudes qui soient relatives à l'emploi de la fortune. Ainsi on ne peut pas user de ses biens avec douceur, ni avec vigueur, mais on peut en user libéralement ou modérément; et il n'est pas possible que l'usage qu'on en fait soit différent de cela.

6. Il est encore bien étrange qu'en établissant l'égalité des propriétés on ait négligé de rien statuer sur le nombre des citoyens, et qu'on les laisse se multiplier indéfiniment; comme si ce nombre devait demeurer à peu près le même, celui des naissances, quel qu'il soit, devant se trouver compensé par le manque d'enfants (1), dans certaines familles (quelle qu'en soit la cause), parce que c'est le résultat que semblent donner les républiques qui existent à présent. Cependant, ce résultat ne doit pas

______

(1) Voyez *Plat. De Legib.* l. 5, p. 231.

être, dans un état organisé [suivant l'hypothèse de Socrate], entièrement tel que nous l'observons aujourd'hui ; car, dans les républiques de notre temps, la division des propriétés entre tous les membres de la société, fait que personne n'est dans une indigence absolue ; au lieu que, dans le système proposé, les propriétés étant indivises, il faut nécessairement que le nombre plus ou moins grand de ceux qui ne feront partie d'aucun ménage, ou d'aucun couple, n'aient absolument rien.

7. On serait même porté à croire que c'est l'accroissement de la population qu'il aurait fallu contenir dans de certaines limites, plutôt encore que la propriété, en sorte que les naissances ne dussent pas excéder un nombre déterminé. Et ce nombre devrait être réglé sur la probabilité des événements ; par exemple, de la mort de quelques-uns des nouveau-nés, et de la stérilité de quelques mariages. Mais l'abandonner au cours naturel des choses, comme on le fait dans la plupart des états, cela doit nécessairement être une cause de pauvreté pour les citoyens, et la pauvreté ne manque guère de produire des séditions et des désordres. Aussi Phidon de Corinthe (1), l'un des plus anciens législateurs, était-il persuadé que le nombre des maisons et celui des citoyens devaient être fixes et invariables ; quand même tous auraient

---

(1) Il en est encore fait mention dans le cinquième livre de ce traité, c. 8, § 5.

commencé par avoir des lots inégaux ; au lieu que, dans les *Lois* de Platon, c'est tout le contraire. Au reste, nous aurons occasion de dire, dans un autre endroit, quelle serait, à notre avis, la meilleure manière de régler cet objet.

8. On a également omis, dans ces mêmes lois, ce qui concerne les magistrats ; on ne dit point quelle différence il y aura entre eux et les gouvernés ; mais seulement qu'il doit y avoir, entre les uns et les autres un rapport du même genre qu'entre la trame et la chaîne d'une étoffe, ces deux parties n'y étant pas de même laine (1). D'ailleurs puisqu'on permet l'augmentation de la fortune jusqu'au quintuple (2), pourquoi l'augmentation en terres ne serait-elle pas aussi autorisée jusqu'à une certaine limite ? Il faut aussi prendre garde que la distribution des habitations et de leurs emplacements n'ait des inconvénients pour l'économie, et pourtant il est difficile d'administrer deux habitations et de leur donner les soins convenables (3).

9. En général, la constitution qu'on propose ici n'est, à proprement parler, ni une démocratie ni une aristocratie, mais un mode de gouvernement intermédiaire, auquel on donne le nom de *répu-*

---

(1) Le passage de Platon, auquel notre auteur fait ici allusion, se trouve dans le cinquième livre des *Lois* (p. 220.)

(2) Voyez *Plat. De Legib.* l. 5, p. 240.

(3) Aristote lui-même oublie la critique qu'il fait de cette idée de Platon. Voyez le septième livre de ce traité (c. 9, § 7).

blique, parce qu'elle se compose de guerriers pesamment armés. Si donc l'auteur de ce système a voulu le présenter comme se rapprochant plus qu'aucun autre de ce qui existe dans les différents états, peut-être a-t-il eu raison; mais s'il a prétendu le donner comme le meilleur, après son premier premier projet, il a eu tort; car le gouvernement de Lacédémone, ou même tout autre état aristocratique, semblerait préférable.

10. Cependant, il y a des gens qui prétendent que le meilleur des gouvernements doit être un mélange de toutes les formes, et c'est par cette raison qu'ils approuvent celui de Lacédémone. Les uns, en effet, disent qu'on y trouve à la fois l'oligarchie, la monarchie et la démocratie; puisque, suivant eux, la royauté y représente la monarchie, l'autorité des vieillards [*Gérontes* ou sénateurs] l'oligarchie, et que la magistrature des éphores y introduit le principe ou l'élément démocratique, attendu que les éphores sont pris dans le peuple. D'autres, au contraire, prétendent que cette magistrature des éphores est une vraie tyrannie (1), et que les repas en commun, et les autres réglements relatifs à la vie privée et journalière, constituent une véritable démocratie.

11. Mais, dans le traité des lois (2), on soutient que le meilleur gouvernement doit être composé

____

(1) Voyez *Plat. De Legib.* l. 5, p. 178.
(2) Voyez *Plat. De Legib.* l. 4, p. 174.

de tyrannie et de démocratie, c'est-à-dire des deux formes qu'on est en droit de regarder, ou comme ne constituant réellement pas des gouvernements, ou comme les plus mauvais de tous. L'opinion de ceux qui admettent le mélange d'un plus grand nombre de formes est donc préférable; car la constitution qui résulte d'un pareil mélange est meilleure. D'un autre côté, le système proposé ne semble avoir rien de monarchique; il ne contient, au contraire, que des éléments oligarchiques et démocratiques : ou plutôt, il penche entièrement vers l'oligarchie. Cela se voit par la manière dont on y établit les magistrats; car de les tirer au sort parmi un nombre d'élus par la voie des suffrages, c'est un mode commun à la démocratie et à l'oligarchie. Mais obliger les plus riches à assister aux assemblées, à proposer les magistrats, et à exercer toutes les fonctions civiles, tandis que les autres citoyens en sont dispensés, cela est tout-à-fait propre à l'oligarchie ; comme aussi de prendre, dans cette même classe des riches, le plus grand nombre des magistrats, et de donner les charges les plus importantes à ceux qui ont le plus de fortune.

12. La manière dont se fait l'élection des membres du sénat (1) est encore tout-à-fait oligarchique. Car tous les citoyens sont obligés de choisir [d'abord 90 sénateurs], mais pris seulement dans la première classe; et ensuite [90 autres] pris dans la

____

(1) Voyez *Plat. De Legib.* l. 6, p. 259.

seconde; et ensuite autant, pris dans la troisième, excepté que tous les citoyens de la troisième et de la quatrième classe ne sont pas forcés de concourir à ces élections. Mais quand il est question de choisir [aussi 90 membres] de la quatrième classe, il n'y a que les citoyens de la première et de la seconde qui soient obligés de donner leur vote. Enfin Socrate veut que parmi ces élus on prenne un nombre égal [la moitié ou 45] pour chaque classe. Ceux des classes où le revenu est le plus considérable seront donc plus habiles et en nombre plus considérable, attendu qu'il y aura des citoyens des classes populaires qui ne concourront pas à l'élection, puisqu'ils n'y sont pas obligés.

13. Il est évident, d'après cela, et il le sera plus encore, par ce que j'aurai occasion d'ajouter dans la suite, lorsque je reviendrai sur l'examen de cette sorte de gouvernement, qu'elle ne doit pas être composée de monarchie et d'oligarchie. D'ailleurs, ce mode d'élection, qui consiste à prendre des magistrats parmi un nombre d'hommes déja élus d'avance, n'est pas sans danger; car, si des citoyens formant un parti, même assez peu nombreux, veulent se liguer et s'entendre, les choix se feront toujours suivant leur volonté. Tel est le système de gouvernement exposé dans le Traité des lois.

IV. Il y a encore d'autres modes de gouvernement imaginés par des philosophes, ou par d'autres personnes, mais qui tous se rapprochent de l'ordre établi aujourd'hui plus que les deux traités [de Platon] que nous venons d'examiner. Car au-

cun de ces auteurs n'a songé à introduire des nouveautés telles que la communauté des enfants et
des femmes, et que les repas en commun de celles-
ci ; mais ils débutent de préférence par les choses
essentielles. En effet, quelques-uns ont pensé que
le plus important était de régler convenablement
ce qui regarde les propriétés ; attendu que c'est là,
suivant eux, qu'est la source de toutes les dissensions. Aussi Phaléas de Chalcédoine (1) commence
par traiter de ce sujet, et déclare que tous les citoyens doivent avoir des fortunes égales.

2. Au reste, il pensait que ce point n'était pas
difficile à régler, dans le moment même où un gouvernement s'établissait ; et que, malgré la difficulté
plus grande qu'il présentait, dans les états déja
constitués, l'on pouvait néanmoins rétablir assez
promptement l'égalité, en prescrivant aux riches
de donner une dot à leurs filles, et de n'en point
recevoir (2) ; tandis que les pauvres, au contraire,
n'en donneraient point, mais en recevraient. Ce-

---

(1) On n'a point d'autres renseignements sur ce Phaléas. Peut-
être était-il de Carthage, et non pas de Chalcédoine ; au moins
l'ancienne version latine d'Arétin porte *Carthaginensis*, au lieu
Chalcedonius.

(2) « Je ne sache point qu'aucune république se soit accom-
« modée d'un réglement pareil. Phaléas met les citoyens sous
« des conditions dont les différences sont si frappantes, qu'ils
« haïraient cette égalité même que l'on chercherait à introduire.
« Il est bon quelquefois que les lois ne paraissent pas aller si
« directement au but qu'elles se proposent. » *Montesq.*, *Esprit
des Lois*, l. 5, ch. 5.

pendant Platon pensait, comme on le voit par son Traité des lois, qu'il fallait laisser subsister l'inégalité de fortune jusqu'à un certain point; mais ne permettre à aucun citoyen d'en posséder une qui excedât plus de cinq fois les plus petites, ainsi qu'il a été dit précédemment.

3. Toutefois, ceux qui proposent de pareilles lois ne doivent point perdre de vue une observation qui paraît leur avoir échappé : c'est qu'en réglant ainsi la quotité des fortunes, il faut régler en même temps la quantité des enfants. Car si le nombre des enfants excède les moyens de fortune [nécessaires à leur subsistance], il faudra bien que la loi soit enfreinte; et, indépendamment de cette infraction, il y a un grave inconvénient à ce que beaucoup de ceux qui étaient riches deviennent pauvres; car alors on aura bien de la peine à empêcher qu'ils ne soient enclins aux nouveautés.

4. Il paraît même que plusieurs des anciens législateurs ont très-bien senti l'avantage qui résulte pour la société civile de l'égalité des fortunes, comme on le voit par les lois de Solon (1) à Athènes, et par celles qui, chez d'autres peuples, interdisent aux citoyens d'acquérir des terres autant qu'ils peuvent en désirer. Pareillement il y a des lois par lesquelles il est défendu de vendre sa propriété, comme cela a lieu chez les Locriens (2), où la loi ne permet

---

(1) Il semble, d'après ce que dit ici notre auteur, qu'on doit regarder Phaléas comme postérieur à Solon.

(2) Heyne (*Opusc. Academ.* t. 2, p. 42) croit qu'il est ici

de vendre, que dans le cas où l'on peut prouver qu'on est tombé dans l'infortune. Enfin, les lois prescrivent de maintenir dans leur intégrité les anciens héritages; et même l'infraction de ce règlement chez les Leucadiens (1) rendit leur gouvernement trop démocratique, car il ne fut plus possible d'y maintenir le cens exigé auparavant pour parvenir aux magistratures.

5. Cependant, il peut se faire que l'égalité des fortunes existe dans un état; mais que le taux de chacune soit trop élevé, en sorte que les citoyens y vivront dans le faste et dans la mollesse; ou qu'il soit trop bas, de manière qu'ils auront bien de la peine à vivre. Ce qui prouve qu'il ne suffit pas au législateur d'avoir établi une pareille égalité, mais qu'il doit encore s'appliquer à saisir un juste milieu. Et même, il ne servirait à rien, d'assigner à chacun une portion de fortune médiocre; car c'est bien plutôt dans les désirs que dans les fortunes qu'il faut introduire cette égalité; or, cela ne peut s'exécuter que parmi des hommes à qui les lois ont donné une éducation convenable.

6. Et ici peut-être Phaléas nous dirait-il que c'est précisément là ce qu'il a recommandé, parce que, suivant lui, l'égalité de ces deux choses, la propriété et l'éducation, doit se trouver dans tout état. Mais il fallait dire encore quelle sera cette éduca-

---

question des *Locri Epizephyrii*, peuple de l'Italie inférieure, ou grande Grèce.

(1) On ne connaît de cette république des Leucadiens, colonie de Corinthe, que ce qu'en dit ici Aristote.

tion. Et il ne sert à rien de dire qu'elle doit être une et la même, car il est possible qu'elle ait en effet ce caractère, et que pourtant elle soit telle que les citoyens qu'elle aura formés soient plus portés qu'il ne faut à l'amour des richesses, ou à l'ambition des honneurs, ou à ces deux passions à la fois.

7. D'ailleurs ce n'est pas seulement l'inégalité des biens, c'est aussi celle des honneurs, qui fait naître la discorde, mais en sens opposé de part et d'autre : car le vulgaire s'irrite de l'inégalité des fortunes, et les hommes distingués par leurs talents ou par leur éducation voient avec dépit l'égale répartition des honneurs, ce qui a donné lieu à ces paroles [d'Achille s'indignant contre Agamemnon qui, dit-il,]

Honore également et le brave et le lâche (1).

Mais les hommes ne commettent pas seulement des injustices, pour se procurer les nécessités de la vie, (à quoi Phaléas croit trouver un remède dans l'égalité des biens, en sorte qu'ils ne soient point tentés de dépouiller leurs concitoyens, pour se garantir du froid ou de la faim ;) souvent aussi l'avidité des jouissances, et l'impétuosité de leurs passions, les rendent injustes ; car, si leurs désirs vont au-delà de leurs besoins, ils commettront des violences pour les satisfaire. Ce n'est donc pas seulement la nécessité [qui les rend injustes], ils le deviennent aussi quand ils éprouvent de violents désirs ; ils le deviennent pour se procurer des voluptés sans peine.

____

(1) Voyez l'*Iliade* d'Homère, ch. 9, vs. 319.

8. Quel moyen donc de remédier à ces trois inconvénients? il sera, pour l'un, dans une richesse peu considérable et dans le travail; pour l'autre, dans la sobriété et la modération; quant au troisième, quiconque cherche des plaisirs qu'il ne puisse devoir qu'à lui-même, ne peut les trouver que dans la philosophie; car les autres voluptés ne s'obtiennent que par le secours des hommes. En effet, c'est pour se procurer le superflu et non pas le nécessaire, qu'on commet les plus grands des forfaits. Par exemple, on ne devient pas tyran pour se garantir du froid; aussi les plus grands honneurs sont-ils la récompense de celui qui tue, non pas un voleur, mais un tyran. On voit donc que le mode de gouvernement proposé par Phaléas, n'offre de garantie que contre les petites injustices.

9. Il propose encore des moyens propres, pour la plupart, à perfectionner l'administration intérieure d'un état; mais il faut songer aussi à lui procurer des ressources contre ses voisins, et, en général, contre tous les ennemis du dehors; par conséquent il faut y organiser une force militaire, et c'est ce dont il n'a rien dit. Il en est de même des finances, car il faut qu'elles puissent suffire non-seulement aux besoins de l'état, mais encore à le garantir des dangers extérieurs. Voilà pourquoi il ne faut pas que le domaine consiste en une quantité d'objets propres à tenter la cupidité des peuples voisins et plus puissants, tandis que ceux qui les possèdent seraient incapables de les défendre, en cas d'invasion. Mais d'un autre côté, il ne

faut pas qu'elle soit si peu considérable que ceux qui la possèdent ne puissent supporter la guerre contre des voisins égaux et pareils à eux.

10. Phaléas n'a donc rien déterminé avec précision. Au reste, il faut savoir que la quantité des richesses est un point important. Peut-être donc la limite la plus avantageuse est celle qui n'offre aucun profit aux plus forts, s'ils voulaient entreprendre la guerre pour s'enrichir; mais il faut aussi qu'on soit dans une situation telle, que ce ne fût pas même un avantage pour l'ennemi de nous enlever ce que nous possédons. C'est ainsi qu'Eubulus, lorsqu'Autophradates avait dessein d'assiéger Atarnée, lui fit dire de considérer combien de temps il lui faudrait pour la prendre, et de calculer la dépense qu'il serait obligé de faire pendant ce temps-là, lui proposant de livrer la place à l'instant même, pour une moindre somme; et par cette négociation, il fit qu'Autophradates, désormais mieux avisé, renonça à son entreprise (1).

11. Sans doute il y a quelque utilité dans l'éga-

---

(1) On n'a aucun autre témoignage sur le fait dont parle ici Aristote, que ce récit même. L'eunuque Hermias, ami de notre philosophe, posséda Atarnée, après la mort d'Eubulus, dont il avait été l'esclave. (Voyez *Strabon. Geogr.* l. 13, p. 610.) Outre le scolie en l'honneur d'Hermias, dont nous avons donné la traduction dans le volume précédent, nous apprenons, par une épigramme de Théocrite (de Chios), que notre philosophe avait fait bâtir un tombeau à Eubulus et à Hermias. (Voyez Brunck, *Analect.* t. 1, p. 184.) Xénophon, Diodore et Cornélius Népos font mention d'Autophradates, qui était satrape de la Lydie.

lité des biens, pour prévenir les séditions et les
discordes entre les citoyens : mais, à vrai dire,
c'est peu de chose; car les hommes distingués par
leurs talents et par leurs connaissances s'indignent
d'un pareil état de choses. Aussi les voit-on souvent cabaler et exciter des troubles. D'ailleurs, la
cupidité des hommes est insatiable, et si d'abord ils
se contentent de deux oboles (1), une fois que cela
est établi, ils aspirent à obtenir davantage; leurs
vœux ne connaissent plus de bornes. Car le désir
est, de sa nature, quelque chose d'infini, et la vie
de la plupart des hommes se passe à chercher les
moyens de le satisfaire.

12. Dans cet état des esprits, il vaut donc mieux,
plutôt que de rendre les fortunes égales, chercher
à inspirer à ceux qui ont été heureusement doués
de la nature, des sentiments tels qu'ils ne désirent
pas de s'enrichir, et s'arranger de manière que ceux
qui ont moins d'élévation dans l'ame, ne le puissent pas. Ce qu'on obtiendra en les retenant dans
une condition inférieure, sans les laisser exposés à
l'injustice. Au reste, Phaléas a eu tort de se servir
de l'expression d'égalité des biens, en général,
puisqu'il n'y a proprement que les propriétés ter-
ritoriales, qu'il fasse égales. Or, il faut y joindre
encore la multitude des esclaves et des troupeaux,
l'argent monnayé, et tout cet ensemble d'objets et

______

(1) C'était le salaire que l'on donnait aux juges. Il fut ensuite
de trois oboles, etc. Voy. le scholiaste d'Aristophane (*in Plut.*
vs. 329).

d'ustensiles de tout genre compris sous le nom de mobilier : il faut donc chercher le moyen de faire des lots égaux de toutes ces choses, ou y établir au moins un ordre convenable, ou renoncer entièrement à ce vain projet d'égalité.

13. Cet auteur semble aussi, dans son système de législation, n'avoir voulu établir qu'une cité bien peu considérable, s'il faut que tous les artisans y soient des esclaves appartenant au public, et s'ils ne doivent pas faire une des parties essentielles de l'état. Mais, si l'on veut que ceux qui exécutent les travaux publics soient des esclaves de la république, il faut donc que cela se pratique comme à Epidamne (1), et comme Diophante l'avait voulu établir à Athènes. On peut voir, d'après ce que nous venons de dire au sujet de la république de Phaléas, en quoi cet écrivain a eu raison et en quoi il a eu tort.

V. Mais Hippodamus (Milésien, fils d'Euryphon) qui le premier imagina la division des villes [en rues, places, quartiers,] et qui établit cette division dans le Pirée (2); le même qui fut accusé par

______

(1) *Epidamne*, appelé ensuite *Dyrrachium*, et aujourd'hui *Durazzo*, colonie de Corinthe. On ne trouve rien qui puisse expliquer l'usage auquel Aristote fait allusion ici, sans dire en quoi il consistait.

(2) Voyez encore ci-dessous (l. 7, c. 10, § 4); ce qui est dit ici de cet Hippodamus est confirmé en partie par le Lexique d'Hesychius (au mot Ἱπποδάμου νέμησις) et par ceux de Photius et d'Harpocration. Il fut contemporain de Périclès, et légua au peuple athénien la maison qu'il avait dans le Pirée, au lieu où fut ensuite la place appelée de son nom ἀγορὰ Ἱπποδάμειος, dont parle Xénophon (*Hellenic.* l. 2, c. 4, § 8). On trouve dans le

quelques personnes d'avoir, par vanité, vécu avec
trop de faste, en affectant de se montrer avec une
énorme chevelure, et de porter en été comme en
hiver des habits qui, bien que simples en apparence, étaient d'un tissu moelleux et chaud ; qui
prétendait à une vaste science dans toutes les choses naturelles, est le premier qui, sans avoir jamais pris aucune part active à l'administration,
ait entrepris d'écrire sur la meilleure forme de
gouvernement.

2. Il supposait sa république composée de dix
mille hommes, qu'il partageait en trois classes,
l'une des artisans, l'autre des laboureurs, et la
troisième des guerriers et de ceux qui avaient le
droit de porter les armes. Il divisait pareillement
le territoire en trois parts ; l'une consacrée aux
dieux, l'autre appartenant au public, et l'autre aux
particuliers. Celle qui était consacrée aux dieux
devait fournir à toutes les dépenses qu'exigeait
le culte ; celle qui appartenait au public devait
fournir la subsistance des guerriers ; et la portion
réservée aux particuliers devait appartenir aux la-

---

recueil de Stobée, intitulé *Florilegium ethicum*, trois fragments
de politique, sous le nom d'Hippodamus, mais il y a tout lieu
de croire que ces fragments, écrits en dialecte dorien, sont
l'ouvrage de quelque Pythagoricien des siècles postérieurs, qui
n'a fait que traduire en ce style les pensées et souvent les
expressions mêmes de Platon, et qui n'a rien de commun avec
Hippodamus de Milet, dont il est question dans ce chapitre.
Voyez, à ce sujet, une note fort étendue de Schneider (to. 2,
p. 117 — 120), dans son édition de la *Politique* d'Aristote.

boureurs. Il pensait aussi qu'il ne peut y avoir que trois sortes de lois, attendu qu'il n'y a que trois sortes de causes qui puissent donner lieu aux procès : l'outrage, le dommage et le meurtre.

3. Pour prononcer sur tous les procès qui sembleraient n'avoir pas été jugés avec équité, il établissait, par ses lois, un seul tribunal suprême, qu'il composait de vieillards élus par les citoyens. D'ailleurs il ne voulait pas que les juges prononçassent leurs sentences en déposant leurs votes dans des urnes, mais en présentant chacun des tablettes sur lesquelles ils écriraient leur vote pour la condamnation pure et simple, et qui seraient vides, s'ils étaient d'avis d'absoudre simplement l'accusé; au lieu qu'ils devaient y détailler les raisons qui les porteraient à condamner, sous de certains rapports, et à absoudre, à d'autres égards. Car il pensait que la législation, telle qu'elle existe à présent, sur cet article, est vicieuse; et que les juges sont forcés de se parjurer, quand ils prononcent quelque sentence que ce soit.

4. Il proposait aussi une loi en faveur des auteurs de toute invention utile à la société, voulant qu'on leur rendît des honneurs; et que les enfants des citoyens qui sont morts à la guerre fussent nourris aux frais de l'état, attendu que c'était une institution que les autres législateurs avaient négligé [jusqu'alors] d'établir; mais aujourd'hui elle existe à Athènes et dans d'autres républiques. Tous les magistrats, suivant lui, devaient être élus par le peuple, et il entendait par le peu-

ple les trois classes des habitants de la cité; et il faisait entrer dans les attributions des magistrats ainsi élus la surveillance des affaires générales, tant celles qui regardaient les étrangers que les citoyens, et la tutelle des orphelins. Telles sont la plupart et les plus importantes des dispositions que fait entrer Hippodamus dans son système de gouvernement.

5. Mais d'abord, on pourrait trouver quelque difficulté dans la répartition ou la division qu'il fait de la multitude. Car les artisans, les laboureurs, et les guerriers, participent tous à l'administration des affaires; les laboureurs n'ayant point d'armes, et les artisans sans avoir ni armes ni terres; en sorte qu'ils seront presque les esclaves de ceux qui ont les armes. D'un autre côté, il est impossible qu'ils aient part à tous les honneurs; car il faudra nécessairement que les fonctions de généraux, de défenseurs des citoyens, et, en général, les magistratures les plus importantes, soient remplies par ceux qui ont les armes. Or, comment serait-il possible que des gens qui ne participent en rien au gouvernement fussent bien affectionnés pour la république?

6. Cependant, il faut aussi que ceux qui ont les armes soient plus puissants que les deux autres classes de citoyens. Mais cela ne sera pas facile, s'ils ne sont pas en grand nombre. Et, s'ils sont très-nombreux, à quoi bon faire participer les autres au gouvernement, et leur donner le droit de disposer des magistratures? D'ailleurs, à quoi les la-

boureurs serviront-ils dans la ville? Car, pour les artisans, il faut bien qu'il y en ait, puisque tout état en a besoin, et qu'ils peuvent subsister du produit de leurs métiers, comme on le voit dans les autres états ou républiques. Les laboureurs, s'ils fournissaient la subsistance à ceux qui possèdent les armes, seraient sans doute considérés, avec raison, comme une portion essentielle de l'état; mais ici, la terre leur appartient en propre, et ils la cultivent pour leur propre compte.

7. D'un autre côté, si ce sont les défenseurs de l'état eux-mêmes qui cultivent les terres appartenant à la république dont ils tirent leur subsistance, il n'y aura donc aucune différence entre les guerriers et les laboureurs; et pourtant c'est ce que veut le législateur. Et, si ce sont d'autres que les guerriers et que les laboureurs proprement dits qui cultivent les terres du domaine public, alors ils se trouveront former une quatrième classe, qui ne participera à rien, et qui sera étrangère à la république. Enfin, en supposant que les terres qui appartiennent aux particuliers et celles qui composent le domaine public, soient cultivées par les mêmes personnes, on ne voit pas bien comment les produits pourront suffire à ce que chacun des cultivateurs entretienne deux familles, et pourquoi ils ne prendraient pas sur les mêmes lots de quoi fournir à leur propre subsistance, et à celle des guerriers. Assurément il y a dans tout cela beaucoup de confusion et d'embarras.

8. On ne saurait non plus approuver la loi qui

concerne les jugements, et qui veut que le juge
motive son opinion, après avoir donné simplement
son avis par écrit, et devienne ainsi arbitre de juge
qu'il était. Sans doute, cela peut se faire dans un
arbitrage, entre plusieurs individus appelés à dé-
battre contradictoirement les intérêts qui leur sont
confiés, et sur lesquels ils ont à prononcer. Mais
il n'en est pas de même dans les tribunaux : la plupart des législateurs ont pourvu, au contraire, à
ce que les juges ne se communiquent point leurs
avis les uns aux autres.

9. Ensuite, quelle confusion n'y aura-t-il pas dans
les jugements, lorsque le juge croira qu'à la vérité
le défendeur doit quelque chose, mais pas autant
que réclame le demandeur? Par exemple, celui-ci
exige vingt mines, mais le juge estime qu'il ne lui
en est dû que dix; un autre plus, un autre moins,
celui-là cinq, celui-ci quatre, (car c'est probablement ainsi que la somme sera partagée suivant les
opinions diverses;) les uns accorderont tout et les
autres rien. Quel moyen donc de concilier tous ces
dissentiments? D'ailleurs, personne ne force à se
parjurer celui qui prononce simplement ou la condamnation, ou l'acquittement, si la requête s'exprime en termes clairs et précis, et c'est avec raison. Car, en prononçant l'acquittement du défendeur, le juge ne déclare pas qu'il ne doit rien, mais
seulement qu'il ne doit pas les vingt mines qu'on
réclame de lui; mais celui-là sans doute se parjure,
qui, persuadé que les vingt mines ne sont pas dues,
condamne néanmoins celui qui refuse de les payer.

10. Quant à la loi qui a pour objet d'accorder des honneurs à ceux qui inventent quelque chose d'utile à la société, elle n'est pas sans inconvénient, et l'on ne peut alléguer en sa faveur que des raisons spécieuses. Car elle peut donner lieu à bien des intrigues, et quelquefois même à de graves commotions dans le gouvernement. Mais ceci nous conduit à l'examen d'une autre question : en effet, il y a des gens qui hésitent à prononcer s'il est utile ou dangereux de changer les lois anciennement établies, en cas qu'on puisse leur en substituer de meilleures. Voilà pourquoi il n'est pas facile de donner immédiatement son assentiment au projet proposé [par Hippodamus sur les récompenses], s'il est vrai qu'il y ait de l'inconvénient à changer les lois. Car il peut se trouver des gens qui proposeront l'abolition des lois et de la constitution, comme une chose avantageuse à la société tout entière.

11. Mais, puisque nous sommes tombés sur ce sujet, il sera bon de s'y arrêter un peu; car il donne, comme nous l'avons dit, lieu à quelque embarras, et sans doute on peut croire qu'il y aurait, dans certains cas, de l'avantage à changer les lois. Au moins cet avantage est-il incontestable dans ce qui a rapport aux autres sciences : par exemple, pour la médecine, quand on s'y écarte des anciennes méthodes; pour la gymnastique, et, en général, pour tous les arts ou facultés : en sorte que, puisqu'il faut bien ranger la politique dans cet ordre de choses, il est visible qu'il doit en être de

même à son sujet. On pourrait d'ailleurs trouver la preuve de cette assertion dans les faits eux-mêmes: car les lois anciennes portent un caractère de grossièreté et de barbarie trop choquant : ainsi autrefois les Hellènes avaient coutume de ne se montrer qu'armés (1), et d'acheter les femmes les uns des autres.

12. Ce qui nous reste des usages sanctionnés dans divers pays par les anciennes lois, est tout-à-fait absurde. Par exemple, il existe à Cymé (2) une loi sur le meurtre, qui déclare coupable celui qu'on en accuse, si l'accusateur peut fournir, parmi ses propres parents, un certain nombre de témoins. Au reste, ce n'est pas, en général, ce qui a été approuvé et pratiqué par leurs ancêtres que les hommes cherchent ou veulent, mais ce qui est bon ou avantageux ; et il est probable que les premiers ou les plus anciens peuples, soit qu'ils fussent nés de la terre, ou qu'ils eussent échappé à quelque grande catastrophe, ressemblaient assez à ceux qui composent aujourd'hui la portion la plus vulgaire et la moins sensée des nations, comme on le dit en effet des géants, fils de la terre ; en sorte qu'il y aurait peu de raison à demeurer attaché aux opinions ou aux pratiques de tels hommes. Enfin, il n'y a aucun avantage à attendre de l'immuabilité des lois, même écrites ; car, dans une constitution politique,

____

(1) Voyez Thucydide (*Histor.* l. 1, c. 5, *extr.*, et 6 *init.*).

(2) Ville de l'Éolide, l'une des plus grandes et des plus belles de cette contrée, suivant Strabon (*Geogr.* l. 13, p. 622).

comme dans les autres arts, il est impossible que tout ait été marqué et prescrit avec une exacte précision, puisque l'on ne peut se servir en écrivant que d'expressions générales, au lieu que les actions supposent toujours quelque chose de particulier et d'individuel. Il est donc évident, d'après cela, qu'il y a des lois qu'il faut changer, et des circonstances où il est nécessaire qu'elles soient changées.

13. Toutefois ce sujet, quand on le considère sous un autre point de vue, semble exiger beaucoup de circonspection : car, lorsque l'avantage est peu considérable, tandis qu'il est dangereux d'accoutumer les citoyens à abroger trop facilement les lois, il est clair qu'il vaut mieux laisser subsister quelques erreurs du législateur, ou fermer les yeux sur quelques fautes des magistrats. La société ne tirera pas autant de profit du changement, que l'habitude de l'insubordination envers les magistrats lui causerait de dommage.

14. D'ailleurs, la comparaison de la politique avec les arts est fausse ; car un changement dans les lois n'est pas la même chose qu'un changement dans les procédés des arts. C'est que la loi n'a de force, pour se faire obéir, que dans l'habitude : et l'habitude ne peut être que le produit de la longueur du temps; en sorte que changer facilement les lois établies, pour leur en substituer de nouvelles, c'est affaiblir la puissance de la loi (1). De plus, en admet-

____

(1) « En général, les lois ne sont pas lois, si elles ne sont

tant la convenance de ce changement, devra-t-il, ou non, porter sur toutes les lois, et être autorisé dans toute forme de gouvernement ? Tout individu pourra-t-il l'entreprendre, ou n'y aura-t-il que quelques personnes qui le puissent ? Car il y a bien de la différence dans tout cela. Ainsi donc, laissons cette question, quant à présent, car il faudra y revenir dans un autre moment.

VI. A l'égard des gouvernements de la Crète et de Lacédémone, et de presque tous les autres, il y a deux choses à considérer : l'une, si leur constitution est plus ou moins conforme au meilleur système de législation possible ; l'autre, en quoi ils s'écartent le plus du système d'administration qu'ils ont adopté.

2. Et d'abord, on convient généralement que, dans tout état bien administré, il faut que les citoyens soient affranchis des soins qu'exigent les besoins de première nécessité (1). Mais comment

---

« inviolables. Tous les peuples civilisés conviennent de cette « maxime..... On perd la vénération pour les lois, quand on les « voit si souvent changer. C'est alors que les nations semblent « chanceler comme troublées et prises de vin, ainsi que parlent « les prophètes. L'esprit de vertige les possède, et leur chute « est inévitable..... C'est l'état d'un malade inquiet, qui ne sait « quel mouvement se donner..... On tombe dans cet état quand « les lois sont variables et sans consistance, c'est-à-dire, quand « elles cessent d'être lois. » BOSSUET, *Politique tirée des propres paroles de l'Écriture*, l. 1, art 4, prop. 8.

(1) Cette opinion, née de l'esprit de conquête, et qui tend à en prolonger indéfiniment les effets et la violence, est éminemment destructive de la sécurité et de la stabilité des états.

cela pourra-t-il avoir lieu? c'est ce qu'il n'est pas facile de déterminer. Car la *Pénestie* (1) a souvent fait courir des dangers aux Thessaliens ; et pareillement les Hilotes, chez les Lacédémoniens, ont été, pour ainsi dire, occupés sans cesse a épier les calamités dont ils pouvaient tirer avantage.

3. Cependant il n'est jamais rien arrivé de pareil chez les Crétois. C'est peut-être parce que les villes voisines, quoique en guerre les unes contre les autres, ne s'allient jamais avec les révoltés ; car cela ne leur serait nullement avantageux, puisqu'elles ont aussi des *Périœciens* [c'est-à-dire des serfs] dans leur dépendance. Les Lacédémoniens, au contraire, ont été dans un état continuel d'hostilité avec tous leurs voisins, Argiens, Messéniens, Arcadiens. Quant aux Thessaliens, ce qui porta, dans le commencement, leurs esclaves à la révolte, c'est la guerre qu'ils soutenaient sur leurs frontières contre les Achéens, les Perrhœbéens et les Magnésiens.

4. Au reste, cette partie du gouvernement ou de l'administration, qui consiste dans la manière de

---

(1) Athénée (l. 6, p. 264) raconte ainsi l'origine de la *Pénestie* chez les Thessaliens : Lorsque ces peuples s'établirent en conquérants dans le pays, les anciens habitants, qui n'avaient pu se résoudre à le quitter, consentirent à cultiver les terres pour leurs vainqueurs, à condition qu'ils ne les chasseraient pas du pays, ni ne les tueraient. Mais le nom de *Pénestes* (hommes de peine) fut donné à plusieurs autres populations, qui se trouvaient à peu près dans le même cas que les anciens habitants de la Thessalie, comme l'atteste Théopompe, cité par Athénée, (l. 6, p. 265.)

se comporter envers les esclaves est, sans comparaison, ce qu'il y a de plus difficile. Car, si l'on se relâche à leur égard, ils deviennent insolents, et aspirent bientôt à être avec leurs maîtres sur le pied de l'égalité; si, au contraire, on les traite avec dureté, ils sont sans cesse animés par des sentiments de haine et de révolte. D'où il suit évidemment que ceux qui en agissent ainsi avec leurs esclaves, ne savent pas trouver la meilleure manière de se conduire envers cette classe d'hommes.

5. Le relâchement dans la conduite des femmes est encore une chose très-nuisible à la direction des affaires du gouvernement et au bonheur de l'état (1). Car, l'homme et la femme étant chacun une partie de la famille, il est clair qu'on doit aussi regarder la société tout entière comme divisée à peu près en deux portions : l'une qui se compose de la multitude des hommes; et l'autre, de celle des femmes. En sorte que, dans tous les états où elles ne sont pas assujetties à de sages réglements, il y a lieu de croire que la moitié des citoyens vit sans règle et sans lois. Et c'est ce qui est arrivé à Sparte : car le législateur, ayant voulu que tout ce qui compose la société fût capable d'endurer les

---

(1) Plutarque (*In Lycurg.* c. 14) combat cette assertion d'Aristote, répétée dans sa *Rhétorique* (l, 1, c. 5) et qui n'est que trop justifiée par le témoignage de Platon (*De Legib.* l. 3, p. 309), et par celui de Plutarque lui-même, qui, en retraçant les bizarres coutumes de Sparte sur le mariage, sur l'éducation des femmes, etc. avoue, dans cette même vie de Lycurgue (c. 15), qu'elles portaient à l'excès la facilité ou la licence des mœurs.

plus rudes fatigues, a évidemment atteint ce but, pour ce qui regarde les hommes; mais il a entièrement négligé les femmes. Aussi elles vivent dans la mollesse, et s'abandonnent à toutes sortes de déréglements.

6. Il suit de là que, dans un pareil gouvernement, on doit nécessairement faire grand cas des richesses; surtout quand les hommes sont disposés à se laisser dominer par les femmes, comme le sont la plupart des peuples guerriers, à l'exception des Celtes, et des autres nations où l'on fait profession d'approuver des goûts et des passions contraires à la nature. C'est donc avec assez de raison que les inventeurs de la mythologie ont imaginé les premiers l'allégorie de Mars uni à Vénus par les liens de l'amour; puisque tous les hommes de ce caractère semblent enclins à rechercher avec ardeur le commerce des femmes, ou même celui des jeunes gens.

7. C'est aussi ce qu'on a pu observer chez les Laconiens: dans le temps de leur domination, la plupart des affaires étaient décidées par les femmes. Au reste, que ce soient elles qui commandent, ou que ce soient des hommes soumis à leur autorité, n'est-ce pas la même chose? car le résultat est le même. Mais comme l'audace ne sert à rien dans les habitudes de la vie ordinaire, et qu'elle n'est bonne, tout au plus, qu'à la guerre; dans ce cas-là même, les femmes des Lacédémoniens leur firent beaucoup de tort. C'est ce qu'on vit clairement à l'époque de l'invasion des Thébains: car, non-seu-

lement elles ne servaient à rien, comme cela arrive dans les autres villes, mais elles occasionèrent plus de trouble et de désordre que les ennemis eux-mêmes (1).

8. Cependant, il est probable que le relâchement s'était introduit fort anciennement dans les mœurs des femmes des Lacédémoniens. Car les expéditions qu'ils firent au dehors les tinrent long-temps éloignés de leur patrie, durant leurs guerres contre les Argiens, et ensuite contre les Arcadiens et les Messéniens. Le repos qui suivit ces guerres, et la vie militaire qu'ils avaient menée, les avaient sans doute préparés d'avance à être dociles aux vues du législateur (car il y a dans ce genre de vie, bien des parties de la vertu); mais, pour les femmes, on prétend que Lycurgue, ayant entrepris de les assujettir aux lois, éprouva de leur part tant de résistance, qu'il finit par renoncer à son dessein.

9. C'est donc elles qui ont été la cause des événements qui sont arrivés, et qui l'ont été évidemment aussi de ce défaut [qu'on remarque dans la constitution de Sparte]. Toutefois, nous n'examinons pas ici qui il faut condamner, ou à qui il faut faire grace; nous ne considérons que ce qui est bien ou mal. Or, il paraît que quand les institutions relatives aux femmes ne sont pas sagement combinées, comme on l'a dit précédemment, il en résulte non-seulement un désordre contraire à la décence,

---

(1) C'est ce qu'attestent Xénophon (*Hellenic.* l. 6, c. 5, § 28), et Plutarque dans la vie d'Agésilaüs (c. 30).

8.

et qui dégrade la constitution même, mais aussi une tendance inévitable à l'amour des richesses.

10. En effet, outre ce qui vient d'être dit, on serait porté à blâmer aussi [dans la constitution de Sparte] l'inégalité des propriétés; puisque quelques citoyens étaient parvenus à en posséder d'immenses, tandis que d'autres n'avaient presque rien; de sorte que le territoire tout entier appartenait à un petit nombre de propriétaires. Mais c'est encore là l'effet d'un vice dans la législation : car la loi flétrit celui qui vend ou qui achète des terres; et c'est avec raison : mais elle permet à qui le veut de donner ou de léguer celles qu'il possède (1). Cependant, de manière ou d'autre, le résultat doit nécessairement être le même.

11. Or, les deux cinquièmes du territoire presque entier sont la propriété des femmes, parce qu'il y en a beaucoup qui sont devenues seules héritières des biens de leurs familles, et parce qu'on a coutume de leur donner des dots considérables (2). Cependant, il eût mieux valu ou ne leur en point donner (3), ou ne leur donner qu'une

---

(1) Plutarque (*In Agid.* c. 5) raconte que ce fut un citoyen puissant, nommé Épitadès, qui, pour pouvoir déshériter son fils, introduisit la loi qui donnait la faculté de tester en faveur de qui on voulait.

(2) Il y a ici quelque obscurité dans le texte, sur quoi l'on peut voir la note de Mʳ Coray, p. 276.

(3) Ce qui est dit ici de l'excessive richesse des femmes de Sparte, est confirmé par Plutarque, dans la vie d'Agis (c. 4 et c. 7), et dans celle de Cléomène (c. 1).

dot fort peu considérable, ou médiocre. Au lieu qu'on permet à un père d'accorder à qui bon lui semble l'héritière de sa fortune; et s'il meurt sans avoir fait de testament, celui qui est chargé de la tutelle (1) peut disposer de la main de l'héritière, et la marier à qui il veut. Aussi, dans ce pays qui peut fournir la subsistance à 1500 cavaliers et à 30,000 Hoplites, ne s'en trouvait-il pas mille.

12. Mais les faits eux-mêmes ont prouvé que cette partie du gouvernement était très-défectueuse chez les Lacédémoniens; car l'état n'a pu supporter une seule catastrophe, et il a péri par la disette d'hommes (2). On dit néanmoins que les premiers rois admirent des étrangers (3) aux droits de cité; en

____

(1) Élien (*Var. Hist.* l. 6, c. 6) prétend, on ne sait sur quelle autorité, qu'il y avait à Sparte une loi qui prescrivait de marier les filles sans dot; et il raconte (c. 4) que celui à qui Lysandre avait fiancé sa fille, ayant refusé de l'épouser après la mort du père, parce qu'elle se trouvait sans fortune, fut condamné à l'amende par les éphores, « pour avoir montré des sentiments « indignes d'un Lacédémonien. » Justin (*Hist.* l. 3, c. 3) dit aussi, en parlant de Lycurgue : *Virgines sine dote nubere jussit, ut uxores eligerentur, non pecuniæ.* Mais Aristote affirme que Lycurgue n'avait rien statué sur ce point.

(2) C'est-à-dire d'hommes nés à Sparte, et qui eussent la qualité de citoyens. C'est en ce sens que Xénophon, au commencement de son traité *de la République des Lacédémoniens*, appelle Sparte la cité où il y a le moins d'hommes; ἡ Σπάρτη τῶν ὀλιγανθρωποτάτων οὖσα.

(3) Les anciens historiens qui nous restent ne citent, en ce genre, que l'exemple des Parthéniens; mais, postérieurement à Aristote, les rois Agis et Cléomène, et le tyran Nabis, admi-

sorte que, malgré les longues guerres qu'ils avaient à soutenir, la disette d'hommes ne se faisait point sentir à cette époque. L'on prétend même qu'il y a eu quelquefois à Sparte jusqu'à dix mille citoyens: mais, que cela soit vrai ou non, toujours vaut-il mieux que l'accroissement ou la quantité de la population tienne à l'égalité des propriétés.

13. D'ailleurs, la loi qui concerne le nombre des enfants nés de la même union, s'oppose à cette amélioration. En effet, le législateur, désirant que le nombre des Spartiates pût s'accroître le plus qu'il serait possible, encourage les citoyens à avoir le plus d'enfants qu'ils pourront, puisqu'il y a une loi qui déclare exempt du service militaire le père qui aura eu trois enfants; et de toute imposition, celui qui en aura eu quatre (1). Cependant, il est facile de voir que s'il naît un grand nombre d'enfants, le territoire étant partagé comme il l'est, il y en aura nécessairement beaucoup qui tomberont dans l'indigence.

14. D'un autre côté, l'organisation de l'Éphorie est très-vicieuse : car les membres de cette magistrature, qui décide des affaires les plus importantes, sont tous pris dans le peuple; en sorte qu'il y arrive souvent des hommes très-pauvres, et que leur indigence a plus d'une fois disposés à se ven-

---

rent au nombre des citoyens de Sparte, non-seulement des étrangers, mais même des esclaves, comme le témoignent Plutarque et Tite-Live.

(1) Voyez Élien (*Var. Hist.* l. 6, c. 6).

dre; comme on a pu le voir souvent dans les temps passés, et récemment encore au sujet des *Andries* (1); car quelques-uns d'entre eux, s'étant laissé corrompre par argent, il n'a pas tenu à eux que l'état n'ait été entièrement ruiné. Et, comme leur autorité était très-grande et presque despotique, les rois eux-mêmes étaient forcés de s'appliquer à capter leur bienveillance ; c'est une des causes qui ont dégradé et altéré la forme de la constitution, qui, d'aristocratique, est devenue démocratique.

15. Il est vrai que cette magistrature affermit [sous d'autres rapports] le gouvernement; car elle tient le peuple en repos, par le droit qu'elle lui donne de participer au plus grand pouvoir; de sorte que, soit sagesse du législateur, soit hasard, elle contribue à l'utilité générale et au bien des affaires. Car, pour qu'un gouvernement subsiste et se conserve, il faut que toutes les classes de la société désirent son existence et son maintien. Or, à Sparte, les rois ont un pareil intérêt, à cause des honneurs dont ils jouissent; les citoyens distingués par leur naissance, leur fortune et leur vertu, à cause du sénat [où ils peuvent être appelés], puisque cette ma-

---

(1) Voyez le § 3 du chapitre suivant. Il y a pourtant lieu de croire que le texte grec est ici altéré; car on ne voit pas pourquoi Aristote aurait imaginé d'employer dans cette circonstance un mot ancien et hors d'usage, pour désigner les repas publics, ni pourquoi il en serait question dans un endroit où l'auteur parle de la vénalité comme étant devenue un vice commun parmi les éphores.

gistrature est le prix de la vertu ; et le peuple, à cause de l'éphorie, à l'exercice de laquelle tous les citoyens peuvent être admis.

16. Au reste, il fallait sans doute que cette magistrature fût élective, et que les membres en fussent pris dans le peuple ; mais non pas avec le mode d'élection qui est usité aujourd'hui, car il est aussi trop puéril (1). D'ailleurs, ce sont les éphores, c'est-à-dire des magistrats pris dans la dernière classe du peuple, qui jugent les causes les plus importantes ; et par cette raison, il aurait mieux valu qu'ils ne pussent pas juger arbitrairement, mais qu'ils fussent tenus de conformer leurs sentences aux lois et à des règles écrites. Enfin, leur manière de vivre n'est nullement en harmonie avec les vœux de l'état ; car elle est très-relâchée, tandis que celle des autres citoyens est d'une excessive sévérité ; en sorte qu'ils ne peuvent en supporter la rigueur, et que, se dérobant à l'autorité de la loi, comme des esclaves fugitifs, ils se livrent secrètement à toutes sortes de voluptés.

17. Les réglements relatifs aux sénateurs ont aussi bien des défauts : car étant des gens distingués

---

(1) On ne sait point quel était ce mode d'élection : il est probable qu'il était à peu près le même que celui qu'on employait pour élire les sénateurs, et que Plutarque a décrit dans la vie de Lycurgue (c. 26). En général, dit Thucydide (*Hist.* l. 1, c. 87), les Lacédémoniens, dans leurs assemblées, manifestent leur choix par des acclamations, et non en donnant leurs suffrages, κρίνουσι γὰρ βοῇ, καὶ οὐ ψήφῳ.

par leurs talents et par une éducation propre à en
faire des hommes de mérite et de vertu, on pourrait regarder cette magistrature comme fort utile à
l'état. Mais, d'un autre côté, comme ils sont appelés, pour toute la durée de leur vie, à décider
des plus grandes affaires, cela présente peut-être
quelques inconvénients. Car il y a une vieillesse
pour l'entendement comme pour le corps; et comme
le législateur lui-même semble se défier d'eux, et
craindre que l'éducation qu'ils ont reçue ne les
mît pas à l'abri de la corruption, leur pouvoir
n'est pas sans danger pour l'état.

18. Il paraît même que ceux qui sont revêtus de
cette autorité se laissent quelquefois séduire par des
présents, et sacrifient l'intérêt public à la faveur.
Il aurait donc mieux valu qu'ils fussent responsa-
bles, au lieu qu'ils ne le sont pas. Le tribunal des
éphores semblerait devoir exercer sur toutes les autres magistratures une surveillance sévère; mais ce
serait accorder un privilége excessif à l'éphorie, et
ce n'est pas de cette manière-là que nous préten-
dons que la responsabilité doit exister. De plus, la
manière dont l'opinion des citoyens se manifeste,
dans l'élection des sénateurs, est puérile; et il n'est
pas bien que celui qui doit être appelé par les suffrages à cette fonction, la sollicite; car, quand on est
digne d'une magistrature, on doit en remplir les
fonctions, soit qu'on le veuille, ou qu'on ne le
veuille pas.

19. Ici, au contraire, comme dans tout le reste
de ses institutions, il semble que le législateur,

après avoir fait naître l'ambition dans le cœur des citoyens, les appelle à choisir les sénateurs : car il n'y a qu'un ambitieux qui puisse solliciter l'occasion d'exercer l'autorité. Et pourtant la plupart des injustices volontaires qui se commettent dans le monde, ont pour cause l'amour des honneurs et celui des richesses.

20. Quant à la royauté, de savoir s'il vaut mieux, ou non, qu'il existe une pareille institution dans les sociétés civiles, c'est une question qu'il faudra discuter ailleurs. Au moins serait-il plus avantageux qu'elle ne fût pas telle qu'elle est à présent à Lacédémone, et que chacun des rois ne fût élu que sur les preuves de mérite ou de vertu qu'il aurait données dans le cours de sa vie. Il est même évident que le législateur n'a pas cru pouvoir les rendre bons et vertueux ; aussi s'en défie-t-il, comme n'ayant pas autant de vertu qu'il serait nécessaire ; et c'est pour cela qu'on les a toujours fait accompagner au dehors par [des éphores (1) ou des sénateurs qui étaient] leurs ennemis, et qu'on a toujours pensé que la discorde entre les deux rois était nécessaire au salut de l'état (2).

21. La loi qui a établi les premiers repas communs, appelés *Phidilies*, n'a guère moins d'incon-

---

(1) C'étaient ordinairement deux éphores, qui ne devaient se mêler d'aucune affaire, si le roi ne les consultait, mais qui observaient sa conduite et celle des autres chefs. Voyez Xénophon (*De Republ. Laced.* c. 13 , § 5).

(2) On peut voir ce que dit à ce sujet, Plutarque, dans la vie de Cléomène (c. 12).

vénients : car il aurait mieux valu que la dépense de ces réunions fût à la charge du trésor public, comme en Crète ; au lieu qu'à Lacédémone chaque citoyen est obligé d'y apporter sa portion, bien qu'il y en ait quelques-uns de très-pauvres, et qui sont dans l'impossibilité de suffire à cette dépense. En sorte qu'il en résulte tout le contraire de ce que le législateur aurait voulu. Car il a prétendu que l'institution des repas publics fût démocratique, et elle ne l'est point du tout, par le mode d'exécution que prescrit la loi. C'est qu'il n'est pas facile à ceux qui sont très-pauvres d'y participer, et pourtant c'est une condition anciennement exigée chez eux pour constituer le droit de cité ; d'où il arrive que celui qui est incapable de supporter cette charge est exclu de toute participation au gouvernement.

22. D'autres ont blâmé aussi, et avec raison, la loi qui concerne les *Navarques*, ou commandants de la flotte : car elle est une cause de dissensions, puisque le commandement des vaisseaux est presque une autre royauté, à côté de celle des rois, qui sont à perpétuité les chefs de l'armée. Enfin, par cette raison, on peut faire au plan du législateur le reproche que lui a déja fait Platon, dans ses *Lois* (1) : c'est que toute sa constitution ne se rapporte qu'à une partie de la vertu, c'est-à-dire, à la valeur militaire. Sans doute, elle est utile pour s'assurer la supériorité de la force : aussi les Lacédémoniens se

______

(1) Voyez *Plat. de Legib.* l. 1, p. 16, ed. Bipont.

sont-ils maintenus, tant qu'ils ont fait la guerre ; mais, quand leur domination a été établie, ils ont péri, faute de savoir vivre en repos, et de s'être exercés à aucune autre vertu, plus importante que celle qui sert dans les combats.

23. Une erreur non moins grave, qu'on peut reprendre encore en eux : c'est qu'ils s'imaginent que c'est par le courage, plutôt que par la lâcheté, qu'on peut obtenir les biens qu'on désire le plus, et en cela ils ont raison ; mais ils ont tort de croire que de pareils biens sont au-dessus de la vertu. Les institutions relatives aux richesses dont l'état dispose ont aussi chez les Lacédémoniens de fâcheux inconvénients ; car il n'y a point chez eux de trésor public : et, quand ils sont forcés de soutenir de grandes guerres, chacun ne contribue aux frais qu'avec parcimonie (1). Comme la plus considérable partie des terres appartient à des Spartiates, ils n'exercent pas une surveillance bien sévère sur les contributions les uns des autres, et de cette manière le législateur est arrivé à un résultat tout contraire à l'intérêt général de l'état ; car il l'a rendu pauvre et dénué d'argent, et il a rendu les particuliers avides de richesses. Je ne dirai rien de plus au sujet du gouvernement des Lacédémoniens, car ce sont là les vices principaux qu'on pourrait y reprendre.

***

(1) C'est précisément ce que dit Archidamus, dans Thucydide (l. 1, c. 80), pour détourner les Lacédémoniens d'entreprendre la guerre contre les Athéniens.

VII. La constitution de la Crète (1) se rapproche beaucoup de celle de Lacédémone ; elle ne lui est pas inférieure sous quelques rapports de peu d'importance : seulement, elle porte en général le caractère d'une civilisation moins avancée. On dit aussi, et il est facile de s'en apercevoir, que le gouvernement de Sparte a été formé sur le modèle de celui de la Crète (2) ; or, il y a ordinairement dans les institutions anciennes, moins de régularité que dans celles qui sont plus récentes. On raconte, en effet, que Lycurgue, lorsque, ayant renoncé à la tutelle du roi Charilaüs, il eut pris la résolution de voyager, s'arrêta assez long-temps en Crète, à cause des liens qui unissaient les deux pays, car les Lyctiens étaient une colonie des Laconiens (3) ; et ceux d'entre eux qui vinrent alors s'établir en Crète, adoptèrent le système de lois qu'ils trouvèrent établi parmi les habitants du pays. Voilà pourquoi les *Periœciens* (4) observent encore aujourd'hui ces

----

(1) Sur l'île de Crète, ses antiquités, ses mœurs, etc., on peut consulter le *Voyage du jeune Anacharsis*, chap. 73 ; et sur la constitution politique de ce pays, le savant ouvrage de feu Mr de Sainte-Croix, intitulé : *Des anciens Gouvernements fédératifs*.

(2) L'historien Éphore, au rapport de Strabon (*Geogr.* l. 10, p. 480 suiv.), regardait la constitution de Sparte comme imitée de celle de Crète, et la plupart des anciens écrivains font la même observation : Polybe seul (*Hist.* l. 6, c. 45) a essayé de combattre cette opinion.

(3) Voyez Polybe (*Hist.* l. 6, c. 54).

(4) Ou paysans, serfs ou esclaves, habitant dans le voisinage des villes ; car le mot grec περίοικοι, suivant Pollux (l. 6, § 113),

mêmes lois, dont Minos a été le premier auteur.

2. Au reste, l'île paraît destinée par la nature à commander à toute la Grèce, et est admirablement située pour cela, puisque les peuples grecs habitent presque tous les bords de la mer; que d'une part, elle est très-peu éloignée du Péloponnèse, et de l'autre, de la côte d'Asie, où se trouve Triopium (1), et de l'île de Rhodes. Aussi Minos possédait-il l'empire de la mer et des îles, dont les unes furent conquises par lui, et les autres habitées par les colonies qu'il fonda. Enfin, ayant voulu soumettre la Sicile, il y perdit la vie près de Camicus (2).

3. Le gouvernement de la Crète a donc de l'analogie avec celui de Sparte. Car ici, ce sont les hilotes qui cultivent le terre, et chez les Crétois les périœciens; et il y a chez les deux peuples des banquets ou repas communs; et même, anciennement, ces repas n'étaient pas appelés par les Spartiates *Phiditia*, mais *Andria*, comme on les appelle en Crète; ce qui fait voir que c'est de là que cette in-

---

est synonyme de γείτονες (voisins). Isocrate (*Panegyr.* c. 36) trouvait fort convenable que l'on fît ainsi des *voisins* (περιοίκους) de tous les Barbares, c'est-à-dire de tous les peuples qui n'étaient pas Grecs; et pourtant ce même écrivain (*Panathen*, c. 73) s'indigne de la cruauté et de la lâcheté des Spartiates, qui exposaient ces malheureux esclaves à des dangers qu'eux-mêmes n'osaient affronter. Voyez le commentaire de Mʳ Coray sur Isocrate, t. 2, p. 271.

(1) Ville de la Carie. (Voyez *Plin. Hist. nat.* l. 5, c. 28).

(2) Ville de la Sicile, bâtie près d'un fleuve du même nom. Voyez Strabon (l. 6, p. 273 et 299).

stitution est venue (1). L'ordre des fonctions pu-

---

(1) Athénée (*Deipnosoph*. l. 4, p. 143) nous a conservé, sur ce sujet, des détails assez curieux, extraits du quatrième livre d'un traité de Dosiadès sur les mœurs des Crétois. « Voici (dit « cet auteur) comment les Lyctiens ordonnent les repas qu'ils « prennent en commun. Chacun contribue pour l'association « ou *Hétérie* dont il est membre, et pour les revenus de la ville, « du dixième de ses produits; et cette contribution est répartie « par les chefs de la ville entre toutes les familles. Quant aux « esclaves, leur contribution est d'un statère d'Égine par tête. « Or, tous les citoyens sont divisés en sociétés ou hétéries, « qu'ils nomment ἄνδρια, et le soin des repas communs est confié « à une femme, qui prend pour le service trois ou quatre esclaves « publics; et chacun d'eux s'adjoint deux valets porteurs de « bois, qu'ils appellent καλοφόροι. Il y a dans toutes les villes de « la Crète deux édifices publics, dont l'un, destiné pour les « repas, se nomme ἀνδρεῖον, et l'autre, servant d'asyle aux « étrangers, s'appelle κοιμητήριον. Dans l'édifice destiné aux re- « pas, on trouve d'abord deux tables, appelées tables hospita- « lières, où s'asseyent les étrangers qui se trouvent là ; ensuite « les tables pour les citoyens. On donne une part égale à chacun « des convives présents; mais les jeunes gens n'ont qu'une « moitié de part de viande, et ne touchent à aucun autre mets. « Puis on place sur la table un vase de vin mêlé d'eau. Tous « ceux qui sont à table en boivent, et après le repas on en ap- « porte un autre. Les enfants n'ont qu'un seul vase de vin, « mêlé aussi d'eau ; mais les hommes plus âgés peuvent boire « plus de vin, s'ils le veulent. La femme qui préside à l'ordon- « nance des repas commence par choisir les morceaux les plus « délicats, et les fait servir à ceux qui ont acquis de la renom- « mée, soit par leur valeur dans les combats, soit par leur sa- « gesse dans les conseils. Ordinairement, après le repas, on « commence par délibérer sur les affaires publiques, ensuite on « raconte les actions héroïques qui ont eu lieu à la guerre, on « loue ceux qui se sont illustrés par leur bravoure, et on les pro- « pose pour modèles à la jeunesse. »

bliques est aussi le même. Car les éphores ont la même autorité que les magistrats appelés *Cosmes* en Crète, excepté qu'il n'y a que cinq éphores, au lieu que les *Cosmes* sont au nombre de dix. Les sénateurs (ou Gérontes) sont aussi en même nombre que le corps appelé *sénat* par les Crétois. Quant à la royauté, elle existait également chez eux, dans les premiers temps; mais ils l'abolirent dans la suite, et ce sont les *Cosmes* qui ont le commandement des troupes pendant la guerre.

4. Tous les citoyens sont admis à prendre part aux délibérations qui se font en assemblée générale; mais ces assemblées ne décident d'aucune affaire, elles ne font que confirmer par leurs suffrages ce qui a été proposé par les sénateurs et par les Cosmes. Mais ce qui concerne les repas publics est mieux ordonné chez les Crétois que chez les Lacédémoniens. Car, chez ces derniers, chacun est tenu d'apporter personnellement la portion d'aliments qui est exigée; sinon la loi l'exclut de toute participation au gouvernement, comme il a été dit plus haut. Mais, en Crète, cette institution est plus populaire. Car il est ordonné par la loi de prendre sur les récoltes des fruits, et sur les bestiaux, et en général sur tous les tributs appartenant à l'état, et fournis par les Périœciens, une partie que l'on consacre au culte des dieux et aux dépenses publiques de toute espèce, et une autre partie pour les repas communs. En sorte que tous les citoyens, hommes, femmes et enfants, sont nourris aux frais de l'état.

5. Le législateur a encore fait plusieurs sages ré-

glements concernant la sobriété dans le vivre, chose si importante; et concernant la séparation des femmes, afin qu'elles ne puissent pas avoir beaucoup d'enfants; et pour cela il a établi l'institution du commerce des hommes entre eux. Mais j'aurai occasion d'examiner ailleurs, au sujet de cette dernière institution, si elle est vicieuse, ou si elle ne l'est pas. Toujours est-il évident que l'organisation des repas communs est meilleure chez les Crétois que chez les Lacédémoniens. Quant à celle des Cosmes, elle est encore plus défectueuse que celle des Éphores; car elle a le même inconvénient que cette dernière magistrature, puisqu'on y appelle aussi des hommes qui n'offrent aucune garantie; mais ce que l'Éphorie a d'avantageux pour l'état, en général, ne se trouve pas ici. En effet, comme tous les citoyens, à Lacédémone, peuvent être choisis pour Éphores, le peuple, participant ainsi à la plus grande autorité, désire que le gouvernement se maintienne; mais ici, on ne prend pas les Cosmes dans toutes les classes des citoyens, on ne les prend que dans certaines familles, et on ne fait sénateurs que ceux qui ont exercé les fonctions de Cosmes (1).

6. On pourrait faire, au sujet de ceux-ci, les mêmes réflexions que nous avons déja faites sur ceux qui exercent cette magistrature à Sparte. Car

---

(1) Éphore, cité par Strabon (l. 10, p. 480 et suiv.), confirme ce que dit ici Aristote; et les notes de feu Mr Laporte Dutheil, dans la traduction française, contiennent plusieurs utiles éclaircissements sur le même sujet.

Tome II.   9

l'exemption de toute responsabilité, et l'autorité à vie, sont des priviléges trop grands, et la faculté d'user du pouvoir au gré de leur volonté, et sans se conformer à aucune loi écrite, a des dangers réels. Au reste, la tranquillité où demeure le peuple, quoiqu'il n'ait aucune part à l'administration, n'est pas une preuve que ce gouvernement soit bien organisé : car les Cosmes n'ont pas occasion, comme les Éphores, de se laisser gagner par argent, vivant dans une île où ils sont trop loin de ceux qui auraient intérêt à les corrompre. Mais le remède que l'on applique aux abus de cette magistrature, est bizarre et fort peu politique; c'est plutôt un moyen tyrannique et arbitraire.

7. En effet, il arrive souvent que les Cosmes sont chassés par quelques uns de leurs collègues, ou par de simples particuliers qui se soulèvent contre eux; et même, sans cela, il leur est permis d'abdiquer leur pouvoir. Mais il vaudrait mieux que cela se fît en vertu des lois, que suivant le caprice des hommes ; car c'est une méthode qui n'est pas sans danger. Mais, ce qu'il y a de plus mauvais que tout le reste, c'est l'anarchie (1) qu'établissent quelquefois ceux des hommes puissants qui veulent se soustraire aux poursuites juridiques intentées contre eux (2). Par où il est évident que l'ordre des

------

(1) Littéralement : l'*Acosmie*, c'est-à-dire, l'absence, ou la suspension, pour un temps, de la magistrature exercée par les *Cosmes*.

(2) Montesquieu, dans l'*Esprit des Lois* (l. 8, ch. 11), pré-

choses, dans ce pays, n'est pas une véritable forme de gouvernement, mais n'en a que l'apparence. C'est plutôt un régime oligarchique et tout à fait arbitraire. Les Crétois ont aussi pour habitude, quand le peuple se trouve partagé en partis, d'établir une monarchie, et, se livrant ainsi à l'esprit de sédition, de combattre les uns contre les autres.

8. Cependant, quelle différence y a-t-il entre un pareil état de choses, et le renversement complet de la forme du gouvernement, au moins pour un temps, ou même l'entier anéantissement de tout ordre social? Dans cette situation, un état est plus exposé à devenir la proie de tous ceux qui voudront et qui pourront attenter à sa sûreté. Mais, comme je l'ai dit, celui-ci doit son salut à la nature et à la situation des lieux. Car l'éloignement y tient lieu d'une loi qui en bannirait les étrangers (1). Voilà pourquoi la classe des Périœciens reste tranquille chez les Crétois, tandis que les hilotes se révoltent souvent. D'ailleurs, les Crétois n'ont aucun pouvoir hors de chez eux; et, dans ces derniers temps, ils ont eu à soutenir dans leur île, contre des étrangers, une guerre qui a bien fait

---

tend que si cette coutume pernicieuse ne détruisit pas le gouvernement, et même tout lien social chez les Crétois, il faut l'attribuer a leur amour excessif pour la patrie. Mais Aristote paraît avoir mieux aperçu la véritable cause de ce fait.

(1) Au sujet de la *Xénélasie*, ou de l'expulsion et de l'éloignement des étrangers, qui était ordonné par les lois de Sparte, voyez Xénophon (*De Rep. Laced.*, c. 14, § 4), et Plutarque (*In Lycurg.* c. 27, et *Lacon. instit.*, p. 886), etc.

voir toute la faiblesse des lois de ce pays-là (1). Je n'en dirai pas davantage sur cette forme de gouvernement.

VIII. Les Carthaginois (2) paraissent aussi avoir une bonne constitution politique, et supérieure, à bien des égards, à celle des autres peuples, mais qui se rapproche, dans certaines choses, de celle des Lacédémoniens. Car ces trois modes de gouvernement, je veux dire celui de Crète, celui de Lacédémone et celui des Carthaginois, ont plusieurs traits de ressemblance entre eux, et ont de grands avantages sur les autres. On trouve, chez les Carthaginois, plusieurs institutions fort sages; et ce qui prouve la bonne organisation de leur répu-

---

(1) On ne sait quelle est cette guerre dont parle ici notre philosophe; peut-être était-ce quelqu'une de celles que les Crétois soutinrent contre les Macédoniens, sous le règne d'Alexandre, ou contre les Lacédémoniens, sous celui d'Agis. Cicéron (*Orat. pro L. Muræna*) observe que les lois des Lacédémoniens et des Crétois ne purent les garantir du joug des Romains, et il ajoute, en parlant des derniers : *Quorum alteri uno adventu nostri exercitus deleti sunt.*

(2) Les principales sources où l'on peut puiser quelques documents, toujours fort incomplets, sur les Carthaginois, sont les histoires de *Polybe*, de *Diodore de Sicile*, de *Tite-Live* et d'*Appien*. *Justin* nous fournit aussi quelques renseignements, puisés principalement dans Théopompe. Parmi les ouvrages modernes, on peut lire avec fruit, 1° *Hendrick De Republica Carthaginiensium ;* 2°, et surtout, le savant et ingénieux ouvrage de Mr de Heeren, intitulé : *Ideen über die Politick*, etc. , ou « Idées sur la politique et les relations commerciales des états de « l'antiquité », dont la 3e édition a paru à Gœttingue en 1815.

blique, c'est que, bien que le peuple y soit une des parties constitutives de l'état, il n'a point subi de révolutions, et qu'il ne s'y est jamais élevé ni dissensions de quelque importance, ni tyrannie usurpée par quelque particulier.

2. Il y a, en fait d'institutions assez semblables à celles des Lacédémoniens, des repas publics de sociétés d'amis, ou *Hétéries*(1), et un tribunal de cent quatre magistrats, qui tient lieu de celui des Éphores, excepté qu'il a moins d'inconvénients. Car les Éphores sont pris sans distinction parmi toutes sortes de gens, au lieu qu'à Carthage ces cent quatre magistrats sont choisis à raison du mérite et de la vertu. Enfin, il y a aussi à Carthage des dignités analogues ou correspondantes à celles des rois et des sénateurs à Lacédémone, et même mieux constituées, en ce que les rois ne sont pris ni dans la même famille, ni dans une famille obscure, mais distinguée; et que la dignité de sénateur s'y donne au choix plutôt qu'à l'âge. En effet, ce tribunal devant décider d'affaires importantes, s'il est composé d'hommes sans aucun mérite, il peut faire beaucoup de mal, comme il en a déja fait à la république de Sparte.

3. Au reste, la plupart des défauts que nous avons blâmés, comme des déviations d'une bonne constitution, se retrouvent dans les trois états dont nous avons parlé : mais, dans un système de gouverne-

---

(1) On ne sait point d'ailleurs ce que c'étaient que ces *Hétéries* chez les Carthaginois.

ment soit aristocratique, soit démocratique, ces défauts consistent, d'une part, à faire trop pencher la balance du côté du peuple, et de l'autre, à trop favoriser la tendance vers l'oligarchie. En effet, à Carthage, les rois et les sénateurs sont maîtres de soumettre de certaines affaires à la décision du peuple, et d'en dérober d'autres à sa connaissance, toutes les fois qu'ils seront d'accord : sinon, c'est le peuple qui décide même de celles qu'on ne voulait pas lui soumettre. Dans les choses sur lesquelles ils l'appellent à délibérer, non-seulement ils lui font part des résolutions qui ont été prises par les magistrats, mais c'est à lui qu'il appartient de décider, et il est permis à tout individu de combattre les propositions qu'on soumet à l'assemblée, ce qui n'a pas lieu dans les autres républiques.

4. Mais les *Pentarchies* [ou commissions composées de cinq magistrats] qui ont la décision des affaires les plus importantes, ayant la faculté d'élire elles-mêmes les membres dont elles se composent, de nommer les membres du conseil des cent, où réside la plus grande autorité, et enfin d'exercer le pouvoir plus long-temps qu'on ne le fait dans les autres magistratures (car ils l'exercent dans les provinces même, quand ils y vont, aussi-bien qu'à Carthage) ; ces commissions, dis-je, ont un caractère prononcé d'oligarchie. Et, d'un autre côté, il faut regarder comme un caractère d'aristocratie la condition de ne recevoir aucun salaire de leurs fonctions, de n'être point éligibles par le sort, et autres usages semblables. Enfin, que toutes les

causes soient jugées par les mèmes magistrats (1),
et non pas certains procès par quelques magistrats,
et d'autres procès par d'autres tribunaux, comme
à Lacédémone, c'est encore là un caractère d'aristocratie.

5. Au reste, la constitution de Carthage semblerait s'éloigner de l'aristocratie, et pencher fortement
vers l'oligarchie, si l'on admettait l'opinion de beaucoup de personnes, qui pensent que ce n'est pas
seulement à raison du mérite et de la vertu qu'il
faut choisir les magistrats, mais qu'on doit aussi
avoir égard aux richesses ; car, suivant eux, il est
impossible qu'un homme dans l'indigence exerce
l'autorité comme il le doit, et qu'il ait assez de
loisir. Or, si le choix fondé sur la considération
des richesses caractérise l'oligarchie, et si celui qui

---

(1) L'auteur veut dire ici, et il le répète dans le premier chapitre du livre suivant (§ 7), que les juges formaient à Carthage
un ordre à part, qui avait, exclusivement à toute autre magistrature, la fonction de juger les causes et les procès de tout genre;
ce qui est confirmé par Tite-Live (l. 23, c. 46) qui dit expressément : *Judicum ordo Carthagine ea tempestate dominabatur,
et maxime quod iidem perpetui judices erant. Res, fama,
vitaque omnium in illorum potestate erat ; qui unum hujus
ordinis, idem omnes adversarios habebat : nec accusator deerat
apud infestos judices.* Cette institution, qui ressemblait à quelques égards à ce qu'étaient les parlements en France, avant
1789, paraît à Aristote tout-à-fait aristocratique, et avec raison.
Il faut voir, dans l'endroit cité de Tite-Live, quelle fut la conduite perfide et tyrannique de ces juges envers Annibal, et
comment leur orgueil et leur avarice devinrent l'une des principales causes de la ruine de leur patrie.

se fonde sur la vertu est le caractère de l'aristocratie, la constitution de Carthage présenterait alors
une troisième combinaison, puisqu'on y élit les
magistrats, et précisément ceux qui ont le pouvoir le plus étendu, c'est-à-dire les rois et les généraux, en ayant égard à cette double condition.

6. Cependant on doit regarder cette altération
du principe de l'aristocratie comme une faute du
législateur; car un de ses premiers devoirs et de
ses soins les plus importants est de pourvoir à ce
que les citoyens les plus recommandables, par leur
mérite et leur vertu, aient du loisir, et ne soient
jamais dans le cas de perdre leur considération,
non-seulement lorsqu'ils remplissent quelques
fonctions publiques, mais même dans la vie privée (1). D'ailleurs, s'il faut avoir quelque considération pour l'aisance ou la fortune, à cause du loisir qu'elle procure, il y a de l'inconvénient à ce
que les dignités les plus considérables soient vé-
nales, comme la royauté et le commandement des
armées; car une pareille loi fait qu'on attache plus
de prix à la richesse qu'à la vertu, et inspire à tous
les citoyens l'amour de l'argent.

---

(1) Aristote ne fait qu'énoncer ici une opinion, qui, bien
qu'elle ait été celle de tous les politiques de son temps, n'en
est pas moins erronée. L'affaire du législateur n'est assurément
pas de pourvoir aux besoins ou à l'aisance des hommes esti-
mables et vertueux, c'est un soin qui ne doit regarder qu'eux.
Que la loi les protége contre l'injustice des méchants et des
hommes violents, magistrats ou autres, ils n'ont rien de plus à
lui demander.

7. Or, ce que les hommes qui ont la suprême autorité considèrent comme digne de leur estime, obtient nécessairement celle des autres citoyens ; et il est impossible qu'une constitution vraiment aristocratique s'affermisse, partout où la vertu n'est pas principalement honorée. Il est encore naturel que ceux qui achètent leurs dignités s'accoutument à faire des profits, lorsqu'ils sont parvenus, à force de dépenses, à exercer le pouvoir ; car il serait étrange qu'un homme pauvre, mais honnête, eût le désir de s'enrichir, et que celui qui aurait moins d'élévation d'ame ne consentît pas à le faire, après avoir prodigué sa fortune [pour obtenir une magistrature] ; il faut donc que le pouvoir soit entre les mains de ceux qui sont capables de l'exercer dans le sens de la véritable aristocratie. Sans doute le législateur, même en négligeant de mettre les hommes honnêtes à l'abri de l'indigence, fera toujours bien de pourvoir à ce que les dépositaires de l'autorité aient le loisir [de vaquer aux affaires publiques].

8. C'est encore un vice du gouvernement, et une coutume fort en vogue à Carthage, qu'une même personne y exerce les fonctions de plusieurs emplois. Car une tâche n'est bien faite que par celui qui s'y consacre tout entier. Or, c'est au législateur à veiller à cela, et à ne pas exiger que le même individu joue de la flûte et fasse des souliers. Tellement que, dans un état qui n'est pas trop petit, il est plus conforme à l'ordre public, et plus populaire, de faire participer aux emplois un plus

grand nombre de personnes; car, comme je viens de le dire, il y a plus d'avantage à ce qu'une même chose soit faite par les mêmes personnes; elle se fait mieux et plus vite. C'est ce qu'on voit clairement dans les manœuvres de la guerre et des vaisseaux, où l'autorité et l'obéissance se partagent entre tous ceux qui concourent à ces deux genres d'opérations, et passent successivement des uns aux autres.

9. Quoique la constitution de Carthage soit oligarchique, on y échappe avec beaucoup d'habileté à cet inconvénient, en enrichissant successivement quelque portion du peuple, qu'on envoie dans les villes qui dépendent de la république. Car c'est là le moyen qu'on a imaginé pour rendre l'ordre des choses durable; mais c'est l'effet du hasard, au lieu que l'absence des discordes et des dissensions devrait être celui de la sagesse du législateur. Dans l'état présent des choses, s'il arrive quelque désastre, et que la multitude des sujets se révolte, le silence des lois ne laisse espérer aucune ressource contre un pareil danger. Telle est la manière dont sont organisées les républiques de Lacédémone, de Crète et de Carthage, qui ont acquis une juste célébrité.

IX. Entre les écrivains qui ont proposé quelques vues sur l'ordre des sociétés politiques, il y en a qui n'ont jamais pris la moindre part active au gouvernement d'aucun état, mais qui sont restés tout le temps de leur vie dans une condition privée; et nous en avons dit à peu près tout ce qui mérite

quelque attention. Mais plusieurs ont été législateurs, les uns dans leur propre patrie, les autres
chez des peuples étrangers. Quelques-uns même
ont présidé à l'administration des affaires ; et, parmi
ceux-ci, il y en a qui ont été simplement auteurs
de lois, et d'autres qui ont été fondateurs de gouvernements, comme Lycurgue et Solon. Car ce ne
sont pas seulement des lois, mais des républiques
qu'ils ont établies.

2. J'ai déja parlé de celle des Lacédémoniens :
quant à Solon (1), il y a des gens qui le considèrent comme un profond législateur, car ils lui attribuent d'avoir aboli l'oligarchie, qui n'était pas
assez tempérée ; d'avoir affranchi le peuple de la
servitude, et d'avoir fondé dans sa patrie une démocratie, qui consistait en un heureux mélange des
autres formes de gouvernement. En effet, le conseil
de l'aréopage est une institution oligarchique, les
magistratures électives en sont une aristocratique,
et l'organisation des tribunaux est entièrement démocratique. Toutefois, il paraît que Solon conserva
le conseil de l'aréopage, et le mode de l'élection
aux magistratures, tels qu'ils existaient auparavant,
mais que c'est lui qui a établi la démocratie, en
composant les tribunaux d'individus pris dans toutes les classes de citoyens.

---

(1) La législation de Solon a été décrite avec assez de détails
par Plutarque, dans la vie de ce sage Athénien. Mais l'auteur
du *Voyage du jeune Anacharsis* a réuni avec autant de goût que
d'érudition, dans le premier volume de son ouvrage (p. 102—
151), tout ce que les anciens nous ont transmis sur ce sujet.

3. Aussi quelques personnes lui reprochent-elles d'avoir détruit l'une de ces deux institutions, en mettant toute l'autorité dans les tribunaux, dont les membres sont nommés par le sort. Car, du moment où leur autorité se fut affermie, les magistrats sacrifièrent la constitution entière au désir de plaire au peuple, comme à un tyran capricieux, et introduisirent la démocratie qui existe aujourd'hui. Éphialtes commença à mutiler le pouvoir de l'aréopage, de concert avec Périclès, qui de plus introduisit l'usage de donner un salaire aux membres des tribunaux (1). De cette façon, chacun des démagogues qui se succédèrent renchérit sur les abus, pour porter la puissance populaire au degré où elle est parvenue. Mais il est probable que ce n'était pas là l'intention de Solon, et que cet ordre de choses a été l'effet du hasard et des circonstances.

4. En effet, le peuple ayant été la principale cause des succès obtenus sur mer, dans la guerre Médique, s'enorgueillit et prit pour chefs des démagogues pervers, malgré l'opposition des citoyens les plus recommandables. D'ailleurs, Solon paraît n'avoir accordé au peuple que le pouvoir le plus indispensable, celui de choisir les magistrats, et de se faire rendre compte de leur gestion. Car, s'il n'a

---

(1) Ce que notre auteur dit ici des changements introduits par Éphialtès et par Périclès, et de l'effet de ces changements, est confirmé par Diodore de Sicile (l. 11, c. 77), et par Plutarque dans la vie de Cimon (c. 15). On peut voir aussi le savant commentaire de Perizonius sur Élien (*Var. Hist.* l. 8, c. 10).

pas au moins ce droit dans le gouvernement, il ne peut qu'être esclave, et par conséquent hostile. Mais ce législateur avait voulu que toutes les magistratures fussent exercées par des citoyens distingués et jouissant d'une aisance honnête, c'est-à-dire, par ceux qui composaient les deux classes [désignées relativement au cens ou au revenu par les noms] de *Pentacosiomédimnes*, de *Zeugites*, et de *Chevaliers*, qui composaient la troisième classe. Car la quatrième, celle des mercenaires, était composée d'habitants, qui n'avaient aucune part à l'autorité ni au gouvernement (1).

5. Il y a eu encore d'autres législateurs : Zaleucus (2), chez les Locriens épizéphyriens, et Cha-

---

(1) Solon, dit Plutarque (*In Solon*, c. 18), composa la première classe de ceux qui recueillaient au moins cinq cents mesures, soit de fruits secs, soit de liquides, et les appela, par cette raison, *Pentacoséiomdimnes*. Il composa la seconde classe de ceux qui recueillaient trois cents mesures, ou qui étaient en état d'entretenir un cheval, et les appela *Chevaliers*. Il donna le nom de *Zeugites* à la troisième classe, composée de ceux qui ne recueillaient que deux cents mesures, ou peut-être qui pouvaient entretenir un couple de bœufs (ζεῦγος) pour le labour. Enfin, les mercenaires, gens de peine, vivant du salaire qu'ils recevaient en travaillant pour autrui, et qui furent appelés *Thètes* (Θῆτες), formèrent la quatrième classe.

(2) On croit que Zaleucus a vécu vers la 69ᵉ olympiade (514 ans avant J.-Ch.), et par conséquent plus d'un siècle avant l'époque de Pythagore, quoique Sénèque (*Epist.* 90) l'ait compté au nombre des Pythagoriciens. Il donna des lois aux *Locriens épizéphyriens* (ainsi nommés du cap *Zephyrium*, aujourd'hui cap Burzano, à l'extrémité méridionale de l'Italie), qui étaient une colonie des

rondas de Catane, qui donna des lois à ses propres
concitoyens, et aux autres républiques fondées par
des colonies de Chalcidiens, dans l'Italie et dans la
Sicile. Quelques-uns prétendent qu'il faut joindre
à ceux-ci Onomacrite qui, suivant eux, aurait été
le premier parmi ceux qui ont montré une grande
habileté dans la législation, et qui, quoique Locrien,
exerça, disent-ils, ses talents en Crète, où il sé-
journait pour pratiquer l'art de la divination. Ils lui
donnent pour ami *Thalès* (de Gortyne) et font Lycurgue et Zaleucus disciples de ce Thalès, comme
Charondas le fut, suivant eux, de Zaleucus; mais,
dans toutes ces assertions, ils ont trop négligé d'a-
voir égard à l'ordre des temps.

6. Philolaüs (1) de Corinthe donna aussi des lois
aux Thébains; il était de la famille des Bacchiades,
et s'étant lié d'une tendre amitié avec Dioclès, qui
avait remporté le prix aux jeux olympiques, lorsque
ce dernier abandonna sa patrie, pénétré d'horreur
de la passion incestueuse qu'avait conçue pour lui
sa mère Halcyone, il se retira à Thèbes, où tous
deux finirent leurs jours. On montre encore aujourd'hui leurs tombeaux, dont l'un est visible du
territoire de Corinthe, et l'autre ne l'est pas. Ils

Locriens de la Grèce. Mr Heyne a restitué, d'après Stobée et
Diodore de Sicile, les fragments qui nous restent de ses lois.
Voyez HEINII *Opuscul. Academic.* to. II.

(1) On ne sait de ce Philolaüs que ce qu'en dit ici Aristote. La
famille des Bacchiades avait long-temps régné à Corinthe. Au
reste, il ne faut pas confondre ce législateur avec un philosophe
du même nom, pythagoricien célèbre, et ami de Platon.

sont situés de manière que de l'un des deux il soit facile de voir l'autre.

7. La tradition rapporte qu'ils avaient eux-mêmes donné cet ordre pour leur sépulture ; Dioclès ayant voulu, par un profond ressentiment des chagrins qu'il avait éprouvés, que la terre de Corinthe ne pût pas être aperçue de son tombeau, et Philolaüs, au contraire, ayant désiré qu'on l'aperçût du sien. Telle fut donc la cause qui les porta à fixer leur séjour chez les Thébains. Philolaüs fit pour eux des lois, et entre autres celles qui concernent la naissance des enfants, et celles qu'ils appellent *Lois d'adoption* (1) ; et, dans les réglements qu'il a faits à ce sujet, il a particulièrement eu en vue la conservation du nombre des lots ou des héritages.

8. Il n'y a rien de particulièrement remarquable dans les lois de Charondas (2), à l'exception des poursuites qu'il veut qu'on fasse contre les faux témoignages, car il est le premier qui se soit oc-

---

(1) Mr Schneider doute si la loi de Thèbes sur ce sujet, rapportée par Élien (*Var. Hist.* l. 2, c. 7), n'aurait pas quelque rapport avec celles de Philolaüs, dont parle ici Aristote.

(2) Charondas, de Catane, en Sicile, fut le législateur de sa patrie et de plusieurs des peuples Chalcidiques (colonies de Chalcis), établis en Sicile et en Italie. On trouve des détails sur ses lois et sur sa personne dans les *Opuscula Academica* de Mr Heyne (to. 11), et dans les *Opuscula philologica* de Bentley (p. 354 et suiv., ed. Lips.) Il mourut au commencement de la 76e olympiade (avant J.-Ch. 467). Voyez aussi ce qu'en dit Aristote au 4e livre (c. 9, § 10) de ce traité.

cupé de punir ce genre de délits; mais il y a plus
de précision dans ses lois, et plus de noblesse dans
son langage, qu'on n'en trouve dans celui des législateurs d'à-présent. L'égalité maintenue entre les
propriétés est un des traits distinctifs de la législation de Philolaüs; la communauté des biens et des
femmes, et l'institution des repas communs entre
celles-ci, distinguent celle de Platon, où l'on peut
remarquer aussi la loi sur l'ivresse, qui ordonne
que la présidence des festins soit dévolue aux
hommes sobres; et le réglement sur les exercices
guerriers, qui a pour but de rendre les soldats
ambidextres, attendu qu'il ne faut pas que l'une des
deux mains soit utile, et l'autre inutile.

9. Il existe encore des lois de Dracon (1), mais
il les fit pour un gouvernement déja établi; et il
n'y a rien dans ces lois qui soit digne de mémoire,
si ce n'est l'excessive dureté qu'annonce la grandeur des peines. Pittacus (2) aussi a été auteur
d'un corps de lois, mais non pas d'un système de
gouvernement. Une loi qui lui est particulière est
celle qui punit le délit d'un homme ivre, d'une
amende plus forte que si la même faute était commise par un homme sobre. Car comme il y a plus
de gens qui s'abandonnent à la violence et à l'in-

------

(1) La législation de Dracon, à Athènes, précéda celle de
Solon, qui n'en conserva que les lois sur le meurtre. (Voyez
Plutarch. in Solon. c. 6; *Ælian. Var. Hist.* l. 8, c. 10; *A. Gell
noct. Attic.* l. 11, c. 28).

(2) Voyez la *Morale*, l. 9, c. 6, p. 420 de notre traduction

solence dans l'état d'ivresse qu'à jeun, le législateur n'a pas cru devoir tant considérer l'indul-
gence que mérite un pareil état, que l'utilité [d'en
punir les excès]. Il y a eu aussi Androdamas de
Rhége, législateur des Chalcidiens de Thrace, qui fit
des lois sur le meurtre et relativement aux héritières (1). Mais nous n'avons d'ailleurs rien à dire
de particulier sur lui. Voilà les considérations que
j'avais à présenter sur les divers modes de gouvernement qui sont actuellement en vigueur, ou qui
ont été imaginés par quelques écrivains.

---

(1) On ne sait rien de plus sur cet Androdamas. On remarque,
dans les deux derniers chapitres de ce livre, une précipitation
et un défaut d'ordre, qui ont fait croire aux plus habiles éditeurs que le texte y est altéré, en plusieurs endroits. Peut-être
n'est-ce ici qu'un résumé ou un abrégé de ce qu'avait écrit
Aristote lui-même.

LIVRE III.

ARGUMENT.

I. Pour connaître l'essence de la société civile, et les caractères distinctifs des divers gouvernements, il faut d'abord savoir ce que c'est que *cité*, et surtout ce que c'est que *citoyen*. Or, on donne ce nom à tout homme qui participe aux jugements et aux délibérations sur les intérêts généraux de la société. Cette définition ne s'applique, au reste, rigoureusement qu'aux membres d'un état démocratique. Dans les autres formes de gouvernement, le droit de délibérer en assemblée générale et d'exercer les fonctions de juge, n'appartient pas individuellement à tous, comme dans la démocratie. D'autres conditions, comme d'être né d'un père et d'une mère ayant droit de cité, ou de l'un d'eux seulement, constituent quelquefois le citoyen. Les révolutions qui changent la forme du gouvernement, changent aussi ces conditions; ce qui donne lieu à la question de savoir quand on peut dire qu'un état est ou n'est pas le même. — II. La vertu qui caractérise l'homme de bien, en général, est-elle, ou non, la même que celle qui fait le bon citoyen? Comme la vertu de celui-ci est essentiellement relative à la forme du gouvernement sous lequel il vit; et comme les formes des gouvernements sont très-diverses, la vertu du bon citoyen ne saurait être une et parfaite, comme celle de l'homme de bien. Il faut que le bon citoyen sache et puisse commander et obéir; et sa vertu propre consiste à savoir ce que c'est que l'autorité sur des hommes libres. — III. Si la participation à l'autorité est ce qui caractérise éminemment le citoyen, faudra-t-il mettre les artisans au nombre des citoyens? Comme il y a diverses formes de gouvernement, il doit y avoir aussi diverses classes de citoyens. Dans les états démocratiques, les artisans devront nécessairement être citoyens; mais ils ne pourront pas l'être dans les états aristocratiques. Au contraire, ils pourront jouir du droit de cité sous un gouvernement oligarchique; mais à de certaines conditions, soit de revenu, soit de quelque autre nature. Ainsi, il y a reellement plusieurs espèces de citoyens, et ce titre ne peut appartenir qu'à ceux qui participent aux honneurs et à l'autorité dans le gouvernement. — IV. Dans tout état, ceux qui gouvernent ou administrent, composent ce qu'on nomme *le souverain*. Dans la démocratie, c'est le peuple; dans l'oligarchie, c'est un petit nombre d'hommes, etc. Le besoin de vivre est le lien commun de la société, parce qu'il y a un sentiment de plaisir ou de bonheur attaché au seul fait de notre existence. L'homme a donc essentiellement besoin de vivre et de vivre heureux; l'état de société n'est qu'un moyen naturel de satisfaire ce besoin. Par conséquent, tous les gouvernements qui ont pour but l'utilité commune de tous les citoyens, sont bons et conformes à la justice, dans le sens propre et absolu de ce mot : mais tous ceux qui ne tendent qu'à l'avantage particulier des hommes qui gouvernent, sont dans une fausse route. Ce sont des déviations ou des corruptions des bons gouvernements. — V. Le gouvernement d'un seul, lorsqu'il a pour but l'intérêt général, s'appelle *royauté;* celui d'un petit nombre d'hommes, ayant le même but, est appelé *aristocratie;* et celui du plus grand nombre, toujours dans le même sens, se nomme *république.* La *tyrannie* est une monarchie gouvernée dans le seul intérêt du monarque; l'*oligarchie* est dirigée dans le seul intérêt des riches, et la *démocratie* dans le seul intérêt des pauvres. Les dissensions qui s'élèvent dans les divers états, quelle que soit la forme du gouvernement, viennent de ce qu'on ne se fait pas une juste notion de ce qu'il faut entendre par les mots *justice* ou *droit;* c'est qu'étant égaux ou inégaux, sous de certains rapports, les citoyens prétendent l'être sous tous les rapports possibles. Mais, ce qui caractérise essentiellement la cité, c'est la participation de tous à une vie vertueuse et heureuse, ayant pour but le bonheur et l'aisance des familles et des générations qui se succèdent. Par conséquent, ceux qui contribuent le plus à un pareil résultat, ont plus d'importance réelle dans la cité que ceux qui leur sont égaux, ou même qui les surpassent, sous d'autres rapports. — VI. Quel sera le *souverain* de l'état ? Le pouvoir absolu a de graves inconvénients, soit qu'on le confie à un seul, ou à plusieurs, ou à la multitude. Il en a aussi entre les mains de ceux qui ne sont ni riches, ni considérables par leurs talents ou par leurs vertus. Peut-être la véritable fonction de ceux-ci est-elle de choisir la plupart des magistrats, et de se faire rendre compte de leur gestion. En général, le dépositaire du pouvoir, quel qu'il soit (que ce soit un homme, ou qu'il y en ait plusieurs), ne doit jamais décider que dans les cas où les lois ne peuvent pas s'expliquer d'une manière claire et précise. Mais, dans les bons gouvernements, les lois seront justes, et elles ne le seront pas dans ceux qui ne sont que des déviations de ceux-là. — VII. Le but de la société politique étant la justice, qui n'est que l'utilité commune, et l'égalité étant le fondement de la justice, il faut se faire une notion exacte de cette égalité. Or, ceux qui ne sont égaux ou supérieurs aux autres que sous un seul rapport, ne doivent pas prétendre à l'égalité ou à la supériorité sous tous les autres rapports. La *bonté* des lois consiste à y observer l'*égalité*, prise en ce sens. — VIII. Une supériorité extraordinaire, en fait de vertus et de talents de tout genre, ne peut presque pas être soumise aux lois, et c'est pour cela que, dans plusieurs états démocratiques, on a établi l'*ostracisme*, moyen qui a quelque analogie avec la conduite des tyrans, quand ils font périr ceux des citoyens qui se distinguent par leur courage ou par l'élévation de leurs sentiments, dans la crainte qu'ils ne renversent leur autorité. Cependant, un homme doué des plus rares talents et de la plus sublime vertu, mériterait sans doute que les autres citoyens consentissent à lui obéir, et lui confiassent la puissance royale à perpétuité. — IX. Le gouvernement monarchique peut être considéré comme un genre, qui comprend sous lui plusieurs espèces. Il y en a où le roi n'a d'auto-

rité absolue que sur l'armée, dont il est le général à perpétuité :
il y en a d'héréditaires et d'électives ; il y en a où le monarque
jouit d'un pouvoir absolu et illimité, etc. En Grèce, les monarques eurent, dans les plus anciens temps, une autorité de
ce genre, mais qui fut successivement diminuée et presque
anéantie dans la plupart des états de ce pays. — X. On peut
réduire les diverses espèces de royauté au nombre de quatre :
1° celle des temps héroïques, limitée, et fondée sur le consentement des sujets ; 2°. celle des barbares, absolue, héréditaire,
mais fondée sur la loi ; 3° celle des *Esymnètes*, tyrannie élective,
pour un temps, ou pour la vie seulement [espèce de dictature] ;
4° celle des rois de Lacédémone, commandement de l'armée à
perpétuité. Enfin, c'est une cinquième espèce, lorsque le monarque est maître absolu de tout, sans loi et sans condition.
Les abus de cette monarchie, produisent l'oligarchie, laquelle
produit, à son tour, la tyrannie, dont les excès soulèvent le
peuple et amènent quelquefois la démocratie. L'hérédité a des
inconvénients ; le degré de pouvoir et de force à accorder au
monarque est difficile à déterminer. — XI. La monarchie absolue et illimitée donne lieu à des objections auxquelles on ne
saurait répondre d'une manière satisfaisante. Celui qui veut que
la loi commande, semble ne reconnaître d'autorité que celle de
Dieu lui-même et de la raison : celui qui prétend que c'est à
l'homme de commander, substitue à cette autorité de la raison
celle de la bête féroce ; car les passions ont quelque chose d'aussi
violent, elles corrompent et dégradent les hommes même les
plus vertueux, lorsqu'ils disposent du pouvoir. Aussi, peut-on
dire avec raison que la loi est l'intelligence, ou la raison, sans
les passions. — XII. Les notions exposées dans les chapitres
précédents, peuvent conduire à des vues plus précises sur la
forme de gouvernement la plus parfaite, sur les moyens de
l'établir.. ... [*La suite de ce chapitre et la fin du* 3ᵉ *livre
manquent.*]

1. Pour celui qui observe la société politique, qui veut connaître quelle est, pour ainsi dire, l'essence et quels sont les caractères distinctifs de chaque état, le premier point à considérer, au sujet de la cité (1), c'est de savoir ce qu'elle est. Car jusqu'ici on n'est pas d'accord sur cela, les uns prétendant que c'est toujours la cité qui agit (ou qui transige, toutes les fois qu'il se fait quelque transaction publique), tandis que d'autres soutiennent que ce n'est pas la cité (l'état), mais l'oligarchie ou le tyran. D'ailleurs, il est facile de voir que toute l'occupation du politique et du législateur a la cité pour objet ; or, le gouvernement, ou la constitution politique, n'est que l'ordre établi entre ceux qui habitent la cité.

2. Mais, comme la cité est un objet complexe, de même que tout autre système composé d'un nombre d'éléments ou de parties, il est évident qu'il faut d'abord chercher ce que c'est qu'un citoyen ; car la cité est une multitude de citoyens ; en sorte qu'il faut examiner ce que c'est que le citoyen, et à qui il faut donner ce nom. Car on

---

(1) Le mot *cité* (πόλις) a dû prendre, dans cette traduction, une signification fort étendue ; il signifie donc la même chose que république, état, société politique ou civile, mais avec cette circonstance particulière qu'on y considère spécialement une ville, ou capitale, qui comprend, en quelque sorte, l'état tout entier, quelle que soit d'ailleurs l'étendue, grande ou petite, du territoire qui environne la ville, ou qui est dans sa dépendance.

n'est pas toujours d'accord sur ce point, puisque tout le monde ne convient pas, au sujet d'un même individu, qu'il soit citoyen; et il est possible, en effet, que tel qui l'est dans une démocratie, ne le soit pas dans une oligarchie.

3. Laissons donc à part ceux qui obtiennent ce nom, de quelque autre manière que ce soit, comme sont, par exemple, ceux à qui l'on a accordé le droit de cité. Or, on n'est pas citoyen, pour habiter dans un certain lieu : car les simples domiciliés et les esclaves sont aussi des habitants. On ne l'est pas non plus, pour participer aux mêmes droits, de manière qu'on soit dans le cas d'être poursuivi devant les mêmes tribunaux ou d'y poursuivre les autres ; car c'est ce qui a lieu pour tous ceux qui ont entre eux des relations d'affaires ou de commerce. Dans plusieurs endroits même, les simples domiciliés ne jouissent pas complètement de ce privilège, mais il faut qu'ils aient un répondant ou un patron (1), de manière que, sous ce rapport, ils ne sont qu'imparfaitement membres de la communauté.

4. C'est ainsi qu'on ne peut donner que jusqu'a un certain point, et non dans un sens absolu, le nom de citoyens aux enfants qui ne sont pas en-

____

(1) A Athènes surtout, un simple domicilié ne pouvait poursuivre aucune affaire, s'il n'avait un citoyen pour répondant ou pour patron (προςάτης, et en latin *auctor*). On peut voir les remarques de Mr Coray sur Isocrate (t. 2, p. 130) où les textes d'Harpocration et de Suidas, sur ce sujet, ont été recueillis avec soin.

core inscrits sur les registres publics (1), à cause de leur bas âge, et aux vieillards, qui sont exempts de tout service (à cause de leur âge avancé); mais on est obligé d'ajouter (en parlant des uns) qu'ils ne sont encore qu'imparfaitement citoyens, et des autres qu'ils ont passé l'âge, ou toute autre restriction pareille; car il importe peu : et l'on comprend ce que je veux dire. En effet, je ne veux que déterminer l'idée complète et absolue du citoyen, sans qu'il y ait rien à y reprendre ou à y réformer. D'ailleurs, il en serait de même de ceux qui auraient été notés d'infamie ou condamnés à l'exil : il y aurait les mêmes doutes à élever et les mêmes questions à résoudre sur leur qualité de citoyens; or, il n'y a rien qui détermine cette qualité d'une manière plus absolue, que le droit de participer aux jugements et à l'autorité. Mais, entre les magistratures, il y en a qui ne s'exercent que pour un temps limité, de sorte que quelques-unes ne peuvent être exercées deux fois par la même personne, ou du moins on ne peut les exercer de nouveau qu'après un certain laps de temps. Il y en a, au contraire, dont la durée est illimitée, comme les fonctions de juge et de membre des assemblées générales.

---

(1) C'est-à-dire sur le registre, ou tableau, où l'on inscrivait les noms des citoyens, lorsqu'ils étaient parvenus à l'âge où la loi les autorisait à régir leur patrimoine. Ce registre était appelé Ληξιαρχικὸν, (*scil.* γραμματεῖον.) Voyez encore l'ouvrage de Mr Coray, cité dans la note précédente (t. 2, p. 137).

5. Peut-être dira-t-on que ceux qui remplissent de pareilles fonctions n'exercent aucun pouvoir, et que par conséquent ils n'ont point de part à l'autorité; et pourtant il serait ridicule de refuser toute autorité à ceux qui ont le pouvoir souverain. Mais ne disputons pas là-dessus, puisqu'il n'est question ici que du nom; car, puisque nous n'avons point de terme pour désigner ce qu'il y a de commun au juge et au membre de l'assemblée générale, admettons, pour en mieux distinguer l'idée, que c'est une autorité, une magistrature indéterminée; or, ce sera précisément ceux qui y participent, que nous appelons citoyens. Et, en effet, tel est à peu près le caractère par lequel tous ceux à qui l'on donne ce nom se ressemblent entre eux.

6. D'ailleurs, il est bon de savoir que, dans les choses que l'on peut classer sous différentes espèces, entre lesquelles il y en a une première, une seconde, et ainsi de suite, il n'y a quelquefois rien de commun, ou au moins à peine quelques traits de ressemblance, qui soient propres à leur faire donner un même nom (1). Or, nous voyons que les formes de gouvernement diffèrent d'espèce les unes à l'égard des autres, que les unes ont la priorité sur les autres, qui sont en quelque sorte d'un rang

---

(1) Aristote remarque ici que les noms génériques, lorsqu'on les applique aux diverses espèces comprises sous un même genre, expriment souvent des choses qui n'ont presque aucune ressemblance entre elles, et qui n'ont, pour ainsi dire, de commun que le nom qu'on leur donne.

inférieur ; car il faut bien que celles qui sont défectueuses, ou qui ont subi quelque altération, soient au-dessous de celles où l'on ne trouve rien à reprendre ; et l'on verra plus loin dans quel sens nous entendons ces mots d'altération, ou de dégradation de la forme du gouvernement. De là il suit nécessairement que le citoyen n'est pas le même dans chaque sorte de gouvernement, et que par conséquent c'est dans la démocratie qu'il est surtout tel que je l'ai défini.

7. Sans doute, il peut s'en rencontrer de tels dans les autres espèces de gouvernement, mais ils ne s'y trouvent pas nécessairement ; car il y en a où le peuple ne fait point une partie constitutive de l'état, et où les lois n'ont point établi d'assemblées générales, qui aient la décision des affaires, mais seulement des convocations, ou réunions, dont on prend les avis. Certains tribunaux se partagent le jugement des procès, comme à Lacédémone où chacun des éphores est chargé de prononcer sur différentes espèces de causes relatives aux transactions entre particuliers, tandis que les sénateurs (1) prononcent sur les accusations de meurtre, et peut-être quelque magistrature particulière, sur d'autres genres de délits. Il en est de même à Carthage, où ce sont de certaines magistratures qui jugent toutes les espèces de causes.

____

(1) C'étaient toujours des hommes avancés en âge, des vieillards (γέροντες) de nom et d'effet, comme le remarque Cicéron (*De Senect.* c. 14, et *De Divinat.* l. 1, c. 43).

8. Ainsi donc notre définition du citoyen est susceptible de quelque modification ou restriction : car, dans les autres formes de gouvernement, le droit de délibérer en assemblée générale, et d'exercer les fonctions de juges, n'appartient pas indéfiniment à tous les citoyens (comme dans la démocratie), il constitue au contraire une magistrature déterminée. Et le privilège de délibérer et de juger est accordé, ou à tous les membres de cette magistrature, ou à quelques-uns d'entre eux, ou sur tous les objets, ou seulement sur quelques-uns. On voit donc par là ce que c'est que le citoyen ; car celui qui participe à l'autorité délibérative et judiciaire, est celui que nous appelons citoyen de la cité ainsi constituée ; et nous appelons, en général, cité, la multitude de tels citoyens, capable de se suffire à elle-même, et de se procurer tout ce qui est nécessaire à son existence.

9. On définit quelquefois, dans l'usage ordinaire, le citoyen celui qui est né d'un père ou d'une mère qui étaient citoyens, et non pas de l'un des deux seulement ; d'autres exigent quelque chose de plus ; par exemple, que les aïeux au premier degré aient été citoyens, ou même les ascendants au second et au troisième degrés. Et même, après cette définition assez grossière, et qui n'est que pour la pratique, il y a des gens qui conservent quelque doute, et qui demandent comment on constatera que ce quatrième ascendant était citoyen. Aussi Gorgias de Léontium, soit pour exprimer un doute réel, soit par ironie, disait-il que de même que

l'on appelle mortiers certains ustensiles qui ont été faits par les fabricants de mortiers [et non par un autre mortier]: ainsi l'on appelait citoyens de Larisse ceux qui avaient été faits par certains ouvriers, qui étaient comme des fabricants de Larisséens, [et non par des habitants de Larisse]. Mais la chose est bien simple : car, si ceux dont on parle participaient au gouvernement de la manière que nous avons expliquée, ils étaient citoyens. Et, en effet, la condition d'être né d'un citoyen et d'une citoyenne ne saurait s'appliquer aux premiers qui ont bâti une ville, ou fondé un état.

10. Il y a peut-être plus de difficulté, par rapport à ceux qui ont été admis au rang de citoyens, par suite d'une révolution arrivée dans le gouvernement; comme lorsque Clisthène (1), après que les tyrans eurent été chassés d'Athènes, admit dans les tribus, des étrangers, des esclaves et des domiciliés. Mais la question, en pareil cas, n'est pas de savoir qui est citoyen, mais si c'est justement ou non qu'on l'est. Toutefois ceci pourrait donner lieu à une nouvelle difficulté : on pourrait douter si celui qui n'a pas été fait citoyen avec justice, est réellement citoyen, puisque injuste et faux est à peu près la même chose. Au reste, nous voyons certaines personnes exercer injustement l'autorité, et

---

(1) Clisthène, après l'expulsion des fils de Pisistrate et de leurs partisans, fut l'auteur de plusieurs modifications qui furent faites aux lois de Solon, et entre autres de la mesure dont parle ici Aristote.

néanmoins nous disons qu'ils ont cette autorité, quoiqu'ils l'aient injustement. Or, c'est la jouissance d'un certain privilège qui fait le citoyen, puisque, comme on l'a dit, celui-là est citoyen, qui participe à ce privilège ; d'où il suit clairement que telle est la véritable acception du mot *citoyen* ; mais ici revient la question de savoir s'ils le sont justement, ou injustement. En effet, il y a des gens qui sont embarrassés de décider quand c'est l'état qui agit, et quand ce n'est pas lui : comme lorsque l'oligarchie ou la tyrannie se change en démocratie. Car alors quelques - uns ne veulent ni acquitter leurs engagements, (prétendant que ce n'était pas avec l'état, mais avec un tyran qu'ils avaient été contractés), ni exécuter plusieurs autres choses de ce genre, attendu qu'il y a des gouvernements qui ne se fondent que sur la violence, et non sur l'intérêt général.

11. Mais, si un gouvernement démocratique s'établit sur la ruine d'une oligarchie, ou sur celle d'un tyran, dira-t-on que toutes les transactions des gouvernements précédents doivent être regardées comme lui appartenant ? Cette observation nous conduit à l'examen de la question de savoir quand on peut dire qu'un gouvernement reste le même, ou devient autre qu'il n'était : et cette recherche ne serait pas difficile, s'il ne s'agissait que des lieux et des hommes ; car il peut arriver qu'il y ait séparation des uns et des autres, et qu'une partie des citoyens habite un lieu, et l'autre partie une autre contrée. Il faut donc prendre la question

dans un sens moins rigoureux (ou moins matériel), car, comme le mot de gouvernement a bien des acceptions diverses, il y a plus de ressources ou de données pour la solution du problème.

12. Pareillement, quand faut-il regarder les hommes qui habitent une même contrée, comme composant une même cité? Ce n'est pas sans doute parce qu'elle serait entourée de murailles : car on pourrait en entourer le Péloponnèse tout entier. Telle est peut-être l'enceinte de Babylone, ou toute autre qui contient dans son sein une nation, plutôt qu'une cité; de cette Babylone, dont on dit qu'un quartier tout entier ne s'était encore aperçu de rien, trois jours après qu'elle était tombée au pouvoir des ennemis (1). Mais l'examen de cette difficulté, tout important qu'il est, doit être renvoyé à un autre endroit; car le politique habile ne doit pas ignorer quelle doit être l'étendue de la cité, et s'il est avantageux qu'elle ne comprenne qu'une nation, ou qu'elle en comprenne plusieurs.

13. Mais, lorsque les mêmes hommes habitent la même contrée, et tout le temps qu'ils sont une même nation, dira-t-on que la cité demeure la même, quoique sans cesse des individus périssent,

---

(1) Il veut parler de la prise de Babylone par Cyrus. **Voyez** Hérodote (*Hist.* l. 1, c. 191) qui, au reste, ne dit pas qu'il se fût écoulé trois jours, avant que la nouvelle de la prise de la ville fût connue dans un certain quartier; mais que ceux qui habitaient au centre ne s'aperçurent pas qu'elle était attaquée ou occupée par une de ses extrémités.

tandis que d'autres naissent : comme nous appliquons ordinairement ce mot *même* aux fleuves et aux sources, bien qu'il s'en écoule sans cesse des eaux, qui sont remplacées par d'autres eaux? Ou bien faut-il dire que cette cause fait que les hommes sont les mêmes, mais qu'elle rend la cité autre? Car, si la cité est une sorte de communauté, si elle est une communauté de gouvernement entre les citoyens : du moment où la forme du gouvernement deviendra autre, et d'espèce différente, on sera nécessairement autorisé à penser que la cité n'est plus la même. C'est ainsi du moins qu'un chœur de danseurs, tantôt dans la comédie, tantôt dans la tragédie, est autre, quoique souvent il soit composé des mêmes acteurs.

14. Pareillement, nous appelons différente toute autre association ou combinaison, lorsqu'elle offre une autre espèce de composition ; par exemple l'harmonie des mêmes sons, est appelée autre, lorsqu'il en résulte tantôt le mode dorien, tantôt le mode phrygien. Or, s'il en est ainsi (dans tous ces cas), il s'ensuit évidemment que nous devons dire qu'une cité est la même, surtout en ayant égard à la forme du gouvernement. Et il est permis de lui appliquer le même nom, ou un nom différent, et lorsque ce sont les mêmes hommes qui l'habitent, et lorsque ce sont des hommes tout différents. Mais, de savoir s'il est juste d'abolir, ou non, les engagements contractés, lorsque la cité subit une révolution dans la forme de son gouvernement, c'est une autre question.

II. A ce que nous venons de dire, se rattache immédiatement l'examen de cette autre question : savoir, si la vertu qui caractérise l'homme de bien, en général, est ou n'est pas la même que celle qui fait le bon citoyen. Au reste, en supposant que ce point mérite une recherche attentive, il faut commencer par se faire une idée sommaire et générale de la vertu propre au citoyen. Or, on peut dire du citoyen ce que l'on dit de l'un quelconque des individus qui sont à bord d'un navire, qu'il est membre d'une espèce de société ou d'association. Mais, entre toutes ces personnes qui naviguent ensemble, et qui ont des moyens ou des facultés différentes, (puisque l'un est rameur, l'autre pilote attaché au gouvernail, celui-ci dirigeant une autre manœuvre à la proue, celui-là ayant une fonction désignée par quelque autre nom), il est évident que l'on pourra exprimer, par une définition précise et rigoureuse, la vertu ou la fonction propre de chacun; et que pourtant il y aura aussi quelque définition générale, applicable à tous. Car le salut de l'équipage est l'affaire de tous, puisque c'est l'objet commun des vœux de chacun d'eux.

2. Pareillement, le salut de la communauté est l'affaire de tous les citoyens, quelque différence qu'il y ait entre eux : or, ce qui constitue la communauté, c'est la forme du gouvernement; il faut donc nécessairement que la vertu du citoyen y soit relative; et, s'il existe plusieurs formes de gouvernement, il s'ensuit clairement que la vertu du bon citoyen ne saurait être une et parfaite. D'un autre

côté, on a raison de dire que c'est la perfection de la vertu qui constitue l'homme de bien : il est donc évident que le bon citoyen peut ne pas posséder la vertu qui fait l'homme de bien.

3. Quoi qu'il en soit, on peut, d'une autre manière, arriver au même résultat, en raisonnant sur la question relative à la meilleure forme de gouvernement. Car, s'il est impossible que la cité se compose d'hommes qui seront tous vertueux, et s'il faut que chacun remplisse avec exactitude la tâche qui lui est personnellement imposée (ce qui ne peut venir que de la vertu puisque tous les citoyens ne sauraient être semblables en tout), alors la vertu de l'homme de bien et celle du bon citoyen ne saurait être une et la même. Car sans doute il faut bien que tous aient la vertu du bon citoyen, puisqu'ainsi la cité sera nécessairement à son plus haut degré de perfection ; mais ils ne peuvent avoir la vertu de l'homme de bien, à moins qu'on ne prétende qu'il est nécessaire que tous les citoyens, dans un bon gouvernement, soient vertueux.

4. D'ailleurs, la cité se compose d'individus qui ne sont pas semblables, c'est ainsi, par exemple, que l'animal est composé de l'ame et du corps; l'ame, de la raison et du désir. Comme la famille est composée du mari et de la femme ; la propriété, du maître et de l'esclave : de même la cité se compose de tous ces divers éléments, et outre cela, de plusieurs autres espèces d'éléments divers. Il faut nécessairement que la vertu de tous les citoyens ne soit pas la même, comme dans un chœur de danse

le talent du coryphée ne doit pas être le même que celui du simple choriste qui figure à côté de lui.

5. Il est donc visible, d'après cela, que la vertu n'est pas absolument la même dans tous les citoyens. Mais enfin y aura-t-il quelque citoyen dont la vertu doive être la même que celle de l'homme de bien par excellence? Sans doute on ne saurait nier qu'un bon magistrat ne doive être un homme vertueux et sensé, et que tout homme politique ne doive avoir au moins un sens droit. Il y a même des gens qui prétendent que l'éducation de celui qui exerce l'autorité doit être autre que celle du simple citoyen, comme on voit les enfants des rois s'exercer à monter à cheval et étudier l'art de la guerre. Euripide lui-même dit aussi :

« Qu'ils ne m'étalent point ces agréments vulgaires,
« Qu'ils montrent des vertus à l'état nécessaires (1). »

comme étant persuadé qu'il y a une instruction propre à celui qui est destiné à commander.

6. Mais, si la vertu d'un magistrat, digne dépositaire du pouvoir, est la même que celle de l'homme de bien, et si celui qui obéit au magistrat est en même temps citoyen ; il s'ensuit que la vertu du citoyen, en général, n'est pas la même que celle de l'homme de bien ; cela ne peut se dire que de la

---

(1) C'est le sens de deux vers d'une tragédie d'Euripide, intitulée *Æolus*, que nous n'avons plus : ces deux vers se trouvent dans Stobée (*Serm.* p. 302), mais Aristote n'en cite que les principales paroles.

vertu de quelque citoyen. Car celle du magistrat revêtu de l'autorité n'est pas la même que celle du citoyen. C'est peut-être pour cela que Jason (1) disait qu'il mourrait de faim, s'il ne régnait pas, parce qu'il ne savait pas vivre comme simple particulier.

7. Quoi qu'il en soit, on loue celui qui est en état de commander et d'obéir, et il semble que la vertu du citoyen consiste à pouvoir également bien faire l'un et l'autre. Si donc nous admettons que la vertu de l'homme de bien soit de commander, et que celle du citoyen soit d'obéir et de commander, il s'ensuivra que l'une et l'autre de ces deux choses ne sont pas également louables. On voit donc par là qu'on peut quelquefois être autorisé à penser que l'homme constitué en autorité et celui qui obéit ne doivent pas apprendre les mêmes choses, mais que le citoyen doit les savoir et les pratiquer toutes deux (2).

8. En effet, il y a une autorité du maître; et par là j'entends celle qui se rapporte aux choses nécessaires à la vie, que celui qui commande n'est pas indispensablement obligé de savoir, mais dont il est plutôt dans le cas de régler l'emploi. L'autre rôle est aussi celui des esclaves; et j'entends par

---

(1) C'est probablement Jason, tyran de Thessalie, dont il est fait mention dans le sixième livre de l'*Histoire grecque* de Xénophon.

(2) J'ai suivi le sens proposé par Mr Coray, qui soupçonne, avec assez de fondement, que le texte est un peu altéré dans la dernière phrase de ce §.

l'autre rôle, la faculté de servir et d'exécuter tous les actes relatifs au service. Au reste, il y a plusieurs espèces d'esclaves, puisqu'il y a plusieurs sortes de travaux, dont une partie est exécutée par les manouvriers, c'est-à-dire, comme l'exprime le nom lui-même, par ceux qui vivent du travail de leurs mains ; entre lesquels est l'artisan qui exerce un art mécanique quelconque. C'est pour cela qu'anciennement, chez quelques peuples, les artisans ne participaient point aux magistratures, avant l'établissement de cette démocratie extrême [qui admet au rang de citoyens les dernières classes d'habitants].

9. Il ne faut donc pas que l'homme de bien, ni celui qui doit remplir des fonctions politiques, ni le bon citoyen, s'instruisent à pratiquer ces sortes de travaux, qui ne conviennent qu'à ceux qui sont destinés à obéir, à moins qu'ils n'aient occasion quelque fois d'en faire usage pour leur propre utilité. Car alors il n'y a plus lieu à considérer d'un côté le maître, et de l'autre l'esclave ; mais c'est une sorte d'autorité qui s'exerce sur des personnes libres et égales. Et en effet, nous appelons proprement autorité politique celle qu'il faut apprendre à exercer en obéissant, comme on est en état de commander la cavalerie, quand on a servi parmi les cavaliers, de conduire une légion ou un bataillon, quand on a été simple soldat dans l'une et dans l'autre. Aussi dit-on avec raison qu'on ne commande avec succès que quand on a obéi.

10. Sans doute la vertu propre à chacune de ces deux situations n'est pas la même ; mais il faut que

le bon citoyen sache et puisse commander et obéir;
et sa vertu propre consiste à savoir ce que c'est que
l'autorité sur des hommes libres, sous ce double
rapport. Par conséquent, celle de l'homme de bien
les réunit l'un et l'autre, quoiqu'il y ait une espèce
de tempérance et de justice qui n'est pas la même
dans celui qui commande [et dans celui qui obéit].
Car il est évident qu'il ne peut y avoir pour l'homme
de bien qui obéit, mais qui est libre, une seule et
unique vertu (comme la justice, par exemple), mais
qu'il y en a diverses espèces, suivant qu'il comman-
dera ou qu'il obéira. C'est ainsi que la tempérance
et le courage, dans un homme, sont autres que
dans une femme. Car un homme qui ne serait cou-
rageux que comme une femme courageuse, semblerait timide; et une femme passerait pour impudente
babillarde, si elle n'avait que la réserve et la mo-
destie d'un honnête homme (1). Aussi voyons-nous
que, dans la famille, les devoirs de l'homme diffèrent de ceux de la femme; celui de l'un est d'acquérir, celui de l'autre est de conserver.

11. Mais la prudence est la seule vertu propre
du magistrat exerçant l'autorité; car, pour les autres
vertus, il semble nécessaire qu'elles soient également le partage de ceux qui commandent et de
ceux qui obéissent. La vertu du sujet, ce n'est pas
la prudence, mais un jugement sain, une opinion
conforme à la vérité. C'est ainsi que celui qui fa-
brique des flûtes est dans le cas d'obéir au joueur

____

(1) Voyez ci-dessus l. 1, c. 5, § 8.

de flûte, qui fait usage de l'instrument, et qui commande. On voit donc, par tout ceci, si la vertu de l'honnête homme est la même que celle du bon citoyen, ou si elle est autre ; comment elle est la même, et comment elle est différente.

III. Il reste encore un doute à résoudre au sujet du citoyen : savoir, si la faculté de participer à l'autorité est ce qui le caractérise véritablement, ou bien s'il faut mettre aussi les artisans au nombre des citoyens. Car, s'il faut les considérer comme tels, eux qui n'ont aucune part à l'autorité, il est dès-lors impossible de dire que la même prérogative appartienne à tout citoyen ; et d'un autre côté, si aucun homme de cette classe n'est citoyen, dans quelle classe faudra-t-il les ranger? Car ils ne sont ni de simples domiciliés, ni des étrangers. Ou bien, dirons-nous qu'il n'y a rien d'extraordinaire en cela, puisque ni les esclaves, ni les affranchis, ne sont pareillement rien de ce que nous venons de dire.

2. En effet, il est incontestable qu'on ne doit pas compter au nombre des citoyens tous les individus sans lesquels la cité ne saurait exister, puisque les enfants ne sont pas citoyens de la même manière que les hommes faits. Mais les uns le sont dans un sens absolu, et les autres seulement d'une manière conditionnelle ou éventuelle. Car ils ne sont qu'imparfaitement citoyens. Aussi, dans les anciens temps, tout artisan était-il considéré, chez certains peuples, comme esclave ou comme étranger, et c'est pour cela que la plupart de ces gens-là

le sont encore aujourd'hui. Au reste, jamais cité bien ordonnée n'admettra un artisan au rang de citoyen; et si on l'y admet, alors il faudra dire que la vertu dont nous avons parlé précédemment (1), n'appartient pas à tout individu, ni seulement à l'homme libre, mais à tous ceux qui peuvent s'exempter des travaux nécessaires à leur subsistance.

3. Or, en fait de travaux de ce genre, ceux qui les exécutent pour le service d'une seule personne, sont des esclaves, et ceux qui les exécutent pour le service du public, sont des artisans et des mercenaires; d'où il est facile de voir, avec un peu de réflexion, quelle doit être la condition de ces diverses classes, et ce qu'on vient de dire suffit pour le faire connaître avec évidence. Car, puisqu'il y a plusieurs formes de gouvernement, il faut aussi qu'il y ait des citoyens de plusieurs sortes, surtout parmi ceux qui sont sujets. En sorte que, dans telle espèce de république, l'artisan et le mercenaire devront nécessairement être citoyens, tandis que

---

(1) La vertu caractéristique du citoyen, qui, suivant notre philosophe, consiste à être également capable d'obéir et de commander, ne pourra toujours point être le partage de l'artisan, même quand il sera admis au rang de citoyen, car il ne saura qu'obéir, et non pas commander, tant que la nécessité de pourvoir à sa subsistance, par son travail, le mettra dans la dépendance de ceux qui le font travailler. Cette pensée n'est assurément pas tout-à-fait juste, mais elle est fondée sur un préjugé universellement admis chez les Grecs, à l'époque où écrivait Aristote.

cela sera impossible dans quelques autres; par exemple, s'il s'en trouve quelqu'une, comme celle que nous appelons aristocratique, où les honneurs et les dignités ne soient donnés qu'au mérite et à la vertu; car il n'est pas possible de s'appliquer à la vertu, quand on mène la vie d'artisan ou de mercenaire.

4. Quant aux gouvernements oligarchiques, il n'est pas possible qu'un mercenaire y soit citoyen, puisqu'on n'y parvient aux magistratures, qu'autant que l'on possède un revenu considérable; mais un artisan peut l'être, car il y en a beaucoup qui sont riches. Cependant, à Thèbes, il y avait une loi qui excluait des fonctions publiques quiconque n'avait pas cessé depuis dix ans toute espèce de trafic. Mais, dans beaucoup de républiques, la loi élève même un étranger au rang de citoyen; car il y a des états démocratiques, où ce rang est accordé au fils d'une citoyenne.

5. Il en est de même chez plusieurs peuples, à l'égard des bâtards; toutefois, ce n'est qu'à défaut de vrais et légitimes citoyens qu'on les admet à ce rang (car c'est un moyen que les lois emploient quelquefois pour remédier à la disette d'hommes). Mais, lorsqu'insensiblement la population s'est accrue, on exclut d'abord ceux qui sont nés d'un père et d'une mère esclaves, puis ceux qui ont eu seulement leur mère dans cette condition, puis enfin on ne fait citoyens que ceux dont le père et la mère l'étaient également.

6. On voit donc, par là, qu'il y a plusieurs es-

pèces de citoyens, et que ce titre appartient surtout à celui qui peut participer aux honneurs, et
qui n'est pas, comme s'exprime Homère, dans ses
poëmes :

« Traité sans nul égard, exclu de la cité (1). »

puisqu'en effet celui qui ne participe point aux
honneurs, ne peut être considéré que comme un
simple domicilié. Mais, quand cet ordre de choses
n'est pas expressément avoué, quand on le dissimule, ce n'est qu'un moyen de tromper ceux qui
habitent la même ville. Il est donc à présent facile
de voir, par tout ce qui a été dit, si la vertu qui
caractérise l'homme vertueux et le bon citoyen,
est la même, ou si elle ne l'est pas; que, dans
certains états, c'est le même caractère, tandis que
dans d'autres c'en est un différent, qui même n'appartient pas à tous les individus, mais seulement à
celui qui prend part à l'administration, et qui est,
ou qui peut être à même de surveiller (soit seul,
soit de concert avec d'autres) les intérêts communs
de la cité.

IV. Après avoir ainsi déterminé ces notions essentielles, il faut examiner s'il convient d'admettre
une seule forme de gouvernement, ou s'il y en
a plusieurs; et, dans ce dernier cas, combien il y
en a, quelles elles sont, et en quoi elles diffèrent.
Ce qui constitue la forme de gouvernement d'un
état, c'est l'ordre ou l'établissement des magistra-

____

(1) Voyez l'*Iliade* d'Homère, Chant 9ᵉ, vs. 644.

tures, surtout de celle qui a la suprématie sur les autres; car partout c'est l'administration ou le gouvernement suprême qui est le *Souverain* dans l'état ou dans la cité; et c'est elle proprement qui détermine la forme du gouvernement. C'est-à-dire que, dans les démocraties, par exemple, c'est le peuple qui est le souverain; et, au contraire, dans l'oligarchie, c'est un petit nombre d'hommes. Or, nous disons que ces deux formes diffèrent essentiellement, et nous raisonnerons de la même manière sur les autres espèces de gouvernement.

2. Et d'abord, il faut prendre pour base de cet examen, le but ou la fin de la société civile, et le nombre des espèces diverses d'autorité qui gouvernent les hommes, et qui les font vivre en commun. Au reste, au commencement de ce traité, où l'on a expliqué ce que c'est que l'économie domestique et l'autorité du maître, on a déja dit que l'homme est un animal destiné par la nature à vivre en société : voilà pourquoi ceux même qui n'ont aucun besoin du secours les uns des autres, n'en éprouvent pas moins le désir de vivre ensemble.

3. Outre cela, l'intérêt commun porte les hommes à se réunir, autant que cette union peut contribuer, pour chacun', au bonheur et à l'aisance de la vie. Tel est donc le but principal ou la fin que tous les hommes se proposent, soit en commun, soit individuellement : quelquefois aussi c'est uniquement pour pouvoir vivre qu'ils se réunissent, et c'est le même besoin qui est le lien de la société politique. Car, peut-être y a-t-il dans le seul acte de vivre une

partie et comme un principe du bien, ou du bonheur, toutes les fois que la vie n'est pas surchargée
de maux trop pénibles à supporter. Au moins est-il
visible que la plupart du temps les hommes en-
durent beaucoup de souffrances, par attachement
pour la vie, comme s'il s'y trouvait, pour ainsi dire,
mêlée une sorte de contentement et de douceur
naturelle (1).

4. Au reste, il est facile de distinguer les diverses espèces d'autorité dont nous parlons, et même
nous sommes revenus plus d'une fois sur cette distinction, dans ceux de nos ouvrages qui sont entre
les mains de tout le monde (2). Car l'autorité du
maître, bien que l'intérêt de celui que la nature a
fait pour l'exercer, soit véritablement le même que
celui de l'esclave par nature; cette autorité du
maître (disons-nous), ne s'exerce néanmoins pour
l'utilité de l'esclave, que par accident, et, pour ainsi

---

(1) La même pensée est exprimée par Euripide, dans sa
tragédie des *Suppliantes* (vs. 196 suiv.) en ces termes : « On a
« dit que, parmi les mortels, la somme des maux surpasse celle
« des biens : quant à moi, je suis d'un sentiment contraire à
« celui-là ; je crois qu'il y a parmi les hommes plus de bien que
« de mal : car, si cela n'était pas, nous ne verrions pas la
« lumière du jour. »

(2) Littéralement : *dans nos discours exotériques*, par opposition aux ouvrages ou aux traités appelés *ésotériques* ou *acro-
amatiques*, qui contenaient une doctrine propre à l'auteur,
laquelle n'était communiquée qu'aux disciples éprouvés, et
quelquefois dans des leçons purement orales. Il a déja été fait
mention de ces livres exotériques, dans le premier livre de ce
traité.

dire, comme un résultat, puisqu'il n'est pas possible que cette autorité se conserve, si l'esclave vient à périr.

5. Quant à l'autorité qui régit une femme, des enfants ou une famille entière, et qui est celle que nous nommons domestique ou économique, elle a pour but l'avantage de ceux qui y sont soumis, ou tout à la fois cet avantage et celui du maître. Cependant il peut arriver que, dans le cas où le but essentiel est le bien de ceux qui obéissent, l'avantage de ceux qui commandent se rencontre aussi par circonstance, comme on le voit dans plusieurs arts, et entre autres dans la médecine et dans la gymnastique. Car rien n'empêche que le maître d'exercices ne s'exerce aussi lui-même quelquefois pour son propre compte, et le pilote est toujours un des navigateurs. C'est sans doute l'avantage de ceux à qui ils commandent que le maître d'exercices ou le pilote ont en vue; mais lorsqu'il est lui-même un de ceux-là, il participe, par occasion, à l'avantage commun, puisque le pilote est aussi embarqué avec les passagers, et que le maître d'exercices est un de ceux qui s'exercent.

6. Voilà pourquoi, dans tout gouvernement fondé sur l'égalité et sur une sorte de parité entre les citoyens, chacun prétend à exercer à son tour les pouvoirs politiques; et, dans l'origine, ce désir était conforme à la nature même des choses. En prétendant que les fonctions publiques fussent remplies successivement par tous les citoyens, chaque citoyen voulait qu'il y eût quelqu'un qui veillât à son

tour sur ses intérêts, comme il avait lui-même veillé sur ceux des autres, quand il avait été revêtu de l'autorité. Mais aujourd'hui, à cause des grands avantages que procurent le pouvoir et la direction des affaires générales, on voudrait les conserver sans cesse. C'est comme si l'exercice du pouvoir procurait toujours, à ceux qui l'auraient obtenu, la santé, par exemple, quand ils seraient malades; car alors ce serait peut-être un motif pour ambitionner les charges et les dignités.

7. Il est donc évident que tous les gouvernements qui ont pour but l'utilité commune des citoyens, sont bons et conformes à la justice, dans le sens propre et absolu; mais tous ceux qui ne tendent qu'à l'avantage particulier des hommes qui gouvernent, sont dans une fausse route; ce ne sont que des corruptions ou des déviations des bons gouvernements. Car leur autorité est despotique [c'est celle du maître sur l'esclave], au lieu que la cité, ou société civile, est une association d'hommes libres (1). A présent donc que ces notions sont

---

(1) Ce principe fondamental de la science politique, reconnu et proclamé d'abord par les législateurs sortis de l'école de Pythagore, et ensuite par Platon (*De Repub.* l. 1, p. 185. Voy. aussi *Cic. de Offic.* l. 1, c. 25) énoncé ici d'une manière formelle par Aristote, adopté depuis comme règle de conduite par tout ce qu'il y a eu d'hommes éclairés et généreux à la tête des affaires, dans tous les pays civilisés du globe, a été admirablement confirmé et développé par l'illustre et respectable auteur du *Commentaire sur l'Esprit des Lois*, dans le second livre de cet excellent ouvrage.

bien déterminées, il nous reste à examiner combien il y a de formes diverses de gouvernement, et quelles elles sont; et d'abord ceux qui sont bons, car quand nous les aurons bien définis, il sera facile de reconnaître quels sont les gouvernements qui n'en sont que des déviations ou des corruptions.

V. Or, puisque les mots *république* et *gouvernement* signifient la même chose, puisque le gouvernement est l'autorité suprême dans les états, et que nécessairement cette autorité suprême doit être dans les mains d'un seul, ou de plusieurs, ou de la multitude : il s'ensuit que lorsqu'un seul, ou plusieurs, ou la multitude, usent de l'autorité conformément à l'utilité commune, il faut nécessairement que ces gouvernements soient bons; mais que ceux qui n'usent du pouvoir que dans l'intérêt d'un seul, ou de plusieurs, ou de la multitude, sont des déviations de ces bons gouvernements. Car il faut que l'on convienne, ou que ceux qui en sont membres ne sont pas des citoyens, ou qu'ils doivent participer à l'avantage général.

2. Entre les *monarchies*, on donne communément le nom de *royauté* à celle qui a pour but l'intérêt général; et le gouvernement d'un petit nombre d'hommes, ou de plusieurs, et non d'un seul, s'appelle *aristocratie*, soit parce que l'autorité est entre les mains des plus gens de bien, soit parce qu'ils en usent pour le plus grand bien de l'état et de tous les membres de la société. Enfin, lorsque la multitude gouverne dans le sens de l'intérêt

général, on donne à cette forme de gouvernement le nom de *république*, qui est commun à toutes les autres formes.

3. Au reste, c'est avec raison qu'on s'exprime ainsi ; car il est possible qu'un ou plusieurs individus acquièrent une supériorité remarquable en fait de vertu ; mais il est difficile qu'un grand nombre de gens puissent atteindre au plus haut degré de perfection dans tous les genres de vertu, excepté la vertu guerrière ; car celle-là se montre souvent dans un grand nombre d'hommes. C'est pour cela que, dans cette forme de gouvernement, la classe des guerriers est celle qui a la principale autorité, et que tous ceux qui ont des armes participent à l'administration des affaires.

4. Les gouvernements qui sont des déviations ou des dégénérations de ceux que nous venons de nommer, sont, par rapport à la royauté, la *tyrannie* ; par rapport à l'aristocratie, l'*oligarchie* ; et par rapport à la république, la *démocratie*. En effet, la tyrannie est une monarchie gouvernée dans l'intérêt du monarque, l'oligarchie est dirigée dans le seul intérêt des riches, et la démocratie dans le seul intérêt des pauvres ; mais aucun de ces gouvernements ne s'occupe de l'utilité ou de l'avantage de la société toute entière. Au reste, il est nécessaire de s'étendre un peu plus sur les caractères qui distinguent chacune de ces formes diverses ; car il s'y rencontre quelques difficultés à résoudre. Or, dans toute recherche, celui qui ne considère pas uniquement la pratique, mais qui approfondit son

sujet en philosophe, s'est fait une habitude de ne
rien omettre et de ne rien négliger ; mais, au contraire, il s'attache à mettre la vérité à découvert
dans tous ses détails.

5. La tyrannie est, comme on vient de le dire,
une monarchie dans laquelle le monarque est maître de la société politique ; l'oligarchie a lieu quand
ceux qui possèdent les richesses sont les maîtres
du gouvernement ; et au contraire, la démocratie
existe lorsque l'autorité est dans les mains, non pas
de ceux qui ont le plus de richesses, mais des pauvres. Or, la première difficulté qui se présente
contre cette définition, c'est le cas où le plus grand
nombre, étant maître du gouvernement, se com-
poserait d'hommes qui seraient en même temps dans
l'aisance ; car la démocratie est le gouvernement
de la multitude. Pareillement, il pourrait arriver,
au contraire, que les pauvres fussent en moindre
nombre que les riches, et qu'étant les plus forts,
ils fussent maîtres du gouvernement. Cependant,
lorsque le petit nombre est le maître, on dit que
le gouvernement est oligarchique : il semblerait
donc que les définitions qu'on a données de ces
formes diverses ne sont pas justes.

6. D'un autre côté, si, combinant ensemble les
conditions de richesse et de petit nombre, de
pauvreté et de grand nombre, on établit sur cette
base les dénominations des divers gouvernements,
appelant oligarchie, celui où les riches, en petit
nombre, exercent les magistratures, et démocratie
celui où le pouvoir est entre les mains des pauvres,

qui sont le plus grand nombre, il se présente encore une autre difficulté : car quel nom donnerons-
nous aux gouvernements dont nous venons de parler, celui où les riches en plus grand nombre, et
celui où les pauvres en moindre nombre, sont
pourtant les maîtres de l'état? Que seront ces formes de gouvernement, s'il n'y en a point d'autres
que celles que nous avons précédemment définies?

7. Ces réflexions font voir, ce me semble, évidemment, que le petit nombre et le grand nombre
ne sont que des circonstances accidentelles, dont
l'une caractérise l'oligarchie, et l'autre la démocratie; parce que partout les riches sont peu nombreux, et les pauvres sont le grand nombre. Aussi
n'est-ce pas la différence du nombre de ceux qui
ont l'autorité, qui constitue la distinction des formes de gouvernement dont nous parlons : mais ce
qui fait que la démocratie et l'oligarchie diffèrent
l'une de l'autre, c'est la pauvreté et la richesse; et
partout où l'autorité est entre les mains des riches,
qu'ils soient en plus ou moins grand nombre, le
gouvernement sera nécessairement oligarchique,
comme il sera démocratique partout où les pauvres auront le pouvoir. Mais il se trouve, comme
nous l'avons dit, que les uns sont toujours peu
nombreux et les autres en grand nombre; car il y
en a peu qui aient de l'opulence, tandis que tous
participent à la liberté, et c'est là la cause des prétentions opposées qui s'élèvent entre eux au sujet
du gouvernement.

8. Cependant, il faut d'abord déterminer les

limites que l'on doit assigner à l'oligarchie et à la démocratie, et s'assurer de ce que c'est que le juste relativement à chacun de ces modes de gouvernement. Car tous les hommes atteignent un certain degré de justice, mais ils ne vont pas au-delà, et ils ne disent pas tout ce qui est juste, proprement et absolument parlant. Par exemple, il semble que l'égalité soit justice, et elle l'est en effet; mais elle ne l'est pas pour tous : elle ne l'est qu'entre égaux. L'inégalité aussi semble être justice, et elle l'est en effet; mais seulement entre ceux qui ne sont pas égaux. Mais on supprime cette condition et l'on juge mal. Cela vient de ce qu'on juge pour soi-même, et presque toujours les hommes sont mauvais juges dans leur propre cause.

9. Il suit de là que, lorsque ce qui est juste pour de certaines personnes a été déterminé avec une égale précision, sous le rapport des choses et sous le rapport des individus, comme il a déja été dit dans le Traité de morale (1), on conviendra bien peut-être de l'égalité sous le rapport de la chose : mais on la contestera, sous le rapport des individus, précisément par la raison que je viens de dire, qui est qu'on juge mal dans sa propre cause; et aussi parce que disant, chacun de son côté, ce qui est juste, jusqu'à un certain point, on s'imagine que ce qu'on dit est juste absolument. Car les uns, s'ils ne sont pas égaux à certains égards, par exemple, en richesses, croient qu'ils ne le sont sous aucun

____

(1) Voyez *la Morale*, l. 5, c. 3, p. 205 de notre traduction.

rapport : et les autres, pour être égaux en quelque chose, par exemple, en fait de liberté, se persuadent qu'ils le sont en tout; mais ils se gardent bien de dire ce qui est véritablement essentiel [dans la question].

10. Car, si l'association et la communauté n'avaient pour objet que de s'enrichir, les associés ne devraient participer au gouvernement qu'à proportion de leurs richesses; en sorte que l'argument des partisans de l'oligarchie semblerait avoir ici l'avantage. Il n'est pas juste, en effet, que celui qui n'a mis dans l'association qu'une mine, ait, sur cent mines, une part égale à celui qui a fourni le reste de la somme; soit qu'il s'agisse du partage des premières avances, soit qu'il s'agisse de celui des bénéfices.

11. Toutefois, si ce n'est pas seulement pour vivre, mais pour vivre heureux, que les hommes ont établi parmi eux la société civile (car on pourrait donner le nom de cité à une association d'esclaves et même d'autres êtres animés; nom qu'elle ne mérite pas, parce que tous ses membres ne participeraient ni au bonheur, ni à la faculté de vivre au gré de leurs désirs); si elle n'a pas pour but une alliance offensive et défensive, destinée à mettre chaque individu à l'abri de l'injustice; si elle n'a pas pour but de favoriser les échanges et le commerce mutuel (car alors les habitants de la Thyrrénie (1) et ceux de Carthage, qui sont unis

____

(1) L'Étrurie, ou la Toscane d'aujourd'hui. Il paraît que,

entre eux par des traités, seraient, pour ainsi
dire, citoyens d'une même cité, puisqu'ils sont liés
par des conventions réciproques, au sujet des impor-
tations, par des traités qui les garantissent des violences injustes, et par des alliances dont les conditions ont été stipulées par écrit : mais d'ailleurs, il
n'existe point chez eux de magistratures communes
pour ces objets : les uns en ont d'une espèce, et les
autres d'une autre ; les uns ne s'inquiètent nullement de la manière dont les autres agissent, ni de
savoir si quelqu'un des citoyens compris dans les
traités est exposé à quelque injustice, ou enclin à
quelque vice ; la seule chose qui les intéresse c'est
que l'un des peuples ne fasse éprouver à l'autre
aucun dommage ; si, dis-je, tous ceux qui s'occupent d'un système de lois bonnes et sages, considèrent surtout la vertu et le vice, dans leurs rapports avec le gouvernement, il suit évidemment
de là que le soin de la vertu est le caractère de
toute société civile, qui soit telle de fait et en toute
réalité, et non pas simplement de nom. Car, sans
cela, la société devient, à tous égards, comme une
alliance de tous les citoyens, et ne diffère que par
l'unité de lieu, des alliances contractées avec des
peuples éloignés ; elle a pour base de ses conventions, la loi elle-même, qui est, comme l'a dit le
sophiste Lycophron (1), une garantie mutuelle des

du temps d'Aristote, les Carthaginois avaient contracté des
traités d'alliance et de commerce avec les Étrusques.

(1) Aristote fait encore mention de ce Lycophron dans son

citoyens pour tout ce qui est juste, mais qui ne peut les rendre eux-mêmes justes et vertueux.

12. Et ce qui prouve évidemment qu'il en est ainsi, c'est que si l'on entreprenait de réunir divers territoires en un seul, comme si l'on renfermait dans une même enceinte de murailles les villes de Mégare et de Corinthe, ce ne serait pourtant pas en faire une seule cité, quand même on y donnerait aux familles des habitants la faculté de s'unir par des mariages, ce qui est pourtant un des liens propres aux cités ou sociétés civiles. De même encore, si l'on suppose des hommes ayant des habitations séparées, mais cependant pas assez éloignées les unes des autres pour qu'ils ne puissent pas avoir de communication ; et qu'il y ait des lois qui les obligent à ne point se faire de tort les uns aux autres, dans les marchés, ou dans les transactions qu'ils feront entre eux, l'un étant, par exemple, charpentier, l'autre laboureur, l'autre cordonnier, l'autre exerçant telle ou telle profession de ce genre: supposons même que le nombre en soit de dix mille, et qu'il n'y ait d'ailleurs rien autre chose de commun entre eux, que sous le rapport des échanges et des secours mutuels en cas d'attaque, ce ne sera pas encore là une cité.

13. Pourquoi cela? (car ce n'est pas faute de com-

---

traité *De Sophistic. Elench.* (c. 15), et dans sa *Rhétorique* (l. 3 c. 3). Ce n'est pas, au reste, le poète obscur, auteur de la *Cassandra*; qui fut postérieur d'un demi-siècle au moins à notre philosophe.

munications assez rapprochées), c'est que, quand
même ceux qui n'ont entre eux que ce genre de
communauté viendraient à se réunir, chacun ne serait qu'avec sa propre famille dans les rapports
qui constituent la cité. D'ailleurs, ne trouvant dans
les autres habitants que les secours qui résultent
d'une alliance pour repousser les attaques injustes,
ils ne formeraient pas encore ainsi une cité, aux
yeux de celui qui s'est fait des notions exactes sur
ce sujet; s'ils vivaient réunis avec les mêmes conditions que quand leurs demeures étaient séparées.
D'où il suit évidemment que ce qui constitue la
cité, ce n'est pas d'habiter les mêmes lieux, de ne
se faire aucun tort les uns aux autres, et d'avoir
des relations de commerce mutuel; quoique ces
circonstances particulières doivent nécessairement
avoir lieu pour que la cité existe; mais à elles seules, elles ne font pas son caractère essentiel. Il est
dans la participation de tous à une vie heureuse,
ayant pour but de procurer, aux familles et aux
générations qui se succèdent, toutes les ressources nécessaires à la subsistance et à une aisance
complète.

14. Toutefois, cela ne saurait avoir lieu parmi des
hommes qui n'habiteraient pas une même contrée,
et dont les familles ne s'uniraient pas par les liens
du mariage; et voilà ce qui a produit dans les républiques les relations de parenté, *les Phratries* [ou
associations particulières de citoyens], les réunions
pour des sacrifices communs, et les divertissements
qui naissent de ces réunions. Or, tout cela est l'œu-

vre de la bienveillance mutuelle ; car c'est là le sentiment qui porte les hommes à vivre ensemble. Bien vivre est donc la fin ou le but de la société civile, et toutes ces institutions ne sont que des moyens pour arriver à ce but. La cité est une association de familles et de bourgs, qui participent en commun à tous les moyens de subsistance et d'aisance complète qui leur sont nécessaires. Mais bien vivre, suivant nous, c'est vivre heureux et vertueux ; il faut donc admettre [ce principe fondamental] que l'essence de la société politique consiste dans les actions honnêtes et vertueuses des hommes qui la composent, et non pas simplement dans la condition de vivre ensemble.

15. Par cette raison, ceux qui contribuent le plus au résultat d'une pareille communauté, ont réellement plus d'importance dans l'état que ceux qui les égalent, ou qui leur sont supérieurs, sous le rapport de la liberté, ou sous celui de la naissance, mais qui ne les égalent pas en vertu politique ; ou que ceux qui les surpassent en richesses, mais qu'ils surpassent en vertu. On voit, par tout ce qui vient d'être dit, que tous ceux qui disputent sur le sujet du gouvernement ne s'attachent qu'à une partie de la justice.

VI. Mais quel sera le *Souverain* de l'état ? c'est une question difficile à résoudre : car il faut que ce soit, ou la multitude, ou les riches, ou les hommes distingués par leurs talents et leurs vertus, ou un seul homme, qui sera le plus vertueux de tous, ou un tyran. Tout cela semble présenter des difficultés. Car enfin, si les pauvres, parce qu'ils sont le plus grand nombre, se partagent les biens des riches, n'est-ce pas une chose injuste? Non, certes, dit-on, car le souverain a décidé que cela est juste. Alors, quel nom faudra-t-il donner au dernier degré de l'injustice? D'un autre côté, prenant tous les citoyens en masse, si la partie la plus nombreuse se partage les propriétés du petit nombre, il est évident que ce sera détruire la cité. Et cependant, la vertu ne détruit pas ce qui la possède, la justice n'est pas un principe de destruction dans l'état. D'où l'on voit clairement qu'une pareille loi ne saurait être juste.

2. Ajoutons que tous les actes d'un tyran sont nécessairement injustes; car, comme il est le plus fort, il emploie toujours la contrainte, comme fait la multitude à l'égard des riches. Mais est-il donc juste que ce soient les moins nombreux et les riches qui aient le pouvoir? S'ils agissent pourtant de la même manière, s'ils dépouillent violemment la multitude de ce qu'elle possède, cela sera-t-il juste? Alors l'autre supposition serait aussi conforme à la justice. Il est donc évident que toutes ces hypothèses sont également vicieuses et injustes.

3. Mais faut-il que les hommes de mérite et de vertu soient maîtres de tout? Il faudra donc alors que tous les autres subissent une sorte de dégradation, puisqu'ils ne participeront pas à l'honneur de commander. Car les magistratures s'appellent aussi des honneurs; et puisque ce sont toujours les mêmes personnes qui ont l'autorité, il faut né-

cessairement que les autres soient privés d'honneurs. Enfin, vaut-il mieux que ce soit un seul homme, et le plus vertueux de tous, qui commande? Mais cela est encore plus oligarchique, car il y aura encore plus de gens privés d'honneurs. Peut-être enfin dira-t-on que c'est un mal de confier le pouvoir à un homme, quel qu'il soit, qui aura toujours les passions que comporte sa nature, et de ne pas le donner à la loi : mais, si cette loi est ou oligarchique ou démocratique à l'excès, les difficultés proposées n'en subsisteront pas moins, car les inconvénients que nous venons de signaler seront les mêmes.

4. Nous parlerons ailleurs des autres cas qui peuvent se présenter : mais peut-être serait-ce résoudre la question avec quelque probabilité, et même en donner la véritable solution, que de dire qu'il vaut mieux mettre la suprème puissance entre les mains de la multitude, qu'entre celles d'un petit nombre d'hommes, même les plus vertueux. Car il est possible que ceux qui composent le plus grand nombre (bien que chacun d'eux ne soit pas individuellement un homme de mérite), l'emportent, lorsqu'ils sont réunis, sur les autres, non pas comme individus, mais comme masse; de même que les festins, faits à frais communs par plusieurs personnes, sont quelquefois plus magnifiques que ceux dont un seul fait la dépense. Car, étant en grand nombre, il est probable que chacun d'eux a sa part de prudence et de vertu; et de la réunion de tous il se fait, pour ainsi dire, un seul homme qui a plu-

sieurs pieds, plusieurs mains et plusieurs sens : or, il en est ainsi par rapport aux mœurs et à l'intelligence. Voilà pourquoi la multitude juge mieux les compositions des musiciens et des poètes : car l'un apprécie une partie, l'autre une autre, et tous apprécient le tout.

5. Mais l'avantage que les hommes d'un mérite distingué ont sur chaque individu de la multitude, est le même que les belles personnes ont sur celles qui ne le sont pas, et que les chefs-d'œuvre de la peinture ont sur les objets naturels qu'ils représentent : c'est de réunir dans un seul objet les beautés éparses ou disséminées, en quelque manière, dans la nature ; puisque, parmi les êtres naturels et isolés, il y en a qui ont, par exemple, les yeux plus beaux que l'ouvrage du peintre ne les représente, ou telle autre partie plus belle qu'elle n'est dans le tableau. Au reste, on ne saurait dire si cette supériorité de la multitude, sur un petit nombre d'hommes d'un mérite distingué, a lieu dans tous les cas : peut-être même s'en trouve-t-il, où l'on peut affirmer avec certitude qu'elle ne peut avoir lieu ; car le même raisonnement pourrait par analogie s'appliquer aux animaux : et pourtant, quelle différence y a-t-il, pour ainsi dire, entre eux et de certains hommes (1) ?

---

(1) Il y a en effet des nations entières dans un état d'abrutissement si complet, d'ignorance si déplorable, que les opinions les plus absurdes, et les préjugés les plus contraires à tout ce qui est juste et raisonnable, y obtiennent, pendant de longs siècles, un assentiment universel.

Cependant, rien n'empêche que, par rapport à telle masse d'hommes déterminée, l'observation que nous avons faite ne puisse être très-véritable.

6. Aussi peut elle servir à résoudre la première question qui a été proposée, et celle qui s'y rattache immédiatement : quelle doit être l'autorité des hommes libres et de la multitude des citoyens, c'est-à-dire de ceux qui ne sont ni riches, ni considérables par leurs talents ou leurs vertus? Car, leur donner accès aux magistratures les plus importantes, n'est pas sûr ; on doit craindre, ou qu'ils ne commettent des injustices, faute de probité, ou qu'ils ne commettent de graves erreurs, faute de lumières. D'un autre côté, il y a du danger à les exclure entièrement de tous les emplois : car tout état où les pauvres, étant le plus grand nombre, sont privés de tous les honneurs et sans aucune considération, renferme dans son sein une foule d'ennemis. Il reste donc qu'on les admette à prendre part aux délibérations et aux jugements.

7. C'est pour cela que Solon et quelques autres législateurs veulent que cette classe de citoyens soit chargée d'élire les magistrats, et de leur faire rendre compte de leur gestion, sans permettre toutefois qu'ils exercent seuls une pareille autorité. Car, étant tous réunis en masse, ils ont un sentiment exact de ce qui est juste et convenable, et mêlés avec les hommes qui ont plus de mérite et de vertu, ils peuvent être très-utiles à l'état. C'est ainsi que lorsqu'une nourriture qui n'est pas saine est mêlée avec des aliments sains, elle peut avoir moins

d'inconvénients, en grande qu'en petite quantité. Sans doute chaque individu, pris à part, serait fort incapble de juger avec discernement.

8. Cependant, on peut faire quelques objections contre une pareille institution : et d'abord, il semble-rait que lorsqu'il s'agit de décider qui a bien traité une maladie, il faut surtout s'en rapporter à celui qui est en état de soigner et de guérir l'homme qui est actuellement attaqué de cette maladie, c'est-à-dire au médecin ; il en doit être de même pour tous les autres cas qui supposent la pratique d'un art, ou une certaine expérience. De même donc que c'est à des médecins qu'un médecin doit rendre compte du mode de traitement qu'il a suivi ; ainsi, dans les autres professions, chacun doit être jugé par ses pairs. Or, en médecine, par exemple, il y a d'a-bord le praticien (1), puis le théoricien, et enfin l'homme qui a quelque instruction, quelques con-naissances dans cet art. L'on peut dire la même chose de presque tous les autres arts, et l'on peut

---

(1) Il appelle *praticiens* (δημιουργοὺς) ceux que Platon, au 4e
« livre *des Lois* (p. 720), nomme les *aides*, ou élèves des méde-
« cins, ceux que l'homme profondément versé dans la théorie
« chargeait d'exécuter les opérations chirurgicales, de composer
« les médicaments, de chercher et de recueillir les simples qui
« servaient à ses remèdes. Mais, quand ils avaient acquis un
« degré suffisant d'expérience et de connaissance de l'art, ils leur
« confiaient le soin des malades qui venaient se faire guérir dans
« leurs hospices ou maisons de santé (ἰατρεῖα), et les envoyaient
« à leur place visiter les malades chez lesquels ils ne pouvaient
« pas aller. » Mr Coray, p. 284 de l'édit. grecque.

s'en rapporter pareillement au jugement des hommes instruits [des simples *amateurs*] et de ceux qui ont approfondi la théorie.

9. En second lieu, on pourrait, ce semble, appliquer ces réflexions aux élections : car, un bon choix est l'affaire de ceux qui savent. C'est à ceux qui savent la géométrie, par exemple, à choisir un géomètre ; et, choisir un pilote est le fait des hommes qui ont quelque expérience de la navigation. Car, si certains travaux ou certains arts sont quelquefois pratiqués par des hommes étrangers à ces professions, toujours ne les exercent-ils pas mieux que ceux qui les ont apprises. De sorte que, suivant cette manière de raisonner, ce ne serait pas à la multitude qu'il faudrait confier le choix des magistrats et l'examen de leur administration.

10. Mais peut-être aussi que ce raisonnement n'est pas très-juste, par les motifs que nous avons assignés précédemment, à moins qu'on ne suppose une multitude tout-à-fait abrutie. Car, chacun des individus qui la composent, sera sans doute moins bon juge que ceux qui savent ; mais, réunis tous ensemble, ils jugeront mieux, ou du moins aussi bien. D'ailleurs, il y a des choses dont celui qui les fait n'est ni le seul ni le meilleur juge ; ce sont tous les ouvrages que ceux mêmes qui ne pratiquent pas l'art ont occasion de connaître. Ainsi, ce n'est pas seulement à l'architecte qui l'a bâtie qu'il appartient d'apprécier la convenance d'une maison ; celui qui s'en sert en jugera même mieux : et celui-là, c'est l'économe. Le pilote jugera mieux d'un gouvernail

que le charpentier; et la bonté d'un repas sera mieux appréciée par les convives que par le cuisinier. C'est ainsi peut-être qu'on pourrait résoudre d'une manière assez satisfaisante l'objection proposée.

11. Mais en voici une autre qui tient à celle-là : c'est qu'il semble contraire à la raison, que des hommes, sans mérite et sans instruction, exercent un pouvoir plus grand que les citoyens distingués par leurs talents et leurs vertus. Or, l'examen des comptes de l'administration, et le choix des magistrats est, comme on l'a dit, un droit du peuple dans quelques républiques, et pourtant ce qu'il y a de plus important. Car l'assemblée générale décide de ces objets. Cependant, pour être admis à cette assemblée, pour délibérer et exercer les fonctions de juge, il ne faut (quelque âge que l'on ait, pour ainsi dire), qu'un revenu peu considérable : tandis que, pour administrer les deniers publics, pour commander les armées, et pour être élevé aux charges les plus importantes, il faut posséder une grande fortune.

12. Mais on peut résoudre cette objection de la même manière, et peut-être avec le même succès que la précédente. En effet, ce n'est ni un juge, ni un sénateur, ni un membre de l'assemblée qui exerce l'autorité; c'est le tribunal, le sénat et le peuple. Chaque individu n'est qu'une partie de ces différents corps : j'entends par une partie, chaque sénateur, chaque citoyen, chaque juge. En sorte qu'il est juste que la multitude ait un pouvoir plus grand, puisque c'est elle qui compose le peuple, le

sénat et les tribunaux. D'ailleurs le revenu ou la richesse de tous ceux-là est plus considérable que celle de chaque individu pris à part, ou du petit nombre de ceux qui exercent les grandes magistratures.

13. Telle est donc la manière dont on peut considérer ce sujet, pour s'en faire des notions exactes. Mais, la première question que nous avons traitée fait voir surtout avec évidence, que les lois qui sont véritablement bonnes et utiles doivent avoir la plus grande autorité; au lieu que le magistrat ou le dépositaire du pouvoir (que ce soit un homme, ou qu'il y en ait plusieurs) ne doit jamais décider, que dans les cas où les lois ne peuvent pas s'expliquer d'une manière précise et positive, parce qu'il est difficile de s'expliquer nettement d'une manière générale sur tous les objets. D'ailleurs, on ne sait pas encore quelles doivent être des lois vraiment•bonnes et salutaires, et la question à cet égard reste toujours indécise. Au reste, il faut nécessairement que les lois soient bonnes ou mauvaises, justes ou injustes, à raison de leur analogie avec la forme du gouvernement; au moins voit-on clairement qu'il faut que les lois soient adaptées à cette forme, quelle qu'elle soit; et une conséquence évidente et nécessaire de ce principe, c'est que, dans les bons gouvernements, les lois seront justes; et qu'elles ne le seront pas, dans ceux qui ne sont que des déviations de ceux-là.

VII. Mais, puisque le *Bien* est la fin de toutes les sciences et de tous les arts, le plus important et le plus puissant de tous, c'est-à-dire l'art social, doit

avoir pour résultat le plus grand de tous les biens,
c'est-à-dire le bien politique ou de la société, la
justice, qui n'est elle-même que l'utilité commune.
Or, tout le monde pense que la justice consiste
dans une sorte d'égalité, et l'on admet généralement,
au moins jusqu'à un certain point, les principes phi-
losophiques (1) qui ont été exposés dans notre traité
de morale. Car on y a expliqué ce que c'est que le
juste (le droit), à qui il se rapporte (2), et tout le
monde convient que ceux qui sont égaux ont des
droits égaux : mais il faut savoir aussi en quoi
consistent l'égalité et l'inégalité; car c'est une question qui intéresse la philosophie politique.

2. Peut-être donc dira-t-on qu'il faut que les magistratures ne soient pas réparties également, mais à
proportion de la supériorité des individus, en quelque genre de mérite ou de talent que ce soit, lors
même qu'il n'y aurait aucune différence entre eux
dans tout le reste, et qu'ils seraient tout-à-fait semblables; puisque le droit fondé sur le mérite, n'est
pas le même pour ceux qui diffèrent entre eux sous
ce rapport. Cependant, si cela est vrai, il faudra
donc que ceux qui auront sur les autres un avan-

---

(1) Littéralement : « *les raisonnements* ou les *discours de
« philosophie* » οἱ κατὰ φιλοσοφίαν λόγοι, appelés aussi ἐσωτερικοὶ
λόγοι, ou *discours ésotériques*, par opposition aux discours ou
traités appelés *exotériques*. Voyez, ci-dessus, la note du chap.
4, § 9.

(2) C'est-à-dire quelle sorte de rapport ce mot exprime, soit
qu'on l'applique aux choses ou aux personnes. Voyez ci-dessus
c. 5, § 9.

tage quelconque, celui du teint, par exemple, ou de la taille, ou tout autre, jouissent aussi de droits politiques plus étendus. Et, si l'erreur est ici trop manifeste, elle ne le sera pas moins par rapport aux connaissances ou aux talents d'un autre genre. Car, entre des joueurs de flûte également habiles dans leur art, ce ne sera pas aux plus nobles qu'il faudra donner de meilleurs instruments, (ils n'en joueront pas mieux de la flûte pour cela); mais c'est celui qui a la supériorité de talent dans la pratique ou dans l'exécution, qui doit obtenir cet avantage.

3. Que si l'on ne comprend pas encore clairement ce que je veux dire, peut-être le comprendra-t-on mieux en suivant plus loin ce raisonnement. Je suppose, par exemple, qu'un homme, supérieur dans l'art de jouer de la flûte, soit fort inférieur à un autre, sous le rapport de la noblesse et de la beauté. Quoique chacun de ces avantages soit plus précieux que le talent de jouer de la flûte, et ait une supériorité proportionnellement plus grande, que ne l'est celle de cet homme dans l'art qu'il professe ; c'est à lui néanmoins qu'il faudra donner les meilleures flûtes ; car autrement, il faudrait supposer que la supériorité de la noblesse et de la beauté contribuent en quelque chose à l'exécution musicale ; or, elles n'y contribuent en rien.

4. D'ailleurs, d'après cette manière de raisonner, tous les genres d'avantages seraient comparables entre eux ; car, si une grandeur est plus ceci ou cela, que quelque autre chose, alors la grandeur, en gé-

néral, pourra être opposée à la richesse et à la liberté: en sorte que, si tel homme l'emporte plus en grandeur que tel autre en vertu, et si la grandeur l'emporte, en général, sur la vertu, toutes choses pourront être comparées. Car, si telle grandeur est préférable à telle autre, il est évident qu'il s'en trouvera aussi quelque autre qui lui sera égale (1).

5. Or, comme cela est impossible, il est aisé de voir qu'en fait de droits politiques, ce n'est pas sans raison qu'on ne considère pas toutes les sortes d'inégalités, quand il y a contestation pour les magistratures. Car, si les uns sont lents et les autres prompts à la course, ce n'est pas une raison pour accorder plus d'avantages politiques à ceux-ci qu'à ceux-là; dans les jeux gymniques, leur supériorité obtiendra la considération qu'elle mérite. Mais [ici] les qualités essentielles à la société politique doivent nécessairement être l'objet de la discussion. Aussi est-ce à juste titre que les nobles, les hommes libres et les riches, aspirent aux honneurs; car il faut bien qu'il y ait, dans un état, des hom-

---

(1) Ce raisonnement est exprimé d'une manière assez obscure. L'auteur veut dire, ce me semble, que si l'on compare des choses qui n'ont entre elles absolument rien de commun, alors il n'y aura aucun objet qui ne puisse être comparé avec un autre, ce qui est trop évident de soi pour avoir besoin d'être démontré. Il le démontre cependant, et il lui arrive ce qui arrive toujours, quand on veut démontrer ce qui porte avec soi l'évidence, c'est que son raisonnement a moins de clarté que la chose même qu'il entreprend de prouver.

mes libres, assez riches pour payer un certain cens ;
puisqu'il ne peut pas y avoir de cité qui ne soit
composée que de pauvres, comme il n'y en a
point qui ne le soit que d'esclaves.

6. D'un autre côté, s'il faut qu'un état ait des
citoyens de cette espèce, il est clair aussi qu'il a
besoin de justice et de vertus guerrières ; car il ne
pourrait pas non plus subsister sans cela ; seulement, il est impossible qu'il existe sans les premières
données [c'est-à-dire sans les classes de citoyens]
que nous avons dites ; et sans la justice et la valeur
militaire, il est impossible qu'il soit bien administré. Ainsi donc l'existence d'un état exige qu'il y
ait une sorte de rivalité entre toutes ces conditions
diverses, ou au moins entre quelques-unes ; mais
son bonheur et sa prospérité exigent que l'éducation et la vertu y soient des objets légitimes de
contestation ou de discussion, ainsi qu'il a été dit
plus haut.

7. Comme il ne faut pas que ceux qui ne sont
égaux que sous un seul rapport aient une portion
égale, dans tous les genres de choses qui peuvent
être données ou possédées, ni que ceux qui ne sont
inégaux que dans un seul point, soient inégalement
partagés en tout genre ; il s'ensuit que tous les
gouvernements où cela a lieu, sont des déviations
[ou des altérations de la forme la meilleure]. Et, en
effet, nous avons déja remarqué que les prétentions
des individus dont la société se compose sont fondées à certains égards, quoique toutes ne soient
pas d'une justice absolue. Ainsi les prétentions des

riches se fondent sur ce qu'ils possèdent des portions de territoire plus considérables ; or, le territoire est un bien commun ; de plus, ils montrent, au moins généralement, plus de fidélité dans les engagements. Les hommes libres et les nobles ont des prétentions souvent opposées, comme formant des classes voisines, pour ainsi dire, l'une de l'autre. Car ceux qui ont une naissance illustre sont plus citoyens que ceux qui sont nés dans l'obscurité, et tout homme noble jouit dans sa patrie d'une considération marquée ; d'ailleurs, il est naturel de penser que ceux qui sont nés de parents illustrés par des qualités supérieures sont eux-mêmes plus généreux ; car, noblesse est vertu de race.

8. L'on peut dire aussi que les prétentions de la vertu sont assurément très-légitimes : car on peut affirmer que la justice est une vertu sociale, qui nécessairement entraîne, en quelque sorte, toutes les autres à sa suite. Mais, d'un autre côté, le grand nombre a aussi des prétentions à opposer au petit nombre ; car, pris en masse, il possède comparativement plus de force, plus de richesses, et aussi plus de vertus. Si donc on suppose réunis dans une même cité, d'une part, tous les hommes vertueux, tous les riches et tous les nobles ; et, de l'autre, une multitude d'individus, un peuple de citoyens beaucoup plus nombreux, pourra-t-il y avoir lieu à contester, pour savoir qui doit, ou non, exercer l'autorité ?

9. Sans doute, dans chacune des formes de gouvernement que nous avons considérées, on n'est

pas embarrassé de décider à qui doit appartenir le pouvoir ; car, c'est précisément la différence des personnes en qui réside la souveraineté, qui les distingue les uns des autres; c'est parce que, dans l'une, par exemple, le pouvoir est entre les mains des riches; dans l'autre, entre celles des hommes les plus vertueux, et ainsi de chaque autre forme de gouvernement. Examinons néanmoins comment la question peut se résoudre, lorsque toutes ces conditions diverses se rencontrent en même temps.

10. Et d'abord, si le nombre des hommes qui ont de la vertu est extrêmement petit, comment faudra-t-il s'y prendre? Faut-il ne considérer ce petit nombre que relativement à la tâche qu'ils peuvent remplir, en supposant que, si peu nombreux qu'ils soient, ils puissent gouverner l'état comme il faut; en sorte qu'eux seuls, pour ainsi dire, composent la cité tout entière? Mais il se présente ici une difficulté, par rapport à tous ceux qui ont des prétentions aux honneurs et aux dignités politiques. Car ceux qui croiraient que leurs richesses leur donnent le droit de commander ne sembleraient pas alléguer de justes raisons; et il en serait de même, à l'égard de ceux qui auraient la même prétention à cause de leur noblesse. Puisqu'en supposant qu'il se présentât un citoyen plus riche, à lui seul, que tous les autres, ce serait lui qui devrait, en vertu du même droit, leur commander à tous. Et pareillement, celui qui l'emporterait par l'éclat de sa naissance, devrait avoir l'autorité sur

tous ses concurrents, qui feraient valoir en leur faveur leur qualité d'hommes libres.

11. Probablement, ce sera tout-à-fait la même
chose, dans un état aristocratique, au sujet de la
vertu : car, s'il se trouve un seul homme, plus vertueux que les autres hommes vertueux qui ont part
au gouvernement, c'est celui-là qui doit être le
maître, en considération du même droit. Par conséquent aussi, supposé que la multitude doive
exercer la souveraineté, parce qu'elle est plus forte
que le petit nombre ; s'il se trouvait un seul homme,
ou plusieurs individus, mais en moindre nombre
que la masse du peuple, qui fussent plus forts que
le reste des citoyens, ce seront eux qui devront
être maîtres, plutôt que la multitude des autres
citoyens.

12. Or, il semble résulter évidemment de tout
cela, qu'aucune des conditions ou déterminations,
d'après lesquelles certaines classes prétendent que
c'est à elles de commander, et que tous les autres
doivent leur obéir, n'est exacte et conforme à la
raison. Car enfin, la multitude peut opposer de très-
justes raisons à ceux qui prétendraient disposer de
l'autorité, à cause de leurs vertus, aussi-bien qu'à
ceux qui auraient la même prétention à cause de
leurs richesses ; puisque, encore une fois, rien n'empêche que la multitude ne possède plus de richesses et de vertus, que le petit nombre, non pas en
considérant à part chacun de ceux qui la composent, mais en les prenant tous ensemble.

13. Ainsi peut se résoudre la question qui a été

proposée par quelques personnes : en effet, ils demandent si le législateur qui désire faire les meilleures lois possibles, doit se proposer pour but l'intérêt des meilleurs citoyens, ou celui du plus grand nombre, lorsqu'un peuple se trouve dans la circonstance que nous venons d'indiquer (1)? Mais il faut prendre ici l'expression *bonté* des lois, dans le sens d'*égalité*. Or, ce qui est *bon*, en ce sens qu'il est *conforme à l'égalité*, est aussi conforme à l'intérêt de la société tout entière, au bien commun des citoyens. Le citoyen, en général, c'est celui qui participe à l'autorité, et qui y est soumis à son tour; il n'est pas le même dans chaque forme de gouvernement; mais, dans la meilleure de toutes, le citoyen est celui qui peut et qui veut commander et obéir, en s'appliquant sans cesse à rendre toutes les actions de sa vie conformes à la vertu.

VIII. Mais, s'il se rencontre un seul individu que l'éclat et la supériorité de sa vertu élèvent tellement au-dessus de tous les autres citoyens, qu'ils ne puissent en aucune manière lui être comparés, sous ce rapport, ni sous celui des talents politiques; ou même, s'il se trouve plusieurs individus qui soient dans le même cas, mais pourtant en trop petit nombre pour former, à eux seuls, la cité; ne faudra-t-il plus les compter comme en faisant partie? car ce sera leur faire injustice, que de ne les y ad-

____

(1) C'est-à-dire, lorsque la multitude, ou le peuple pris en masse, a plus de richesses et de vertus que le petit nombre des hommes distingués par leur naissance, ou par leur fortune.

mettre que sur le pied de l'égalité, puisqu'ils ont une si grande supériorité de vertus et de talents; et il semblerait, en effet, qu'un être de cette espèce devrait être regardé comme un dieu parmi les hommes.

2. Ceci nous fait voir que ce n'est que pour des hommes égaux, par leur naissance et par leurs facultés, que les lois sont nécessaires : quant à ceux qui s'élèvent à ce point au-dessus des autres, il n'y a point de loi qui leur convienne; ils sont à eux-mêmes leur propre loi. En effet, celui qui prétendrait leur imposer des règles, ne saurait manquer de se rendre ridicule; et peut-être seraient-ils en droit de lui dire ce qu'Antisthène (1) raconte que les lions répondirent aux lièvres, lorsque ceux-ci demandaient que tout fût égal entre les animaux. Aussi est-ce précisément pour cette raison que l'on établit l'usage de l'*Ostracisme* (2) dans les états dé-

---

(1) Allusion à un apologue dont apparemment le philosophe Antisthène, disciple de Socrate, était l'auteur : « Les lièvres « réclamaient l'égalité pour tous les animaux; les lions leur « dirent : un pareil langage aurait besoin d'être soutenu avec « des ongles et des dents comme les nôtres. » Voyez le recueil des *Fables d'Ésope* (édit. de Mr Coray, p. 225).

(2) L'*Ostracisme*, ainsi appelé, parce que les citoyens donnaient leur vote inscrit sur des coquilles (ὄςρακα), et la loi du même genre, appelée à Syracuse *Pétalisme*, parce qu'on se servait de feuilles d'olivier (πέταλα) pour le même objet, avaient pour but de bannir pour un temps les citoyens dont la gloire, le crédit, les richesses ou les talents, pouvaient donner quelque ombrage au peuple, ou plutôt à ceux qui parvenaient à avoir un grand crédit sur le peuple. (Voyez *Plutarch. Aristid. c.* 7

mocratiques; car, c'est à l'égalité qu'on croit devoir s'attacher par dessus tout, dans cette forme de gouvernement; en sorte qu'on y procède, par cette voie, contre ceux qui semblent avoir acquis un grand crédit par leurs richesses, ou par le nombre de leurs partisans, ou par quelque autre moyen d'influence politique, et on les bannit de la ville, pour un temps déterminé.

3. C'est même pour une cause semblable que, suivant la mythologie, Hercule fut abandonné par les Argonautes (1), sous prétexte que le navire *Argo* refusait de le porter, parce qu'il surpassait en poids les autres navigateurs. Aussi ne faut-il pas croire que ceux qui blâment la tyrannie, et le conseil de Périandre à Thrasybule, aient entièrement raison. On dit, en effet, que Périandre ne fit aucune réponse au héraut que Thrasybule lui avait envoyé pour prendre son avis; mais qu'il se contenta de rendre partout égal le champ dans lequel il se

---

et 8; *Diod. Sic. Hist.* l. 11, c. 87.) Aussi, malgré l'approbation que Montesquieu (voyez *Esprit des Lois*, l. 26, c. 17, et l. 29, c. 7) donne à cette loi des Athéniens, il semble que Condorcet en juge beaucoup plus sainement lorsqu'il dit : « L'*ostracisme* « était une injustice; on n'est point criminel pour avoir des « richesses, du crédit, ou de grands talents. C'était de plus un « moyen de priver la république de ses meilleurs citoyens, qui « n'y rentraient ensuite qu'à la faveur d'une guerre étrangère, « ou d'une sédition. » Voyez ci-dessous § 6.

(1) Voyez la *Bibliothèque d'Apollodore* (l. 1, c. 9, § 19 et le scholiaste d'Apollonius de Rhodes sur le vs. 1290 du premier livre des *Argonautiques*.

promenait, en arrachant les épis qui s'élevaient au-dessus des autres; d'où il arriva que le héraut, qui ignorait la cause de cette action, l'ayant racontée à Thrasybule, celui-ci comprit, en y réfléchissant, qu'il devait faire périr tous les hommes qui avaient quelque prééminence que ce fût parmi les habitants de Corinthe (1).

4. Car ce ne sont pas seulement les tyrans qui ont un pareil intérêt, et ils ne sont pas les seuls qui agissent ainsi; mais il en est de même dans les états oligarchiques et dans les états démocratiques; puisque l'ostracisme y produit, jusqu'à un certain point, le même effet, en affaiblissant le pouvoir des citoyens les plus distingués et en les exilant. Les républiques même et les nations sont traitées de la même manière, par ceux qui disposent de la force, comme on le voit par la conduite des Athéniens à l'égard des Samiens, et des habitants de Chios et de Lesbos (2); puisque du moment où ils

---

(1) C'était, au contraire, suivant Hérodote (*Histor.* l. 5, c. 92) Thrasybule, qui fut consulté par Périandre. Voyez les notes de Walkenaër sur cet endroit d'Hérodote, et celles de Ménage sur Diogène Laërce (l. 1, § 100).

(2) On voit dans plusieurs endroits de l'histoire de Thucydide, des exemples de la conduite orgueilleuse et cruelle des Athéniens à l'égard de ces peuples, et de ceux qu'ils appelaient leurs *alliés*, mais qui n'étaient, en effet, que des *sujets*, continuellement victimes de la violence et de la rapacité du peuple athénien, ou plutôt de ses démagogues. Quant aux Mèdes et aux Babyloniens, leur histoire nous est assez peu connue; mais ce qu'on lit dans Hérodote de leur asservissement par les

se furent emparés de la puissance, ils ne cessèrent de les humilier et de les affaiblir, contre la foi des traités ; comme fit aussi le roi de Perse, à l'égard des Mèdes, des Babyloniens, et des autres peuples qui semblaient conserver quelque orgueil de la domination qu'ils avaient eue autrefois.

5. Au reste, la question que nous traitons s'applique, en général, à toutes les formes de gouvernement, sans excepter les bons gouvernements ; car, dans ceux qui s'écartent de la justice, on agit ainsi en vue de quelque intérêt privé ; mais cependant le système de conduite est le même, dans les gouvernements qui ne considèrent que le bien général de la société. C'est ce qu'on voit clairement, même dans la pratique des autres arts ou sciences : car un peintre ne laissera pas subsister dans son tableau, une figure dont les pieds excéderaient la proportion convenable, quelle que fût d'ailleurs la perfection avec laquelle ils seraient dessinés ; ni un constructeur de navire n'emploiera une poupe, ou une autre partie, qui ne soit pas en proportion avec le reste du vaisseau ; ni enfin celui qui exerce un chœur de musiciens, ne voudra y admettre l'acteur qui aurait une voix beaucoup plus forte et plus belle que tous les autres.

6. Ainsi donc rien n'empêche que les monarques n'adoptent, par cette raison, une conduite conforme à celle des autres états, s'ils le font à cause

---

Perses, suffit pour confirmer l'observation que fait ici notre philosophe.

de l'utilité que leur autorité personnelle procure
à l'état qu'ils gouvernent. Voilà pourquoi le raisonnement sur lequel se fondent les lois d'ostracisme, contre les supériorités reconnues, n'est pas
dénué de quelque justice, au moins politique. Toutefois, il vaut mieux que le législateur établisse, dès
le principe, le gouvernement de manière à n'a-
voir pas besoin de recourir à un pareil remède;
et qu'il ne tente de l'amender, par quelque correc-
tion de ce genre, que dans le cas où il est obligé
d'en venir à une réforme. C'est ce qui n'est pas arrivé dans les différents états ; car on n'y a pas eu
égard à l'intérêt ou au bien propre du gouvernement établi; mais on y a fait de l'ostracisme un
emploi toujours dicté par l'esprit de faction. On
voit donc que ce moyen, dans les gouvernements
mal organisés, ne sert que l'intérêt privé et n'est
juste que dans cet intérêt; et peut-être n'est-il pas
moins évident qu'il n'est pas complètement et absolument conforme à la justice.

7. Mais, dans l'hypothèse du meilleur gouvernement possible, ce qu'il y a de plus embarrassant
c'est de savoir ce qu'il faut faire, dans le cas d'une
supériorité manifestement reconnue, non pas en
fait d'avantages ordinaires (tels que la force , la richesse, ou le grand nombre de partisans), mais en
fait de vertu. Car enfin, on ne peut pas dire qu'il
faille rejeter et bannir de l'état celui qui aurait une
pareille supériorité. D'un autre côté, on ne peut pas
non plus exercer l'autorité sur lui; car ce serait
presque vouloir commander à Jupiter et partager

avec lui la puissance. Le seul parti donc qui reste à prendre, c'est que tous consentent de bon cœur à obéir à un tel homme, en sorte que l'on donne à perpétuité la royauté, dans les états, aux mortels doués de si rares vertus.

IX. Peut-être est-il convenable, après cette digression, de revenir à l'examen du gouvernement royal; car il est un de ceux qui, dans notre opinion, présentent le plus d'avantages. Voyons donc si l'intérêt d'un état, ou d'un pays qui doit être bien administré, demande en effet qu'il soit, ou non, soumis au pouvoir d'un roi; ou bien, s'il n'y a pas quelque autre forme de gouvernement préférable à celle-là; ou enfin, s'il y a des états à qui elle convient, et d'autres à qui elle ne convient pas. Mais il s'agit d'abord de s'assurer s'il n'y a qu'une seule espèce de gouvernement royal, ou s'il y en a plusieurs.

2. Or, il est facile de reconnaître que la monarchie est, pour ainsi dire, un genre qui comprend sous lui plusieurs espèces différentes, et que ce mode de gouvernement n'est pas le même dans tous les états soumis à l'autorité d'un seul homme. En effet, la royauté, telle qu'elle existe à Sparte, semble être surtout de celles qui sont subordonnées aux lois, et où le monarque n'a point un pouvoir absolu. Mais, lorsqu'il est hors du territoire de Sparte, il a la direction suprême de tout ce qui est relatif à la guerre, et de plus c'est lui qui préside à toutes les cérémonies religieuses. Le caractère d'une telle royauté est dans le commandement ab-

solu et perpétuel de l'armée : car il n'est permis au roi de faire périr personne, excepté dans les expéditions militaires au dehors, et dans la chaleur de l'action, comme c'était l'usage dans les anciens temps. Homère nous en offre la preuve : car Agamemnon, qui souffrait que dans les assemblées on lui adressât même des paroles outrageantes, avait le droit de tuer ses soldats, du moment où ils étaient entrés en campagne et en présence de l'ennemi. Aussi dit-il (1) :

> « Celui que je verrai près des sombres vaisseaux
> « Se dérober en lâche aux dangers, aux travaux,
> « A mon juste courroux, rien ne peut le soustraire,
> « *Sa vie est en mes mains* : c'est en vain qu'il espère
> « Échapper aux vautours de carnage affamés,
> « Les chiens disperseront ses restes mutilés. »

3. Voici donc déjà une espèce de royauté, celle qui consiste dans le commandement à vie de l'armée; et entre les monarchies de cette espèce, les unes sont héréditaires, et les autres électives. Mais il existe, outre celles-là, d'autres espèces de mo-

---

(1) Voyez l'*Iliade* d'Homère, chant 2e, vs. 391 et suiv. Aristote cite encore ces paroles du poète dans sa *Morale* (l. 3, c. 8, p. 119 de la trad. franç.), mais il les attribue à Hector, et alors ce serait plutôt les vers 548 et suiv. du 15e chant de l'*Iliade* qu'il paraîtrait avoir eu en vue. Au reste, on ne trouve, ni dans l'un ni dans l'autre endroit du poème d'Homère, les mots Πὰρ γὰρ ἐμοὶ θάνατος (*sa vie est en mes mains*), ce qui semble prouver que les copies de ce poème qui nous ont été transmises différaient, en plusieurs endroits, de celles qui existaient du temps d'Aristote.

narchies que l'on trouve chez quelques nations barbares. Elles réunissent toutes les sortes de pouvoirs,
à peu près comme la tyrannie; cependant, elles sont
fondées sur la loi et héréditaires. Car, les barbares
étant naturellement plus serviles que les Grecs, et
ceux d'Asie plus que ceux de l'Europe, ils suppor-
tent sans murmure une autorité despotique. Ces
monarchies sont donc tyranniques, par la nature de
l'autorité dont les monarques disposent ; mais l'hérédité et la loi qui l'établit en assurent la durée.

4. Une garde particulière pour le monarque est
encore un caractère de cette royauté, et non de la
tyrannie. Car ce sont des citoyens qui s'arment pour
veiller à la sûreté du roi, au lieu que les tyrans
se font garder par des étrangers. C'est que les uns
règnent en vertu de la loi, et sur des hommes qui
se soumettent volontairement à leur autorité, tandis que les autres exercent la leur contre la volonté
des citoyens ; de sorte que ceux-là ont une garde
formée par leurs sujets eux-mêmes, et ceux-ci en
ont une destinée à contenir les citoyens. Ce sont
donc là deux sortes de monarchies.

5. Il y eut anciennement chez les Hellènes, une
autre espèce de rois, qu'on appelle *Æsymnètes* (1);

______

(1) Αἰσυμνήτας. Ce mot se trouve dans l'*Odyssée* d'Homère
(ch. 8, vs. 258); et la forme αἰσυμνητήρ, dans l'*Iliade* (ch. 24,
vs. 347); sur quoi l'on peut voir le commentaire de Heyne,
qui, après avoir rapporté diverses étymologies de ce mot,
toutes assez peu satisfaisantes, remarque combien les critiques
anciens et modernes en ont souvent hasardé de semblables.

c'était, pour ainsi dire, une tyrannie élective, mais qui différait de la royauté chez les barbares, non pas pour n'être pas fondée sur la loi, mais seulement en ce qu'elle n'était pas héréditaire. Car les uns avaient l'autorité pour tout le temps de leur vie, et les autres ne l'avaient que pour un temps limité, et pour l'exécution de certaines entreprises déterminées. C'est ainsi que les Mityléniens élurent autrefois Pittacus, pour les défendre contre les exilés, à la tête desquels étaient Antiménide et le poète Alcée (1).

6. Celui-ci donne effectivement à entendre, dans un de ses scolies, qu'ils avaient choisi Pittacus pour maître ; puisqu'il reproche à ses concitoyens d'avoir, par un aveugle enthousiasme, élevé à la tyrannie, dans une cité pleine de trouble et en proie aux plus funestes discordes, Pittacus qui avait (dit-il) pris naissance dans une famille obscure. Ces espèces de monarchies, sont donc et furent toujours tyranniques, puisque l'autorité y était absolue ; mais, comme électives et conformes à la volonté des citoyens, elles ont un caractère de royauté.

---

(1) On ne sait presque rien de la vie d'Alcée, et peu de choses de celle de Pittacus. Voyez Strabon (l. 13, p. 617). S'il faut en croire Diogène Laërce (l. 1, § 76), Pittacus eut au moins la vertu de la clémence, puisqu'il pardonna à plusieurs de ses ennemis, et à Alcée lui-même. C'est le fameux poète lyrique dont Horace (l. 2, *Od.* 13,) a dit :

> *Et te sonantem plenius aureo,*
> *Alcæe, plectro dura navis,*
> *Dura fugæ mala, dura belli.*

7. Une quatrième espèce de monarchie royale, est celle qui existait dans les temps héroïques, fondée également sur la loi, sur le consentement des sujets, et de plus héréditaire. Car, ceux qui furent les premiers bienfaiteurs des peuples, par leur valeur guerrière, par l'invention de quelques arts, ou pour avoir réuni les citoyens, et leur avoir procuré des terres, obtinrent de leur consentement la dignité royale, qu'ils transmettaient à leurs enfants. Aussi disposaient-ils de la suprême autorité dans la guerre, et de tout ce qui tient au culte, à l'exception des fonctions sacerdotales (1). Outre cela, ils jugeaient les procès; mais, pour exercer cette autorité, les uns étaient obligés de prêter serment, et les autres en étaient dispensés. La prestation du serment se faisait en élevant le sceptre (2).

8. Les monarques, dans les anciens temps, avaient donc un pouvoir qui s'étendait sur toutes les affaires publiques, tant au dedans qu'au dehors; mais, dans la suite, soit qu'ils eussent eux-mêmes abandonné quelques parties de leur autorité, soit que le peuple leur eût ôté quelques-unes de leurs attributions, il y eut des états où l'on ne laissa aux rois que le soin de présider aux sacrifices publics,

---

(1) Il y avait aussi des rois qui étaient en même temps prêtres, comme on le voit dans Virgile (*Æn*. l. 3, vs. 80) :

Rex Anius, rex idem hominum, Phœbique sacerdos.

(2) Cet usage est indiqué et confirmé par plusieurs passages. de l'*Iliade*. Voyez, entre autres, ch. 7, vs. 412; ch. 10, vs. 321, etc.

et il ne leur resta, des fonctions auxquelles on peut donner véritablement le nom de royauté, que le droit de commander l'armée, quand on faisait la guerre hors du territoire.

X. Telles sont donc les diverses espèces de royauté, au nombre de quatre ; l'une, celle des temps héroïques, fondée sur le consentement des sujets, mais dont l'autorité ne s'étendait que sur des objets déterminés : car le roi était général, et juge, et maître des choses qui avaient rapport au culte des dieux. La seconde est celle des barbares ; elle est absolue, héréditaire, et fondée sur la loi. La troisième est celle qui fut exercée par les princes auxquels on donne le nom d'Æsymnètes ; c'est une tyrannie élective. La quatrième est celle de Lacédémone ; c'est proprement celle où le commandement de l'armée est confié perpétuellement à un monarque héréditaire. Ce sont là les caractères qui distinguent les unes des autres ces diverses espèces de royauté.

2. Mais il y en a une cinquième espèce, où un seul homme est maître de tout, de la même manière que chaque nation ou chaque état administre souverainement ce qui appartient à la société tout entière, suivant les règles de la science économique. Car, de même que l'administration des biens d'une famille est une espèce de royauté domestique, ainsi la royauté est une administration, pour ainsi dire, économique d'un peuple ou d'un état, ou de plusieurs peuples ou états. Au reste, nous n'avons guère à considérer ici que deux espèces de royauté ; celle que nous venons de définir, et celle

de Sparte; car la plupart des autres espèces sont comme intermédiaires entre ces deux-là, puisque les rois y ont moins de pouvoir que dans la monarchie absolue (1), et ont une autorité plus grande que celle des rois de Lacédémone. De sorte que la question se réduit presque à l'examen de ces deux points : premièrement, est-ce un avantage pour les états d'avoir un chef militaire inamovible, et faut-il qu'il soit pris dans une famille particulière, ou choisi à raison de sa valeur et de son mérite, ou cela a-t-il de l'inconvénient? En second lieu, est-il avantageux, ou non, qu'un seul individu soit maître de tout?

3. Quoi qu'il en soit, les considérations auxquelles peut donner lieu un tel pouvoir du chef militaire sont plutôt relatives à l'établissement des lois particulières qu'à la forme du gouvernement; car il peut exister dans tous les gouvernements un pouvoir de ce genre. Laissons donc cette question quant à présent; mais l'autre mode de royauté constitue réellement une forme distincte; et par conséquent c'est celui-là que nous allons examiner, et nous jetterons un coup d'œil rapide sur les difficultés qu'il présente. Le point principal de cette recherche, c'est de savoir s'il est plus avantageux d'être soumis à l'autorité de l'homme le plus vertueux, ou à celle des meilleures lois.

---

(1) C'est ce que l'auteur appelle παμβασιλεία, nom qu'il paraît avoir imaginé, pour exprimer une notion peu familière aux Grecs, et qu'on ne rencontre en effet dans aucun autre écrivain.

4. L'opinion de ceux qui trouvent plus d'avantages dans l'autorité d'un roi, est fondée sur ce que les lois ne s'expliquent que d'une manière générale, sans rien prescrire pour tous les cas possibles. Or, dans quelque art que ce soit, c'est une folie que de suivre les règles à la lettre; comme on le fait en Égypte, par exemple, où il n'est pas permis au médecin de purger un malade, avant le quatrième jour qui suit le début de la maladie, sous peine d'être responsable de l'événement, s'il le purge avant cette époque (1). Il est donc évident, par cette raison, que le meilleur gouvernement n'est pas celui où l'on suit à la rigueur le texte de la loi. Cependant, chez les hommes qui exercent le pouvoir, on trouvera encore cette manière générale de s'exprimer en intimant leurs ordres ; et d'un autre côté, on doit préférer ce qui est entièrement inaccessible aux passions ou affections, à ce qui de sa nature en est éminemment susceptible. Or, la loi en est tout-à-fait exempte, tandis que le cœur humain ne saurait jamais s'en affranchir.

5. Peut-être dira-t-on qu'un homme saura mieux que la loi prendre parti sur les cas particuliers : mais alors il est visible que cet homme devient lé-

---

(1) Diodore de Sicile (*Hist.* l. 1, c. 82) fait mention de cette loi des Égyptiens, qui obligeait les médecins à se conformer, dans le traitement des maladies, à une sorte de formulaire composé par plusieurs anciens et célèbres médecins ; et Platon (*De Legib.* l. 2, p. 66) nous apprend qu'il en était à peu près de même pour les peintres, les statuaires, ou les musiciens.

gislateur ; et que par conséquent il y aura des réglements qui n'auront pas l'autorité absolue qui
caractérise la loi, dans tous les points où ils s'écar-
teront de l'esprit général de la législation ; quoique,
sous les autres rapports, ils doivent avoir toute
autorité. Or, dans tous les cas où il est impossible
que la loi prononce d'une manière juste et absolue,
vaut-il mieux que ce soient tous les citoyens, ou
le plus vertueux d'entre eux, qui décident? Car
aujourd'hui, dans les républiques de la Grèce, ce
sont les citoyens réunis en assemblée qui prononcent des sentences, qui délibèrent, et qui prennent
des résolutions, et tous ces jugements portent sur
des objets particuliers. Sans doute, chaque individu
pris à part a peut-être moins de mérite et de vertu ;
mais la cité tout entière, ou la réunion d'une
multitude de citoyens, [en a davantage;] comme un
repas composé de mets auxquels chaque convive a
contribué pour sa part, est meilleur que celui qui
n'est donné que par une seule personne, et qui
n'offre qu'une seule espèce de mets. Voilà pourquoi,
dans bien des cas, le peuple est meilleur juge
qu'un individu, quel qu'il soit.

6. La multitude a encore l'avantage d'être plus
incorruptible, que ne le seraient un petit nombre
de personnes : comme une grande quantité d'eau
se corrompt moins facilement qu'une petite. Mais
lorsqu'un seul homme se laisse une fois dominer
par la colère, ou par quelque autre passion de ce
genre, elle altère nécessairement son jugement : au
lieu qu'il est bien difficile qu'un grand nombre

d'hommes se laissent tous à la fois enflammer par la colère, ou séduire par l'erreur. Mais, supposons une multitude d'hommes libres, qui ne fassent rien de ce que la loi ne permet pas, excepté dans les cas dont elle a été forcée de leur abandonner la décision; (car, s'il est difficile qu'un grand nombre de gens restent dans cette limite, cela peut du moins avoir lieu, lorsque la plupart sont des citoyens et des hommes vertueux;) est-il présumable qu'un seul dépositaire du pouvoir sera plus incorruptible qu'un plus grand nombre de personnes ayant toutes des vertus? ou plutòt n'est-il pas évident que l'avantage sera du côté du plus grand nombre? Mais, dit-on, ceux-ci seront divisés de sentiments, ce qui n'arrivera pas à celui-là. On pourrait répondre à cette objection, en disant que l'on a supposé que ce grand nombre de personnes ont des vertus, aussi-bien que l'individu qu'on leur oppose.

7. Or, si l'on doit donner le nom d'aristocratie à l'autorité d'un nombre d'hommes tous vertueux, et celui de royauté à la domination d'un seul, il s'ensuivra que, dans tous les états, on doit préférer l'aristocratie à la royauté; soit qu'on y joigne la puissance absolue, ou qu'on l'en sépare, pourvu que l'on puisse trouver un nombre d'hommes semblables et égaux en vertus. Et c'est probablement pour cela que les peuples furent d'abord gouvernés par des rois, parce qu'il était rare de trouver beaucoup de personnes d'une vertu éminente, surtout dans un temps où les villes n'avaient que peu d'habitants. D'ailleurs, on fut déterminé à se donner pour

rois ceux dont on avait éprouvé la bienfaisance, qui est en effet l'œuvre des hommes vertueux. Cependant, quand il se trouva plus d'individus qui se ressemblaient sous ce rapport, on ne put demeurer plus long-temps dans cette situation, mais on chercha une autorité commune à tous, et l'on établit le gouvernement républicain.

8. Ensuite, lorsque des hommes corrompus eurent commencé à s'enrichir aux dépens du public, il était assez naturel qu'il s'élevât des oligarchies, car on avait entouré la richesse d'une grande considération. Les révolutions produites par cet état de choses firent succéder à l'oligarchie la tyrannie, laquelle fut, à son tour, remplacée par la démocratie. Car, à mesure que la cupidité et l'amour des richesses réduisaient le nombre des hommes en pouvoir, la multitude devenait plus puissante, en sorte qu'il lui fut possible de s'élever contre ses oppresseurs, et de s'emparer à son tour de l'autorité. D'ailleurs, du moment où les états sont parvenus à un degré de puissance et de population assez considérable, peut être n'est-il pas facile qu'il existe d'autre forme de gouvernement que la démocratie.

9. Mais enfin, si l'on suppose que ce qu'il y a de plus avantageux pour les états soit d'être gouvernés par des rois, quel parti prendra-t-on à l'égard de leurs enfants? Faudra-t-il que la dignité royale soit exclusivement renfermée dans une famille? Ce système a de graves inconvénients, puisque alors les rois seront, pour ainsi dire, des hommes pris au hasard [sur les vertus et les talents

desquels on ne peut avoir aucune garantie]. Supposera-t-on qu'un roi, qui est maître de tout, ne transmettra pas son pouvoir à ses enfants? Mais, c'est encore une chose sur laquelle on ne peut guère compter; car c'est supposer une vertu dont l'exercice est bien difficile, et, pour ainsi dire, au-dessus de l'humanité.

10. Il est également assez embarrassant de déterminer le degré de pouvoir qu'on doit accorder au monarque; s'il faut qu'il ait à sa disposition une force au moyen de laquelle il puisse contraindre et soumettre ceux qui refuseraient de lui obéir; et enfin, comment il pourra administrer et gouverner. Car enfin, en supposant que son pouvoir soit fondé sur la loi, et qu'il ne veuille rien faire qui y soit contraire, toujours faudra-t-il qu'il ait une force suffisante, pour maintenir et conserver la loi elle-même. Peut-être néanmoins n'est-il pas difficile de régler ce qui convient à un tel roi : car on voit qu'il doit avoir une force qui suffise à le rendre plus puissant que chaque individu, ou même que plusieurs individus réunis, mais moins que le peuple tout entier, comme étaient les gardes que les anciens accordaient au chef qu'ils se donnaient, dans certaines circonstances, et qu'ils appelaient *Esymnète* ou *Tyran* (1); et lorsque Denys demandait

----

(1) Il est évident, par ce passage, et par une infinité d'autres endroits des meilleurs écrivains, que le mot τύραννος (*tyran*) n'avait point, dans l'ancienne langue grecque, la signification qu'il a prise dans la suite; et l'un des commentateurs d'Aristote

une garde aux Syracusains, quelqu'un leur con-
seilla de la lui donner dans cette proportion-là.

XI. Il s'agit maintenant de considérer la condition du monarque qui peut tout faire, au gré
de son caprice, et dont nous n'avons pas encore
parlé : car la royauté fondée sur la loi, n'est pas proprement une forme de gouvernement, comme on
l'a déja dit, puisque dans toutes il peut y avoir des
chefs qui soient revêtus à perpétuité du commandement des armées, comme dans la démocratie et
dans l'aristocratie. Chez plusieurs peuples même
on confie la direction suprême des affaires à un
seul homme, et il existe en effet une magistrature
de ce genre à Épidaure : il y en a aussi une pareille
à Opunte, mais dont les pouvoirs sont à plusieurs
égards moins étendus.

2. Quant à ce qu'on appelle monarchie absolue
(c'est-à-dire celle où le roi dispose de tout en maître, suivant sa volonté), il y a des personnes qui
pensent qu'il est contre la nature qu'un seul homme
soit le maître de tous, dans un état où les citoyens
sont égaux. Car, disent-ils, la nature a nécessairement donné des droits égaux, et aussi les mêmes

---

(Victorius) remarque, à ce sujet, que ce nom n'est joint à celui
d'OEdipe, dans la tragédie de Sophocle intitulée Οἰδίπους τύραννος
(*OEdipe Roi*), que pour marquer la différence de la situation
de ce personnage, d'abord environné de puissance et de res-
pects, puis banni, réduit à l'indigence, et repoussé de tous les
lieux où il portait sa misère, comme on nous le représente
dans la tragédie du même Sophocle intitulée *OEdipe à Co-
lone*.

prétentions légitimes, à ceux qu'elle a faits semblables et égaux. De sorte que si, en donnant une même nourriture et des vêtements pareils, à des hommes qui n'ont ni la même taille ni le même tempérament, on ne peut que nuire à leur santé; il en doit être de même des honneurs : et de même encore, si l'on traite également ceux qui ne sont pas égaux.

3. Il n'est donc pas plus juste que des citoyens égaux commandent, qu'il ne l'est qu'ils obéissent et par conséquent il convient qu'ils exercent tour-à-tour l'autorité. Voilà déja une loi, car l'ordre c'est la loi : d'où il suit qu'il vaut beaucoup mieux que la loi commande que l'un quelconque des citoyens. Par la même raison, s'il y a quelque avantage à confier l'autorité à certaines personnes, il ne faut en faire que les gardiens et les ministres ou les serviteurs de la loi (1). Car il faut bien qu'il y ait des magistrats investis du pouvoir; mais il n'est pas juste, dit-on, que ce pouvoir soit entre les mains d'un seul, du moins lorsque tous sont égaux.

4. D'ailleurs, l'homme n'est pas en état de prononcer sur tous les objets sur lesquels la loi ne peut s'expliquer avec précision; mais, quand elle a exposé clairement les règles générales, elle abandonne les détails au jugement et à la décision des magistrats, guidés par le sentiment le plus exact de la

____

(1) Platon (*De Legib.* l. 4 , p. 184) se sert aussi de l'expression ὑπηρέτας τοῖς νόμοις (*serviteurs des lois*), en parlant des magistrats ou des dépositaires quelconques de l'autorité.

justice. Elle leur confie même le soin de corriger et
de rectifier ce qui est établi, lorsque l'expérience
leur aura fait voir qu'il y a des parties susceptibles
d'amélioration. Celui donc qui veut que la loi commande, semble ne reconnaître d'autorité que celle
de Dieu lui-même et de la raison; mais celui qui
prétend que c'est à l'homme de commander, y ajoute
aussi le pouvoir de la bête féroce. Car les passions
ont quelque chose d'aussi violent, et la colère corrompt et dégrade même les plus vertueux des hommes, lorsqu'ils disposent du pouvoir. Au lieu que
l'on peut dire de la loi qu'elle est une intelligence
sans passions (1).

5. L'exemple des autres arts, qu'on allègue à ce
sujet, est tout-à-fait illusoire; parce que c'est assurément une erreur que de traiter un malade, en
suivant à la lettre les préceptes de la médecine; et

____

(1) « L'intérêt et la passion corrompent les hommes; la *loi*
« est sans intérêt, sans passion : elle est sans tache et sans
« corruption, elle dirige les ames, elle est fidèle : elle parle sans
« déguisement et sans flatterie. Elle rend sages les enfants, elle
« prévient en eux l'expérience, et les remplit, dès leur premier
« âge, de bonnes maximes. On est ravi de voir comme elle est
« égale à tout le monde, et comme, au milieu de la corruption,
« elle conserve son intégrité. Elle est pleine de lumières; dans
« la *loi* sont recueillies les lumières les plus pures de la raison.
« Elle est véritable et se justifie par elle-même : car elle suit les
« premiers principes de l'équité naturelle, dont personne ne
« disconvient, que ceux qui sont tout-à-fait aveugles. Elle est
« plus désirable que l'or et plus douce que le miel : d'elle vient
« l'abondance et le repos. » BOSSUET, *Politique tirée des propres
paroles de l'Écriture*, l. 1, art. 4, prop. 4.

qu'il vaut bien mieux avoir recours à ceux qui ont appris à les pratiquer. En effet, les médecins ne font jamais rien par passion et contre la raison, mais ils reçoivent leur salaire, quand ils rendent la santé aux malades ; au lieu que ceux qui exercent les pouvoirs politiques agissent assez ordinairement par des motifs de faveur ou de haine. Et certes, si l'on soupçonnait qu'un médecin, gagné par leurs ennemis, fût disposé à détruire la santé de ses malades, alors on préférerait de se faire traiter uniquement suivant les préceptes de l'art.

6. Il y a plus : les médecins, lorsqu'ils sont malades, appellent auprès d'eux d'autres médecins ; et les maîtres de gymnastique, lorsqu'ils font montre de leurs talents, invitent à leurs exercices d'autres maîtres expérimentés ; parce qu'ils se sentent incapables de prononcer eux-mêmes, avec une certitude infaillible, dans des circonstances où il s'agit de leur propre intérêt, et où ils ne peuvent pas être de sang-froid. Par où il est évident que, cherchant ce qui est juste, ils ont recours à ce milieu (qui s'éloigne également des extrèmes) : or, ce milieu, c'est la loi. Enfin, les lois qui résultent des mœurs et des habitudes ont encore plus d'autorité que les lois écrites ; en sorte que, si les décisions de l'homme revêtu de l'autorité sont moins sujettes à erreur, que celles qui seraient conformes à la lettre de la loi, celles qui sont le résultat des mœurs et de la coutume sont encore plus sûres.

7. D'un autre côté, il n'est pas facile à un seul homme de tout voir : il faudra donc qu'il ait sous

ses ordres plusieurs personnes admises à partager son autorité; et dès-lors qu'importe qu'on établisse un pareil ordre de choses dès le principe, ou qu'on le laisse établir de cette manière par un seul individu? D'ailleurs, s'il est juste, comme on l'a déja dit, que le pouvoir appartienne à un homme vertueux, parce qu'on lui reconnaît ce genre de supériorité, deux hommes de bien réuniront encore plus de vertus; car c'est là le cas de dire, avec le poète:

« Deux guerriers réunis . . . . (1)

Et tel est aussi le vœu d'Agamemnon:

« Oh! si j'avais dix conseillers pareils! (2)

[ce qui prouve qu'il n'est pas juste qu'un seul homme commande à tous les autres]. Au reste, il se trouve même à présent, dans certains états, des magistrats qui ont le pouvoir de décider, dans certains cas, comme les juges, dans les choses sur lesquelles la loi ne peut pas prononcer; car, dans toutes celles où elle le peut, personne assurément ne conteste qu'elle ne juge et ne décide de la manière la plus avantageuse.

8. Mais, comme il y a des objets sur lesquels on peut s'en rapporter à la décision de la loi, et d'autres sur lesquels elle ne peut pas prononcer, voilà ce qui cause la difficulté, et qui fait que l'on demande s'il vaut mieux que l'autorité soit donnée

---

(1) Voyez l'*Iliade* d'Homère, ch. 10, vs. 224.
(2) *Iliade*, ch. 2, vs. 371.

à la meilleure loi, ou à l'homme le plus vertueux. Car il est impossible que la loi ait prononcé à l'avance sur les choses qui sont l'objet d'une délibération. Aussi n'est-ce pas là ce que l'on conteste; on ne prétend pas nier qu'il faudra nécessairement que ce soit l'homme qui prononce sur ces choses-là; seulement, on veut que la décision en soit remise au jugement de plusieurs, et non d'un seul. Car (dit-on) tout magistrat instruit et formé par la loi, ne saurait manquer de juger comme il faut.

9. Mais peut-être semblera-t-il assez étrange qu'un homme qui n'a que deux yeux et deux oreilles pour voir et entendre, que deux mains et deux pieds pour agir, puisse juger plus sainement des choses, qu'un nombre considérable de personnes, disposant de bien plus de moyens. Cependant, ne voyons-nous pas les monarques de notre temps se donner, pour ainsi dire, beaucoup d'yeux, d'oreilles, de pieds et de mains (1); en partageant

---

(1) « Nous apprenons, dit Xénophon, (*Cyroped.* l. 8, c. 2, « § 10) que Cyrus, pour s'attacher ceux qu'on appelle *les yeux* « et *les oreilles* du roi, n'eut recours à aucun autre moyen que « les dons et les honneurs; car, en comblant de bienfaits ceux « qui lui donnaient avis de tout ce qu'il avait intérêt de savoir, « il fit qu'un grand nombre d'hommes écoutaient et observaient « tout avec soin, afin de trouver l'occasion de se rendre utiles « à la royauté, par les rapports qu'ils feraient; et de là vint « l'opinion qu'il avait beaucoup d'yeux et beaucoup d'oreilles. » Ceci nous fait voir qu'en prodiguant les honneurs et les richesses aux délateurs et aux espions, on peut en multiplier indéfi-

leur pouvoir avec ceux qu'ils connaissent pour affectionnés à leur personne et à leur autorité ? Sans
doute, si ces hommes n'ont pas une véritable affection pour le monarque, ils n'agiront pas suivant ses
désirs ; mais s'ils lui sont dévoués, ils le seront également à la personne et au pouvoir. Or, l'amitié
rend les hommes égaux et semblables; de sorte
que, si le monarque croit qu'ils doivent exercer
l'autorité, il doit penser que ceux qui l'aiment et
qui lui ressemblent seront disposés à l'exercer
comme lui. Telles sont à peu près les objections
que font les adversaires du gouvernement monarchique (1).

10. Peut-être en effet les choses sont-elles, à
quelques égards, comme ils le disent ; mais elles ne
le sont pas, sous d'autres rapports. Car, il y a une
sorte de gouvernement absolu, qui peut convenir
à la nature de quelques peuples ; à d'autres, ce sera
le gouvernement royal ; et à d'autres, la forme ré-
publicaine, fondée sur la justice et sur l'intérêt
commun. Mais une domination tyrannique est contraire à la nature ; et, par la même raison, toutes

---

niment l'espèce ; mais, quoi qu'en dise le naïf historien, il y
a lieu de croire qu'un si beau secret avait été découvert bien
long-temps avant Cyrus ; et certes, il n'est pas à craindre qu'il
vienne jamais à se perdre.

(1) Voyez le traité intitulé : *De la Servitude volontaire*, ou
le Contre un, d'Étienne de la Boétie, si célèbre par l'amitié
qui l'unit avec Montaigne. Ce traité a été réimprimé dans l'édition stéréotype des *Essais*. Paris, 1802.

les altérations ou corruptions des autres formes
de gouvernement ne peuvent convenir à aucun
peuple. Au moins est-il évident, par tout ce que
nous avons dit, que parmi des hommes égaux et
semblables, il ne saurait être utile ou avantageux
qu'un seul soit le maître; ni lorsqu'il n'y a point
de lois, et que lui seul est, pour ainsi dire, la loi;
ni lorsqu'il y a des lois; ni en le supposant vertueux, au milieu d'hommes également vertueux;
ni en le supposant sans vertus, parmi des hommes
aussi dépravés que lui; ni enfin, quand même il
surpasserait tous les autres en vertus, sinon d'une
certaine manière, et à de certaines conditions.
Mais il faut dire quelles sont ces conditions et
cette manière, et nous en avons donné à entendre
quelque chose précédemment.

11. Cependant, commençons par déterminer ce
qu'on doit entendre par un peuple fait pour le
gouvernement monarchique, ou pour le gouvernement aristocratique, ou pour vivre en république. Or, un peuple fait pour être soumis à des
rois, est celui qui, par la nature de ses habitudes
et de son caractère, peut supporter la domination
d'une famille douée de vertus supérieures, qui la
rendent propre à l'administration civile. Un peuple destiné à vivre sous un gouvernement aristocratique, est celui qui supporte naturellement la
domination d'hommes libres, que leurs talents et
leurs vertus rendent propres à exercer l'autorité
civile. Enfin, un peuple républicain est celui qui,
doué de vertus guerrières, peut obéir et comman-

der conformément à la loi qui distribue entre les membres de l'état, même à ceux qui sont pauvres, les fonctions et les magistratures diverses, à raison du mérite.

12. Lors donc qu'il se trouve ou une famille, ou une race tout entière, ou un seul individu, doués de vertus tellement éminentes, qu'elles surpassent celles de tout le reste, alors il est juste que cette race soit élevée au pouvoir royal, qu'elle soit maîtresse de tout, ou qu'on fasse roi cet individu privilégié. Car, comme on l'a déja dit, non-seulement cela doit être ainsi, en vertu de ce droit qu'ont proclamé tous ceux qui ont établi des gouvernements, soit aristocratiques, soit oligarchiques; mais c'est aussi le principe qu'on invoque, même dans les démocraties. Car tous les hommes reconnaissent les droits de la supériorité, mais ce n'est pas le même genre de supériorité dans les différents états.

13. Cela doit être ainsi, suivant ce que nous avons dit encore, qu'assurément il ne peut jamais être permis de faire périr, ou de bannir, ni de soumettre aux rigueurs de l'ostracisme un homme d'une éminente vertu, ni même de prétendre qu'il obéisse à son tour : car il est contre la nature que le tout l'emporte sur la partie. Or, c'est ce qui arriverait, dans le cas d'une supériorité si incontestable. En sorte qu'il ne reste qu'à obéir à celui en qui on la reconnaît, et à lui confier une autorité, non pas périodique, mais perpétuelle. Voilà ce qu'il y avait à dire de la royauté, pour en déterminer les caractères divers, pour décider la question de savoir si elle

est, ou non, avantageuse aux sociétés politiques, à quelles nations elle peut l'être, et comment.

XII. Mais, comme nous avons dit qu'il y a trois sortes de bons gouvernements, entre lesquels le meilleur doit nécessairement être celui qui sera administré par les hommes les plus vertueux; c'est-à-dire, celui dans lequel il se trouvera un seul individu surpassant tous les autres en mérite, ou une famille tout entière, ou un peuple composé d'hommes assez vertueux, pour être capables d'obéir et de commander tour à tour, de manière qu'il en résulte pour tous la plus grande somme de bonheur possible : comme nous avons fait voir encore, au commencement de ce livre, que c'est nécessairement la même vertu qui caractérise l'homme de bien, le bon citoyen, et la société la plus parfaite; il est évident que c'est de la même manière, et par les mêmes moyens, qu'on peut devenir homme de bien, et parvenir à établir un bon gouvernement, soit aristocratique, soit démocratique. De sorte que la même éducation, et à peu près les mêmes institutions, pourront servir à former l'honnête homme et le bon citoyen, dans une monarchie, dans une république, et dans un gouvernement aristocratique.

2. Ces notions étant ainsi arrêtées, il faut maintenant parler de la forme de gouvernement la plus parfaite, et essayer de faire voir comment elle peut exister, et par quels moyens on peut l'établir. Or, il faut d'abord que celui qui se propose de méditer sur ce sujet........ (*Le reste manque.*)